HEYNE
BÜCHER

ESOTERISCHES
WISSEN

LINDA GEORGIAN
und
TAFFY GOULD McCALLUM

Unser geistiges Potential

Der Weg zu Hellsichtigkeit
und spiritueller Einsicht

Aus dem Amerikanischen von Annette Charpentier

Deutsche Erstausgabe

WILHELM HEYNE VERLAG
MÜNCHEN

HEYNE ESOTERISCHES WISSEN
Herausgegeben von Michael Görden
13/9762

Titel der amerikanischen Ausgabe
Create Your Own Future
erschienen bei Fireside, New York

Besuchen Sie uns im Internet:
http://www.heyne.de

Umwelthinweis:
Dieses Buch wurde auf
chlor- und säurefreiem Papier gedruckt.

Copyright © 1996 der Originalausgabe by Linda Georgian
Copyright © der deutschsprachigen Ausgabe 1998
by Wilhelm Heyne Verlag GmbH & Co. KG, München
Printed in Germany 1998
Lektorat: Anja Schmidt
Umschlaggestaltung: Atelier Bachmann & Seidel, Reischach
Umschlagillustration: Mauritius/SST, Mittenwald
Technische Betreuung: Sibylle Hartl
Satz: ew print & medien service gmbh, Würzburg
Druck und Bindung: Ebner Ulm

ISBN 3-453-14106-7

Dieses Buch ist meiner Mutter Marie Georgian Simmons gewidmet, die am 5. August 1991 verstarb. Ohne ihr Verständnis, ihre Liebe und ihren Glauben an mich und meine Arbeit hätte ich nicht all das erreichen können, was ich in allen Lebensbereichen geleistet habe. Ihre Kraft, ihr Mitgefühl, ihr Humor und ihre Spiritualität haben sie zum stärksten Einfluß in meinem Leben und dem anderer Menschen gemacht. Sie wird stets bei mir sein.

Dieses Buch ist außerdem jenen Wahrheitssuchenden gewidmet, deren Mut und Entschiedenheit neue Türen öffnete, und allen, die ihr ganzes Leben lang holistische Prinzipien befolgen.

INHALT

Einführung

Als Medium habe ich im Laufe der Jahre Tausende von Menschen beraten, deren Probleme das gesamte Spektrum emotionaler und körperlicher Aspekte abdeckten, die die Menschheit beschäftigen. Oft werde ich gefragt: »Warum bin ich krank?« »Werde ich jemals reich sein?« »Warum habe ich immer wieder Schwierigkeiten in meinen Beziehungen?« »Warum erhört Gott meine Gebete nicht?« und so weiter. Ich stimme mich dann in den jeweiligen Menschen ein, der mir diese Fragen stellt, und deute ihm aus meiner Intuition heraus, was ich bei ihm wahrnehme. Wenn jemand mit dem, was ich bei ihm sehe oder was in seinem Leben gerade passiert, nicht zufrieden ist, sage ich ihm den wichtigsten Satz, den ich anzubieten habe: »Es liegt in Ihrer Hand, Ihre Zukunft selbst zu gestalten.«

Einmal fuhr ich mit dem Auto durch eine üppige, tropische Landschaft. Vor meinem inneren Auge sah ich einen Regenbogen, an dessen Ende ein Topf mit Gold wartete – ein Bild, das wir alle kennen. Da fielen mir die Worte »Nutze dein geistiges Potential und gestalte deine Zukunft selbst« ein, verbunden mit der Erkenntnis, daß ich auf der Welt bin, um genau diese Lehre zu verbreiten. Wir

9

alle können den mit Gold gefüllten Topf am Ende des Regenbogens finden – und dieses Buch will Ihnen zeigen, wie man das schafft.

Die meisten Menschen sind überrascht, wenn sie hören, daß sie selbst ihr Schicksal meistern, ihr Leben ins Gleichgewicht bringen und sich ihre geheimsten Wünsche erfüllen können, indem sie sich der verschiedenen Techniken bedienen, die ich hier vorstellen werde – und indem sie sich an die physikalischen, geistigen und spirituellen Gesetze Gottes halten.

Gott bestimmt das Leben eines Menschen nicht von vornherein. Man bestimmt es selbst und geht in täglichen Gedanken und Handlungen seinen eigenen Weg. In diesem Buch lernt man genau das – wie man sein eigenes Schicksal und seine Zukunft selbst bestimmt und beeinflußt. Man lernt, sich nicht bloß als Marionette eines vorbestimmten Schicksals zu sehen, als hilfloses Opfer der Umstände, die man nicht kontrollieren kann. Ich biete Ihnen Methoden in einfachen, verständlichen Schritten an, die Sie buchstäblich von allem befreien werden, was Ihnen Sorgen macht, um all das zu sein, was Sie sich wünschen und erhoffen.

Sie werden staunen, wieviel Sie mit sinnvoll gerichteten Gedanken erreichen können. Sie brauchen dazu bloß ein geschärftes Bewußtsein, den Wunsch dazu, einen festen Glauben und diese einfachen Techniken. Sie werden feststellen, daß Sie in der Lage sind, bestimmte Ereignisse tatsächlich durch Willenskraft herbeizuführen, indem Sie

Ihre Gedanken gezielt darauf richten. Durch Wiederholung werden Gedanken Realität, und durch den eigenen freien Willen können Sie jede Situation ändern und umwandeln, indem Sie einfach anders denken und handeln. So seltsam das vielleicht klingt, es ist einer der Gründe, warum eine mediale Beratung bei manchen positiv denkenden Menschen manchmal ungenau sein kann: Positive Menschen verbessern stets die Umstände, unter denen sie leben, sie beeinflussen stets ihre Zukunft und verändern daher ihre Werte – natürlich immer zum Besseren.

Vergessen Sie den Gedanken: »Es kommt, wie es kommen muß.« Tatsache ist, daß alles so wird, wie Sie es gestalten. Niemand anderes – auch nicht Gott – hat einem von Anfang an »schlechte Karten« ausgeteilt. Sie werden hier lernen, daß Sie sich das Blatt in Wahrheit selbst zugeteilt haben. Wenn es Ihnen nicht gefällt, können Sie es ändern! Wenn Sie den Vorschlägen in diesem Buch folgen und die Informationen in den folgenden Kapiteln verarbeiten, lernen Sie, die Tür zu allen Reichtümern des Lebens durch das Verständnis holistischer Prinzipien zu öffnen und geistiges, körperliches und spirituelles Wohlbefinden zu gewinnen. Dabei werden Sie genau das anziehen, was Sie sich am meisten wünschen: Liebe, Erfolg, Gesundheit, Glück, Macht, Reichtum und spirituelles Gleichgewicht.

Holistisch bedeutet, daß Geist, Körper und Verstand eine Einheit bilden. Wir sind integrierte Wesen, und nur wenn alle Facetten im Gleichgewicht sind, genießen wir wahre, holistische Gesundheit.

Dieses Buch deckt alle Dimensionen ab, die einen Menschen holistisch glücklich machen. Dazu gehören die Universalgesetze, die das Universum regieren, die Schritte zur seelischen und spirituellen Entwicklung, wie man optimale körperliche, geistige und spirituelle Gesundheit erreicht, die Notwendigkeit gesunder Beziehungen für Ihr Wohlbefinden, was es bedeutet, offener und bewußter dafür zu sein, wer und was Gott ist, und die Erkenntnis des eigenen Lebenssinns oder -ziels. Jeder dieser Bereiche ist gleichrangig, jeder ist unabdingbarer Bestandteil eines Ganzen. Alles, was Sie denken, sagen oder tun, ist auf gewisse Weise mit allen anderen Teilen Ihres Seins verbunden. Alles steht miteinander in Verbindung, daher muß stets das gesamte Lebensmuster im Auge behalten werden. Das ist aber nicht schwer, denn man wird im weiteren feststellen, daß es eigentlich die natürliche Lebensweise ist.

Entspannen Sie sich, öffnen Sie sich dem Prozeß, und machen Sie sich für die aufregendste Lektion Ihres Lebens bereit. Sie werden das Geheimnis des Lebens erfahren. Sie werden lernen, wie Sie Ihre eigene Zukunft gestalten können.

Teil I

Meine eigene Reise

Das Geheimnis für Erfolg im Leben besteht darin, für eine Gelegenheit bereit zu sein, wenn sie auftaucht.

Benjamin Disraeli

Denn nur die erobern etwas, die glauben, daß sie es können.

Virgil

Ich will einfach nur Gottes Willen tun. Und er hat mir erlaubt, zum Berg zu gehen. Und ich habe hinabgeschaut und das Gelobte Land gesehen.

Martin Luther King jr.

1. Kapitel

Die frühen Jahre

Wie ich meine paranormalen Fähigkeiten erkannte

Ich werde oft gefragt, ob ich mit einer »Glückshaube« auf die Welt gekommen sei und ob meine Fähigkeiten die Folge jenes glückverheißenden Umstandes seien. Eine »Glückshaube« ist ein Teil der Fruchtblase (in der der Fötus im Mutterleib lebt), der bei der Geburt manchmal noch teilweise den Kopf des Neugeborenen bedeckt. Es gibt den Aberglauben, daß solche Menschen überdurchschnittliche paranormale Fähigkeiten besitzen und daß dies ein göttliches Omen ist.

Ich halte diese Theorie für unbegründet und für nichts weiter als Aberglauben. Viele Menschen, die mit einer solchen Glückshaube auf die Welt kamen, wissen es nicht einmal, und jene, die es wissen, haben bestimmt nicht alle phantastische paranormale Kräfte. Außerdem sind viele der intuitivsten und paranormal bzw. medial veranlagten Menschen ohne eine Glückshaube auf die Welt gekommen. Ich gebe daher immer die Antwort: »Ja, mit einer Glückshaube bin ich geboren, aber ich verdanke meine paranormalen Fähigkeiten nicht der Fruchtblase.« Ich habe zu lange und zu schwer daran gearbeitet, diese Fähigkeiten zu entwickeln, um sie auf bloße Geburtsumstände zurückzuführen.

Ich wurde in Cleveland, Ohio, geboren. Meine Vorfahren stammen aus Italien: Beide Großeltern kamen aus Palermo auf Sizilien. Meine Jugend wurde von der Überschwenglichkeit, den Emotionen und der Intensität einer typisch italienischen Familie geprägt.

Meine Schulzeit war geprägt von Sport- und anderen Gruppenveranstaltungen sowie von zahlreichen Wettbewerben – jeder, an dem ich nur teilnehmen konnte. Ich gewann viele Preise im Sport und in anderen Fächern, was mir die Aufmerksamkeit einbrachte, nach der ich mich so sehnte. Trotz all dieser Aktivitäten war ich eine sehr disziplinierte Schülerin, und meine Eltern brauchten mich nie zu ermahnen, meine Hausaufgaben zu machen. Ich weiß heute, daß ich schon damals eine Perfektionistin war. Ich war sehr stolz, immer Klassenbeste zu sein.

Schon mit zwölf wußte ich, daß ich bestimmte parapsychische Fähigkeiten hatte. Ich erinnere mich besonders an einen Tag, als mir bestimmte Farben um den Kopf eines Lehrers herum auffielen. Rechts von seinem Kopf tauchte ein grüner Blitz auf, ein Flugzeug und dann ein Bild der

Stadt Philadelphia. Ich hatte damals noch keinerlei mediale Ausbildung, ich wußte nicht einmal, was das Wort überhaupt bedeutete. Aber ich hatte das Gefühl, bei ihm würde sich etwas ereignen, und daß es gut sein würde. (Darauf wies mich das grüne Licht hin.)

Nach der Unterrichtsstunde ging ich zum Lehrer und fragte ihn, ob er eine Reise nach Philadelphia plane. Er bejahte dies und fragte mich dann, ob er das im Unterricht erwähnt habe. Ich antwortete: »Nein, aber ich hatte so ein Gefühl.« Später hörte ich, daß seine Reise sicher und sehr angenehm verlaufen war.

Im Laufe der Zeit wurde es immer offensichtlicher, daß, wenn ich etwas links von jemandem sah, dies die Vergangenheit darstellte. Etwas rechts von jemandem wies auf die Zukunft hin. Das stimmt für mich noch heute. Ich lese Menschen wie ein Buch von links nach rechts.

Allmählich begriff ich, daß die Farben, die ich um bestimmte Menschen sah, ein Teil ihrer Aura waren, ein Energiefeld, das jedes Lebewesen umgibt. Ich schnappte telepathisch Gedanken von anderen auf und konnte bald immer besser die verbreitetste Form von außersinnlicher Wahrnehmung (ASW) praktizieren. Damit bezeichnet man das Gefühl, einfach zu *wissen*, was geschehen wird. Das passierte mir nun immer häufiger, und meistens hatte ich recht.

Wenn ich auf der High School die Antwort auf eine Frage des Lehrers wußte, konzentrierte ich mich darauf, daß mein Name aufgerufen würde, ohne daß ich dazu die

Hand hob. Ziemlich oft hatte mein kleines Spiel Erfolg. Ohne es richtig zu bemerken, schärfte ich meine geistigen Fähigkeiten durch Übung. Auf dem College wurde ich ständig von meinen Zimmergenossinnen auf die Probe gestellt, die mich fragten, welche Noten sie wohl in der Prüfung bekamen oder ob sie von einem bestimmten Jungen wieder hören würden. Je häufiger ich meine intuitiven Sinne benutzte, um so schärfer wurden sie. (Übung macht wirklich den Meister!) Da ich mich außerdem Gott sehr nahe fühlte, weil ich in einer frommen katholischen Familie aufgewachsen war, glaubte ich auch, daß mein Glaube mit meinen Fähigkeiten zusammenhing.

Die Weiterentwicklung meiner paranormalen Kräfte

Nach Abschluß der Universität zog ich mit meiner Familie nach Florida. Ich litt seit längerer Zeit schon an Migräne und hatte auch Probleme mit Beziehungen. Diese Schwierigkeiten stellten sich allerdings als ein Segen heraus, weil ich auf der Suche nach Antworten dem Rat eines Freundes folgte: Ich besuchte eine Seherin, Reverend Jewel Williams.

Aufgrund meiner katholischen Erziehung hatte ich anfangs sehr gezögert, zu Jewel zu gehen. Jewel war Priesterin in ihrer eigenen Kirche, der Universalkirche des Meisters Jesus. Ich wußte, daß mein Glaube es nicht gestattete, andere Kirchen zu betreten, aber meine Intuition sagte mir, es sei richtig – was sich wiederum bestätigte. Die Begegnung mit Jewel stellte sich als ein Wendepunkt in meinem Leben heraus.

Ich nahm nun zusammen mit einem Freund regelmäßig Freitag abends an den Botschaft-Gottesdiensten von Jewel in deren Haus teil. Dazu kamen immer etwa dreißig Personen. Jeder schrieb eine Frage auf und unterzeichnete mit den Initialen, und dann falteten wir die Zettel zusammen und legten sie in einen Korb. Jewel nahm die Briefe heraus, legte sie an ihre Schläfe und las dann genau, was darauf stand – ohne die Frage anzusehen! Das nennt man »Brieflesen« (viele berühmte Seher, wie etwa der Mentalist Amazing Kreskin, sind darin sehr gut). An einem Abend nahm sie mein Blatt, rief die Initialen L.M.G. und sagte: »Du wirst diese Arbeit bald machen.« Dann fügte sie hinzu: »Und zwar vor Millionen von Menschen.« Sie wußte außerdem intuitiv von meiner Migräne und sagte, ich solle meinen Nacken von einem Chiropraktiker untersuchen lassen.

Alles, was Jewel sagte, stellte sich als wahr heraus und als ein Segen. Ihre verwirrende Voraussage über meine Lebensaufgabe ist genau eingetroffen. Selbst der Rat zu meinen Kopfschmerzen, der damals recht kontrovers schien, war entscheidend für mein Leben: Der Chiropraktiker, den ich aufsuchte, war ein Anhänger der holistischen Theorie, ein Thema, das mich immer schon stark interessiert und beeinflußt hatte.

Nach dem ersten Besuch kehrte ich viele Male zu Jewel zurück. Gleichzeitig besuchte ich andere Seher und nahm an Seminaren und Kursen über »positive Programmierung« teil: bei der Einheitskirche, Maxwell Maltz, Napoleon Hill, Joseph Murphy, Norman Vincent Peale, Anthony Norvel, Dale Carnegie und anderen Veranstaltern. Dies erwies sich als ausgezeichnete Kombination: Die verschiedenen Seher sagten mir manchmal Dinge über meine Zukunft voraus, die mich verwirrten, während ich in meinen Kursen lernte, daß ich mit positiven Gedanken die Zukunft so umprogrammieren konnte, wie ich es wollte.

Mit dieser Kombination aus Weissagungen und positiven Programmierungen beschloß ich, mich auf die Dinge zu konzentrieren, die ich nicht wollte. Ich beschloß, meine *Zukunft selbst zu gestalten.*

Aber ehe Sie jetzt weiterblättern zu dem Teil, wie man das bewerkstelligt, möchte ich Sie warnen: Man kann manche Krisen oder Probleme nicht einfach wegprogrammieren, wenn sie für das gerade notwendige persönliche Wachstum wichtig sind. Der Trick besteht darin, zu lernen, wie man allem vertraut, was man tut und was geschieht. Man könnte es auch so formulieren: »Laß es geschehen und laß Gott dabeisein.«

Aus immer stärker werdendem Interesse für alle Aspekte der paranormalen Phänomene las ich alle verfügbaren Bücher zu diesem Thema. Ich befaßte mich mit Astrologie, entdeckte, daß ich eine Waage auf der Grenze zum Skorpion bin, mein Mond im Zeichen der Zwillinge steht und der Steinbock mein Aszendent ist. Es war faszinierend zu erfahren, daß viele Aspekte meines Horoskops, das auf Ort und Zeitpunkt meiner Geburt beruht, auf ein Interesse an gesundheitlichen und spirituellen Themen sowie eine Sorge um das Wohlergehen anderer hinwies. Mein Horoskop wies eine gute Kombination von Einflüssen auf, die nun zu meinem Lebenswerk geworden sind. Es gibt zwar immer noch viele Menschen in unserer Kultur, die solchen sogenannten »New-Age«-Praktiken skeptisch gegenüberstehen, aber die Astrologie geht zurück auf die alten Hindus und beruht ausschließlich auf der Wissenschaft der Astronomie.

Bald begann ich, an meiner eigenen medialen Entwicklung mit einer Kombination aus Gebet, Meditation, Techniken des positiven Denkens und kreativen Visualisierungen zu arbeiten, die einem das Gute im Leben verdeutlichen. Ich suchte weiter nach Wegen, meinen Glauben und meine Theorien auf die Probe zu stellen, und nach Hilfe bei meinen immer noch quälenden Migräneanfällen.

Eines wurde mir bald klar: mein Konzept von Gott hatte sich beträchtlich von seinen frühen Anfängen her fortentwickelt. Als katholisches Kind hatte ich mir Gott immer als einen Mann auf einem Thronsessel vorgestellt, dem der heilige Petrus zur Rechten sitzt und dem Gabriel seine Trompete bläst. Ich glaubte, wenn ich gut war, würde ich nach dem Tod in den Himmel kommen, mir würden Flügel wachsen, und ich bekäme eine Wolke zugewiesen. War

ich schlecht, würde ich in die Hölle kommen, wo helle
Feuer brannten und ich Kohlen schaufeln mußte, während
uns der Teufel mit seinem Dreizack stach.

Ich kenne »Ihn« heute als ein vibrierendes Meer intel-
lektueller Energie, als eine kosmische Kraft, eine Unendliche Intelligenz: allwissend, allgegenwärtig, allmächtig.
»Er« ist unendliches Licht, eine unmanifestierte höhere
Macht. Ich lernte, daß diese höhere Intelligenz, die ich
Gott nenne, verschiedenen Menschen unter verschiedenen
Namen bekannt ist – und obwohl ich diese Intelligenz als
»Ihn« bezeichne, ist es eigentlich weder ein Mann noch eine Frau, weder persönlich noch unpersönlich. Gott ist für
mich eine Energie ohne Glaubensrichtung, Religion, Dog-
ma, Ideologie, Bekenntnis oder vorgefaßte menschliche
Vorstellung. Durch meine Studien erkannte ich, daß wir
alle in seinem Bild geschaffen sind und uns daher nicht
begrenzen sollten. Ich lernte, nach einem ständig wach-
senden Bewußtsein seines allumfassenden Lichts und seiner Liebe zu streben.

Meine Reise nach Japan

1978 beschloß ich, nach Japan zu reisen. Ich glaubte damals an Reinkarnation und war überzeugt, mindestens ein
früheres Leben dort verbracht zu haben. Ich fühlte mich
getrieben, in Japan nach meinen Wurzeln zu suchen. Mein
Wunsch und mein Bedürfnis, bestimmte metaphysische

Theorien zu beweisen, zwangen mich, in ein völlig fremdes Land zu reisen, in dem ich nichts über die Sprache und Menschen wußte und mich auf die Leitung von Gott, Jesus und allen Engeln verlassen mußte, die mich bei jedem Schritt leiten würden. Derart losgelöst würden sich sicher mein Glauben und meine Fähigkeit erweisen, mit Gott zu kommunizieren.

Es sollte ein metaphysisches Experiment werden, um zu beweisen, daß ich durch die Kraft meiner Gedanken meine Zukunft selbst gestalten konnte. Ich beschloß, mich gedanklich auf die Dinge vorzubereiten, die ich dort erreichen wollte, indem ich aktiv visualisierte und eine lange Liste von Affirmationen durchging. Stundenlang las ich sie mir täglich selbst laut vor. (Ich erinnerte mich, daß Catherine Ponder in »The Dynamic Laws of Prosperity« sagt, die Macht des gesprochenen Wortes sei manchmal größer als die stummer Worte.)

Zur großen Überraschung meiner Familie und Freunde verkaufte ich wie aus heiterem Himmel mein Auto, kündigte meine Arbeitsstelle und erstand ein One-way-Ticket nach Tokio. Aus dem Gefühl heraus, daß es gut wäre, in Japan bereits Kontakte zu haben, wenn ich dort ankam, programmierte ich vor der Abfahrt meine Gedanken auf eine solche Möglichkeit. Ein paar Tage vor dem Abflug »sah« ich, daß ich eine wichtige Kontaktperson für meine Reise im Tokio-Restaurant nahe Fort Lauderdale kennenlernen würde. Ich stellte daher keine Fragen, als ich dort tatsächlich zwei japanische Geschäftsleute kennenlernte,

die mir anboten, in Osaka eine hilfsbereite Familie anzu-
rufen, die mich sicher gern beherbergen würde! Mein Vertrauen in die Führung durch meine Unendliche Intelligenz
wurde bestätigt.

Der Monat, den ich bei dieser japanischen Familie verbrachte, festigte weiterhin meinen Glauben an die Macht
des Unbewußten. Selbst beim Besuch der üblichen Touri-
stenattraktionen – die Weltausstellung, die Oper, die
Märkte etc. – verstärkten meine täglichen Meditationen,
Visualisierungen, Gebete und meine geistige Einstellung
meine paranormalen Schwingungen ungeheuer. Ich hörte
bald ein deutliches Summen in den Ohren, das erste Stadium des Hellhörens (so bezeichnet man die Fähigkeit,
Botschaften von der »anderen Seite« zu hören, wie auch
vom eigenen höheren Selbst.) Da ich durch Visionen und
Gefühle bereits mit den Himmlischen kommuniziert hatte,
wurde es immer wichtiger für mich, deren Botschaften
auch deutlich zu vernehmen. Aber um sicherzugehen, daß
das Summen in meinen Ohren keine krankhafte Ursache
hatte, ging ich zum Arzt, der mir bestätigte, es sei alles in
Ordnung.

Als ich das Gefühl bekam, es sei Zeit, Osaka zu verlassen, nahm ich den Schnellzug nach Tokio. Ich kam, ohne eine Menschenseele zu kennen, in dieser Riesenstadt
an, setzte mich auf dem Bahnhof erst einmal hin und meditierte. Ich visualisierte, daß jemand, der Englisch sprach,
zu mir kam und mir half, eine Bleibe zu finden.

Als ich da saß und meditierte, hatte ich den Eindruck,

am falschen Ort zu sein. Ich erinnerte mich daran, daß ich vor meiner Ankunft hier nach dem größten amerikanischen Luftwaffenstützpunkt gefragt hatte, weil ich in der Nähe eines großen Krankenhauses sein wollte. Der größte Stützpunkt sei in Tachikawa, hatte man mir gesagt – genau dort, wohin mich meine Intuition vom Tokioter Bahnhof aus leitete. Ich stieg in den entsprechenden Zug und kam erschöpft und leicht entmutigt um zehn Uhr abends in Tachikawa an.

Natürlich kannte ich auch dort keinen Menschen. Aber ich dachte weiterhin positiv; sicher würden meine Bedürfnisse bald erfüllt. Da ich wußte, daß dies Teil meines Glaubens war, wiederholte ich immer wieder bei mir: »Ich weiß, daß die Unendliche Intelligenz mich an den richtigen Ort leitet. Ich glaube, daß Gedanken Dinge sind und daß ich mein eigenes Schicksal gestalten kann.«

Als ich mit meinen übergroßen Koffern durch die engen Straßen ging, gelangte ich zu einem Gebäude mit einer Bar im ersten Stock. Ich brauchte dringend eine Rast, und der Lärm und die Musik zogen mich an. Innerhalb weniger Minuten setzte sich ein japanisches Mädchen, Hiroko, die etwa in meinem Alter war, an meinen Tisch. Sie fragte, wer ich sei und wo ich wohnte. Als ich ihr meine Lage erklärte, lud sie mich für die Nacht in ihr Haus ein – in Tokio. Ich war den ganzen Weg nach Tachikawa geleitet worden, um dort einen Freund zu treffen! Meine Programmierung hatte wieder einmal geklappt.

Hiroko arbeitete auf dem Stützpunkt in Tachikawa,

und am folgenden Morgen begleitete ich sie im Personal-
bus dorthin. Da ich wußte, daß ich einen weiteren nütz-
lichen Kontakt brauchte, um in Tachikawa bleiben zu können, visualisierte ich jemanden, der mir helfen konnte.
Und in der Tat lernte ich gleich an der Bushaltestelle ein
amerikanisches Mädchen kennen. Sie lud mich zu sich
nach Hause ein, wo mich ihre Familie herzlich begrüßte
und mir nicht nur ein Zimmer zur Verfügung stellte, sondern auch einen Ausweis gab, der mir Zutritt zu sämtlichen Läden und Clubs auf dem Militärgelände ver-
schaffte. Den Rest meiner Zeit in Japan verbrachte ich bei
dieser großzügigen Familie und half als Freiwillige beim
Roten-Kreuz-Krankenhaus des Stützpunktes, verletzte
Soldaten aus Vietnam zu betreuen.

Meine Arbeit in dem Krankenhaus war sehr befriedigend und meine Erfahrungen in Japan sehr lehrreich, aber
nach einem Jahr wurde ich wieder rastlos. Viele meiner
Theorien über Metaphysik und positives Denken hatten
sich bestätigt, und mein Glaube war bestärkt, aber ich war
enttäuscht, immer noch nicht klar übernatürlich hören zu
können. Emotional befand ich mich nach wie vor nicht im
Gleichgewicht, und spirituell war ich noch auf der Suche.
Ich wußte nun, daß ich nicht alle Antworten in Japan finden würde. Daher kehrte ich im Sommer 1972 nach
Florida zurück.

Meine Rückkehr in die Vereinigten Staaten und der Wendepunkt meines Lebens

Als ich wieder zu Hause war, lernte ich weiter mit dem inzwischen festen Ziel, als Lehrerin für holistische Themen zu arbeiten. Aber ich war mit meinen Bemühungen nicht recht zufrieden und wußte, ich könnte anderen noch besser helfen, wenn ich meine parapsychischen Energien vollständiger ausbildete.

In einer feuchtheißen Nacht in Miami saß ich allein am Strand der Biscayne Bay und wußte, daß ich nun an einer Wegkreuzung meines Lebens stand. Ich wußte, daß meine medialen Fähigkeiten stärker ausgebildet waren als bei den meisten anderen Menschen: Ich konnte hellsehen, Auren lesen und die kosmischen Kräfte des Universums spüren. Ich war in den mystischen Fernen Osten gefahren, auf der Suche nach den Wahrheiten, die sich mir noch entzogen. Ich hatte in vergoldeten Tempeln und alten Schreinen, in abgelegenen Kirchen und in großen Kathedralen gebetet. Ich hatte versucht, alles mögliche über die positiven und negativen Energien aller Menschen zu erfahren, denen ich begegnete, und meinen Glauben auf jede erdenkliche Weise auf die Probe gestellt. Aber immer noch war ich spirituell taub. Die Gabe des Hellhörens blieb mir verwehrt.

Tief im Herzen wußte ich den Grund dafür. Ich war ein normales Menschenwesen, eine junge Frau, die wie die meisten Menschen manchmal durch die frivole Lebensweise meiner Mitmenschen abgelenkt wurde. Ich hatte das Gefühl, für einen besonderen Auftrag im Namen Gottes ausgewählt zu sein, aber warum bekam ich keine direktere Weisung? Ich wußte, daß ich nicht mein ganzes Wesen in den Dienst Gottes gestellt hatte, und begann mich zu fragen, ob er wohl glaubte, ich sei gescheitert. Ich war sehr unglücklich.

In jenem Moment blieb mir nichts anderes übrig, als zu beten. Ich sagte zu Gott, ich wolle mich jetzt entscheiden, Ihm mein Leben zu überantworten, da ich nichts anderes mehr wollte, außer es sei zu meinem Besten. Ich sagte: »Ich will nichts anderes mehr als deinen Willen in meinem Leben.« Und plötzlich starrte ich mit einem neuen inneren Frieden aufs Wasser. Nach der emotionalen Krise, die ich erlebt hatte, beruhigten sich meine Gedanken.

Am folgenden Morgen wurde ich von einer Stimme geweckt, die sagte: »Linda, ich will dir helfen.« Erstaunt richtete ich mich im Bett auf – weil ich dachte, ich hätte geträumt. Aber die Stimme fuhr fort: »Wir werden mit dir arbeiten, dich leiten und bei vielen Gelegenheiten präsent sein, um dir dabei zu helfen, in deiner selbstgewählten Arbeit Erfüllung zu finden.« Meine Reaktion auf diese Mitteilung des Höheren Selbst war reine Freude und spirituelle Ekstase. Ich wußte, daß Gott endlich auf meine Gebete reagiert hatte.

Seit dem Morgen dieses 30. Juli 1971 wird mein Leben von spirituellen Wesen geleitet, von Engelswesen und der Gotteskraft, die ich durch sie erlebe. Ich kann ihre Stimmen hören und ihre Gegenwart spüren. Denjenigen unter Ihnen, die an der Existenz solcher Wesen zweifeln, kann ich nur raten, dieses Buch zu lesen und seine Theorien in die Praxis umzusetzen, um diese Kommunikation selbst zu erfahren.

Mir ist klar, daß viele Themen in diesem Buch kontrovers sind: Religion, parapsychische Phänomene und die Ernährung werfen stets Fragen auf (und nicht selten werden dabei auch die Brauen hochgezogen!). Nicht alles kann wissenschaftlich belegt werden, aber das Leben beruht eben nicht bloß auf wissenschaftlichen Theorien. Wenn das so wäre, wären wir bloße Automaten. Manche Theorien sind zudem einfach ihrer Zeit voraus. Um nur ein Beispiel zu nennen, betrachten wir die Pflanzenheilkunde und wie lange es im Westen gedauert hat, deren Wert anzuerkennen. Kräutertherapien sind ebenso alt wie die Zivilisation selbst, aber erst in den letzten zehn Jahren haben die Ärzte in den USA ihnen auch ihre Wirksamkeit »zugestanden«.

Niemand weiß alle Antworten auf die Fragen des Lebens, aber wir sollten stets offen für neue Informationsquellen sein. Ich werde mich nie mit nur einer akzeptierten Wissenschaft oder einer religiösen Theorie zufriedengeben, und Sie sollten das auch nicht tun. Ein enger Freund von mir, Dr. Ray H. Cameron, hat mir oft gesagt: »Der Verstand ist wie ein Fallschirm – der funktioniert auch nur, wenn er offen ist.« Viele Menschen haben mit holistischen Prinzipien ein höheres Bewußtsein und mehr

Glück erlangt. Andere versuchen es nicht einmal. Und Sie?

Jeder hat einen Auftrag im Leben, ob gering oder wichtig. Manche Menschen erkennen diesen Lebenssinn allerdings niemals, andere erst spät im Leben. Meine Mission besteht nicht darin, zu beweisen, daß ich eine großartige Seherin bin. Ich glaube vielmehr, daß Gott mir die Gelegenheit gegeben hat, alle Informationen über holistische Gesundheit zusammenzutragen und zu verbreiten. Das ist eine ungeheure Aufgabe, die ich vermutlich nie vollenden werde, aber ich gebe mein Bestes und betreibe auch eigene Forschungen, um diese Informationen so vielen Menschen wie möglich zugänglich zu machen. Außerdem arbeite ich daran, stets ein gutes Beispiel zu sein.

Meine spirituellen Berater sagen mir, ich sei für einen bestimmten Auftrag ausgewählt. Für mich ist das bloß ein weiteres Zeichen, daß ich mich auf dem richtigen Weg befinde. Auch wenn die Dinge nicht so laufen, wie ich es geplant oder gewollt habe, weiß ich, daß sich etwas Besseres irgendwann einstellen wird – das stimmt immer! Außerdem erlebe ich immer häufiger positive Dinge, je weiter ich mich meinem Ziel nähere. Das ist ein Hauptaspekt der Synergie des holistischen Lebens und ein Zeichen, daß ich mit meinem Auftrag fortfahren soll. Gelegentlich fühle ich mich von der Ungeheuerlichkeit meiner Aufgabe überwältigt, aber es scheint, daß dann immer wie durch ein Wunder Menschen in mein Leben treten, die mir helfen, meine Bürde zu tragen.

Wie bei allen großen Unternehmungen – besonders, wenn es um die Durchsetzung neuer Ideen geht – habe ich viele Rückschläge und Hindernisse erlebt. Ich kenne das Verunsichernde finanzieller Probleme, die Schmerzen von Migräne, den emotionalen Streß einer zerbrochenen Beziehung, die Erschöpfung durch Überarbeitung und die Kämpfe mit der Unterzuckerung. Aber ich lasse mich von keinem dieser Dinge in meinem Projekt beirren, weil ich glaube, Gottes Willen auszuführen, indem ich anderen und mir selbst helfe. Mein Leben ist diesem wichtigen Auftrag gewidmet.

Hawaii

Ich muß noch einen besonderen Ort in der Geschichte meiner parapsychischen Entwicklung erwähnen: Nachdem ich 1972 zur Priesterin geweiht worden war – nach sechs Monaten des Studiums bei Reverend Gehrling an der Universal Harmony Foundation –, zog ich 1978 nach Hawaii, um östliche Philosophie zu studieren.

Seit den Sechzigern haben die östlichen Lehren im Westen immer mehr Einfluß gewonnen, weil sie für ein ruhigeres, friedlicheres Leben stehen, das weniger hektisch und frenetisch, sondern eher meditativ und spirituell ausgerichtet ist. Abgesehen von der Schönheit der Insel wollte ich auf Hawaii leben, weil ich mich dort eins mit den Menschen mit ihren vielen verschiedenen kulturellen Hintergründen fühlte. Mir wurde eine Menge Offenheit hinsichtlich der holistischen Prinzipien für Körper, Seele und Geist entgegengebracht. Bei Reisen durchs Inselinnere machte ich Radiosendungen und veranstaltete Seminare und regelmäßige Vorlesungen an der Universität, während ich gleichzeitig selbst Kurse besuchte, um mehr über orientalische und polynesische Kulturen zu erfahren. Der Einfluß japanischer und chinesischer Philosophie führte mich dazu, die östliche Spiritualität in Seminaren, Yogakursen und faszinierenden Diskussionen mit Menschen vielfältiger Kulturen zu verarbeiten, die dort verschiedene spirituelle und metaphysische Richtungen studierten.

In Hawaii lernte ich Kahuna kennen, einen Hohepriester mit starken psychischen Kräften. Er lebte am Fuß eines Bergs auf einem Stück Land, das er von seinen Ahnen geerbt hatte, und hielt spirituelle Vorlesungen über die Kommunikation mit alten Geistern ab. Er war ein Heiler, der mit den Mitteln der Natur arbeitete. Da holistische und alternative Therapien einen großen Bestandteil der hawaiianischen Kultur ausmachen und weithin akzeptiert sind, konnte ich dort tagtäglich von ihm lernen.

Jeden Tag lernte ich etwas Neues und erkannte allmählich deutlicher, welche Richtung mein Leben nehmen sollte. Das war eine unschätzbare Erfahrung, die mir in meinem weiteren Leben, in dem ich bis heute holistisch lehre und lerne, wichtig geblieben ist.

2. Kapitel

DIE LINDA-GEORGIAN-SHOW

Was ich kann – und was ich nicht kann

Nachdem ich bei mehreren Radio- und Fernsehshows in Florida als Gast aufgetreten war, wurde ich von dem Produzenten einer größeren Kabelfernsehgesellschaft eingeladen. Es war genau der richtige Zeitpunkt: Eine halbe Stunde später war die Linda-Georgian-Show geboren.

Es gibt eine Fehleinschätzung, die ich ständig aus dem Weg räumen muß – bis auf den heutigen Tag: Das ist die Vorstellung, daß ein Medium die Gedanken eines jeden Menschen lesen kann, der ihm begegnet. Manchmal frage ich jemanden einfach nur, um eine Unterhaltung zu beginnen: »Wie geht es Ihnen?« Dann bekomme ich zur Antwort: »Das wissen Sie nicht?« Doch die meiste Zeit weiß ich das wirklich nicht, denn meine medialen Fähigkeiten können an- wie abgestellt werden. Spirituell bin ich immer auf mich selbst eingestimmt, und oft bekomme ich nur die

Informationen, die für mich wichtig sind. Aber was andere Menschen und deren Umstände angeht, so schalte ich ganz bewußt ab, es sei denn, ich muß etwas von ihnen erfahren. Stellen Sie sich doch einmal vor, wie geistig anstrengend es wäre, wenn man ständig in die geheimsten Gedanken aller Mitmenschen eingestimmt wäre! Stellen Sie sich die Verwirrung vor, wenn meine medialen Kanäle alle weit offen stünden, sobald ich bloß einen Blick ins Publikum werfe. Ich würde gleichzeitig sämtliche Gedanken und Auren in mich aufnehmen.

Einmal bekam ich einen Brief von einem Mann, der einen meiner Vorträge besucht hatte. Zuerst freute ich mich über die vielen wunderbaren Dinge, die er über mich zu sagen wußte, aber dann fügte er hinzu, gegen Ende des Vortrags sei er sicher gewesen, ich würde »aufschnappen«, daß ihm etwas Schreckliches zustoßen werde. Er sagte, er sei anschließend zu mir gekommen und glaubte, sehr schlechte Schwingungen von mir bekommen zu haben. Er hatte das Gefühl, ich habe ihm etwas vorenthalten. Ich schrieb ihm zurück, daß ich bei unserer Begegnung bereits meine innere Einstimmung abgeschaltet gehabt hätte, und die einzigen möglichen negativen Schwingungen hätten vermutlich von den Menschen um ihn her gestammt, die Angst hatten, nicht mehr an die Reihe zu kommen. (Ich versuche immer höflich zu sein und schicke nicht gern jemanden fort.) Dann versicherte ich ihm, daß ich keine größeren Schwierigkeiten für ihn sähe.

Manche Menschen erwarten, wenn ich sie medial berate, phänomenale Voraussagen und dramatische Veränderungen. Ich kann ihnen aber bloß mitteilen, was ich bei ihnen sehe – nichts weiter. Ich weise sie auch darauf hin, daß es in ihrer Macht liegt, das zu ändern, was ihnen im Leben zustößt, daß sie ihre eigene Zukunft gestalten können. Ich rate ihnen, sich der Wirkung bewußt zu sein, die andere Menschen auf sie haben. Wir sollten unsere Freunde, Bekannten und geliebten Menschen sehr sorgsam auswählen. Denn das Zusammensein mit negativen Menschen beeinflußt uns negativ, genau wie der Umgang mit positiv gestimmten Menschen positiv auf uns wirkt. Aus einem »schlechten« Umgang resultieren womöglich negative Reaktionen, Unwohlsein, Niedergeschlagenheit, Unzufriedenheit bei der Arbeit oder daß man unbewußt die unangenehmen Angewohnheiten der Mitmenschen annimmt: So oder so, die Wirkung ist sehr stark.

Zu Beginn meiner holistischen Arbeit wurde ich manchmal ärgerlich oder wütend, wenn andere Menschen nicht glaubten oder begriffen, was ich zu erreichen versuchte. Heute versuche ich nicht mehr, andere zu »bekehren«, sondern glaube vielmehr, daß sie eine holistischere Lebensweise annehmen, sobald sie dazu bereit sind.

Viele Menschen denken, das Wort *paranormal* sei mit dem Begriff *okkult* identisch und habe etwas mit Satan zu tun. Das stimmt nicht. Die außersinnliche Wahrnehmung, die das »Paranormale« auszeichnet, steht allen Menschen offen. Sie soll bei kleinen Kindern sehr scharf ausgebildet sein und muß beim Erwachsenen einfach nur neu belebt werden. Das Okkulte hingegen deutet auf etwas Geheimes hin und ist nur Eingeweihten zugänglich – das ist ein großer Unterschied.

Kein Seher ist hundertprozentig genau. Die Präzision hängt von vielen Faktoren ab, wie der körperlichen Gesundheit, dem momentanen Geisteszustand, der Fähigkeit, äußere Störungen auszublenden, von spiritueller Einstimmung und persönlichem Einsatz. Dies alles schafft einen mehr oder weniger klaren Kanal für mediale Energie.

Ich gebe stets mein Bestes, um mir einen klaren Kanal zu schaffen, aber ich kann meinen Klienten nur mitteilen, was zu mir kommt. Wenn ich keine sinnvollen Informationen bekomme, erfinde ich nicht einfach etwas. Seher erfahren zum Beispiel nicht unbedingt bestimmte und vollständige Namen. Wenn Sie mich etwa fragen, wie Ihr Hund heißt, dann könnte ich Ihnen das vermutlich nicht sagen. Aber ich könnte Ihnen mitteilen, ob Ihr Haustier unglücklich oder krank ist.

Seher und Heiler, die mein Leben beeinflußten

Im Rahmen meiner Forschung und meinen Radio- und Fernsehshows bin ich vielen Menschen begegnet, die auf diesem Gebiet arbeiten. Fast alle, die ich kennenlernte, hatten irgendeinen Einfluß auf meine Entwicklung, aber keiner wohl mehr als das Medium Jewel Williams von der

Universalkirche des Meisters Jesus. Nach unserer ersten Begegnung 1969, als sie mir prophezeite, ich würde vor einem Millionenpublikum medial arbeiten, waren Jewel und ich eng befreundet. Sie half mir, mich besser einzustimmen, und ich unterstützte sie bei dem medialen Nachrichtendienst ihrer Kirche. Sie ermutigte mich zudem, meine Fähigkeiten besser auszubilden und meine Arbeit in den Medien fortzusetzen.

Jewel war auch von meiner Mutter sehr beeindruckt, weil sie glaubte, auch sie habe extrem starke mediale Fähigkeiten.

Seit Jewel Mitte der Siebziger verschieden ist, stehen wir in Kontakt. Sie teilt sich mir manchmal im Bewußtsein, manchmal im Traumzustand mit und ermutigt und unterstützt mich weiterhin in meiner holistischen Arbeit.

3. *Kapitel*

Helferengel

Jeder Mensch hat einen bestimmten Mentor sowie bestimmte Engelswesen, die ihn umgeben und auf ganz subtile Weise mit ihm kommunizieren. Ich rate Ihnen ausdrücklich, zu meditieren, ehe Sie eine wichtige Entscheidung treffen, ob privat oder beruflich, weil die Leitung von Gott und seinen Engeln einem hilft, die richtige Wahl zu treffen. Natürlich bekommt man nicht immer alle Antworten. Aber denken Sie daran, daß eine scheinbar schlechte Entscheidung sich manchmal als die beste herausstellt.

Meine Engel helfen mir nicht nur, Entscheidungen zu treffen; manchmal beschützen sie mich auch vor Gefahren. Als ich zum Beispiel einmal auf eine Kreuzung zufuhr, funktionierte plötzlich mein Gaspedal nicht mehr. Mein Auto blieb einfach stehen. In diesem Moment raste ein Wagen ohne anzuhalten auf das Rotlicht zu. Wäre ich weitergefahren, wäre ich bei dem Unfall vermutlich umgekommen. Sie verstehen sicher, wie sehr ich die Beziehung zu meinen Engeln schätze. Sie sind da, um uns zu schützen, uns zu lehren und zu helfen. Es hat nichts Seltsames, sich seiner Engel bewußt zu sein und ihnen für ihre Gegenwart und ihren Beistand zu danken.

Mein Glaube und meine Mission sind Ihre Mission

Da mir mein Auftrag auf dieser Welt am allerwichtigsten ist, verlangt das manchmal meinem Privatleben einen gewissen Zoll ab. Immer im Licht der Öffentlichkeit zu stehen heißt, daß meine Frustration wie auch meine Leistungen immer wie stark vergrößert erscheinen. Ich frage mich manchmal, ob meine gewählte Arbeit wirklich all das Leid und die Qualen wert ist. Aber wenn ich dann an die vielen Menschen denke, denen ich geholfen habe, und daran, wie wichtig meine Ziele für mich sind, mache ich doch weiter.

Ich umgebe mich am liebsten mit holistischen, positiven Menschen. Diejenigen, die mit mir zusammenarbeiten, wissen, daß dazu viel mehr gehört als sich einfach nur für das Thema zu interessieren. Engagement ist Pflicht. Eine meiner Meditationen lautet, daß jeder, der dem Fortschritt meiner persönlichen holistischen Mission im Weg steht, aus meinem Leben und meiner Umgebung verschwinden muß. Ich bitte stets darum, daß mir in allen Situationen die Wahrheit gesagt wird. Glücklicherweise warnen mich meine seherischen Fähigkeiten vor drohenden Problemen, daher kann ich versuchen, sie zu vermeiden – genauso, wie ich einen anderen Weg einschlagen würde, um einem Tornado auszuweichen. Auf diese Weise werden wenig hilfsbereite und kontraproduktive Menschen rasch eliminiert.

Ich habe über persönliche Beziehungen eine Menge gelernt – manches auf die schmerzliche Art. Wenn jemand meinen Auftrag nicht versteht oder schätzt, wenn er die Intensität nicht aushalten kann, mit der ich meine Ziele angehe und verfolge, wenn er nicht an einem holistischen Lebensstil interessiert ist oder er ihm einfach nicht paßt, kann ich mit demjenigen nicht zusammenarbeiten. Im Umgang mit unglücklichen Beziehungen habe ich gelernt, daß es besser ist, einen Menschen ohne anschließenden Groll aus meinem Leben zu entlassen, statt zu versuchen, einen unwilligen und unfähigen Partner zu ändern. Sie werden in meiner Besprechung der Universalgesetze (Teil II, 3. Kapitel) sehen, daß ich gelernt habe, daß Gott einem immer einen besseren Menschen anbietet. (Siehe das *Vakuum-Gesetz des Wohlstands*, Seite 160 ff.)

Wenn ich durch ein persönliches oder berufliches Problem frustriert bin, wandle ich diese göttliche Unzufriedenheit in etwas Positives um und leite meine Frustration oder Wut in meine Arbeit und auf meine Ziele um. Es ist ganz erstaunlich, wieviel man erreichen kann, wenn man diese Energien verwandelt und auf etwas Gutes richtet. (Siehe das *Gesetz der Verwandlung*, Seite 156 ff.)

Ich glaube außerdem an katalytische Prozesse. Oft diene ich als Katalysator und bringe Menschen und Ideen zusammen, die sich sonst nicht getroffen hätten. Fast jeder hat schon eine scheinbar schlechte Situation erlebt, die aber als Katalysator für etwas Besseres diente. Ohne diese katalytischen Situationen in meinem eigenen Leben (etwa, indem ich Jewel Williams traf) hätte ich viel länger gebraucht, um dorthin zu gelangen, wo ich heute bin. Da ich von dieser Vorstellung restlos überzeugt bin, glaube ich ebenso fest daran, daß jede Situation etwas Gutes birgt. Wenn man auf sein Leben zurückblickt, stellt man sicher fest, daß dies wahr ist. Vielleicht ist es schwer, sich auf etwas Positives zu konzentrieren, wenn alles schlecht läuft, aber der Glaube an dieses Konzept führt einen durch sämtliche Lebenskrisen hindurch.

Eine weitere Überzeugung dreht sich um das, was ich den »Bulldozer-Effekt« nenne. Dazu gehört, die eigenen Energien mit denen anderer zu kombinieren, die ähnliche Ziele haben. Das ermöglicht uns, geeint als eine stärkere Kraft zu operieren. Hier bedeutet Quantität tatsächlich Macht.

Ich habe meine Gefühle über den Einfluß anderer auf uns bereits erwähnt, weil ich festgestellt habe, daß sich viel öfter Negatives ereignet, wenn ich von negativen Menschen umgeben bin. Wenn ich diese negativen Menschen meide, lassen die negativen Erfahrungen nach oder verschwinden völlig. Ich glaube, wenn man einmal den Entschluß gefaßt hat, glücklich zu sein, und sich mit positiven Menschen umgibt, findet man es viel schwieriger, unglücklich zu sein. Ich schicke ständig positive Energie zu den Menschen in meinem Leben, zu meinen Freunden und Angehörigen. Aber Glück kommt von innen heraus: Machen Sie sich nicht von anderen abhängig, um glücklich zu sein. Erlauben Sie ihnen nur, Ihr eigenes Glück zu bestärken.

Eins muß ich noch raten, etwas, das ich selbst praktiziere: Ich bete für alle und jeden in der Welt und akzeptiere die Gebete, die andere Menschen aussenden. Dies geschieht sowohl durch Meditation wie auch in regelmäßigen Gebeten. Schon der Gedanke an die positive Energie, die einem zugesandt wird, kann eine Depression aufhellen. Heißen Sie Gebete willkommen und nutzen Sie sie – und teilen Sie sie mit anderen.

Ein Auftrag ist im strengen Sinne eine selbstauferlegte Pflicht. Daher könnte der Lebensauftrag beispielsweise lauten, man will Millionärin werden, ehe man dreißig ist, behinderte Kinder unterrichten oder drei Kinder großziehen. Ich glaube aber, daß die wertvollsten Missionen diejenigen sind, die den Dienst an anderen anstreben.

Manche Menschen sind sich zwar schon sehr früh über ihr Lebensziel sicher, aber für die meisten erfolgt die Entdeckung erst nach langem Überlegen, Nachdenken, Forschen und Experimenten. Ich finde Meditationen und Gebete dazu essentiell. Bitten Sie Gott stets, er möge Ihnen seinen Willen mitteilen. Bei allen Menschen, die von einem individuellen Auftrag angetrieben werden, ist es der göttliche Funke, das Höhere Selbst, das den positiven Samen legt. Wenn Sie genügend inspiriert oder motiviert sind, um zu handeln, dann drücken Sie dadurch Gottes Willen in Ihrem Auftrag aus.

Selbst als Atheist kann man einen göttlichen Auftrag haben, ohne es zu merken oder es so zu nennen. Es ist nicht notwendig, sein Ziel Gott zuzuschreiben, damit es die Welt positiv beeinflußt. Madalyn Murray O'Hair, die Präsidentin der *Society for Separation*, auch als amerikanische Atheistengesellschaft bekannt, hat ungeheuer viel Gutes geleistet – trotz ihrer antigöttlichen, antireligiösen Überzeugung und obwohl sie viele scharfe Kritiker verschiedener Religionen hat. Ohne die Anstrengungen von Menschen wie ihr gäbe es kein Gegengewicht zu den religiösen Eiferern, die glauben, jeder müsse so handeln und sein wie sie. Es gibt zum Beispiel heutzutage fundamentalistische religiöse Führer, die politisch aktiv sind und nach öffentlichen Ämtern streben. Ohne jemanden, der sich gegen solche Rechtsextremisten ausspricht und die Öffentlichkeit aufklärt, könnten solche Leute tatsächlich sämtliche Konkurrenz ausschalten, indem sie ihre politisch-religiösen Anhänger in wichtige Positionen hieven und die politischen Prozesse allmählich kontrollieren. Sie gestehen freimütig, das in vielen Landesteilen gemacht zu haben, wo sie genügend finanzielle Unterstützung haben und die Menschen sich der dahinter liegenden politischen Ziele nicht bewußt sind. Diese Extremisten würden bald die in der Verfassung verankerte Trennung von Staat und

Kirche abschaffen und verlangen, daß jeder denkt und glaubt wie sie. Das würde bedeuten, daß wir keine freie Wahl mehr hätten. Ich muß hinzufügen, daß dies weit darüber hinausginge, Morgengebete in Schulen zur Pflicht zu machen, was wir alle gern akzeptieren würden. Eines der strittigsten Themen ist wohl die Schöpfungslehre, eine strenge, wortwörtliche Deutung der Bibelgeschichten, die dann im Biologieunterricht stattfände – statt der Behandlung wissenschaftlicher Theorien.

Sie sehen also, wie wichtig die Lebensziele des einzelnen sind und wie sie die Welt insgesamt beeinflussen können. Man braucht nicht unbedingt daran zu glauben, daß das Lebensziel die Welt verändert; auch wenn es nicht so zu sein scheint, gelingt es doch auf indirekte Weise. Seien Sie sich nur selbst treu. Jeder wird mit bestimmten Begabungen geboren, die er oder sie ausdrücken soll. Das Leben ist voller Entscheidungen und Möglichkeiten, und jeder kann wählen, in der Welt etwas Gutes zu tun. Man weiß einfach nie, wessen Leben man mit Gedanken und Taten beeinflußt. Es ist, als würde man einen Stein in einen stillen Teich werfen und Wellen verursachen, die bis ans andere Ufer reichen.

Das erinnert mich an eine Lehrerin, die beim zwanzigsten Jahrestreffen ihrer Klasse von einer ehemaligen Schülerin erfuhr, daß die »befriedigende« Note, die sie ihr bei der allerersten Arbeit gegeben hatte, das Mädchen zu dem Entschluß veranlaßte, der Lehrerin zu zeigen, daß sie eigentlich eine Einserkandidatin sei. Nach der vierjährigen

Schulzeit hatte die Schülerin die beste Abschlußnote in diesem Fach und meinte, das sei der stolzeste Tag ihres Lebens gewesen. Die Lehrerin hatte nicht die geringste Ahnung davon gehabt!

Wenn man unter nachteiligen Umständen auf die Welt kommt und die Verwirklichung des eigenen Potentials begrenzt ist, kann man dem nur entkommen, indem man diese Umstände überwindet oder verändert. Viele sagen: »Es ist, wie es ist«, und geben sich keinerlei Mühe, ihr Schicksal zu ändern. Ich glaube aber an die Theorie, daß Gott denjenigen hilft, die sich selbst helfen. Ich glaube außerdem, daß ein Opfer immer belohnt wird, wenn es zu einem guten Zweck geschieht. Je mehr man vom Leben will, um so mehr muß man dafür tun. Seien Sie stets so eindeutig wie möglich. Bleiben Sie auf dem richtigen Weg mit den richtigen Menschen. Setzen Sie sich ein Ziel im Leben und streben Sie es an.

Haben Sie keine Angst davor, in einer Situation die Wahrheit zu erfahren. Bedienen Sie sich sämtlicher intellektueller Ressourcen und lösen Sie Ihre Probleme Schritt für Schritt. Im Verlauf der Selbstanalyse erkennen Sie bald die göttliche Ordnung in Ihrem Leben. Setzen Sie sich mit all Ihrem Können dafür ein, Ihre Lage zu verbessern, und bitten Sie gleichzeitig Gott, Ihnen zu helfen. Wenn es nicht nach Ihren Wünschen läuft, akzeptieren Sie es – in dem Wissen, daß es in Ihrer Macht steht, die Lage zu verbessern.

Gott bringt nicht bewußt Unglück in unser Leben. Es

gibt auf dieser Erde Risiken, die niemand jemals vollständig kontrollieren kann. Die Handlungen anderer Menschen oder Naturkatastrophen können alles im Leben negativ beeinflussen. Zufällige Ereignisse, die sich Ihrer Kontrolle entziehen, können bewirken, daß das irdische Leben vorzeitig endet. Das heißt nicht unbedingt, daß man schlechtes Karma geschaffen hat. Wir müssen alle die Tatsache akzeptieren, daß die Welt voller Risiken ist. Das heißt, Sie müssen alles tun, was in Ihrer Macht steht, um sich vor Schaden zu bewahren – soweit das möglich ist. Vernünftige Maßnahmen, wie nachts nicht allein auf die Straße zu gehen, sich eine Alarmanlage einzubauen und ausreichende Versicherungen, sind wichtig, um Gefahren zu verringern und Risiken zu senken.

Gebete und Meditation sind ebenfalls wichtig, um Risiken zu reduzieren. Stellen Sie sich vor, vom weißen, schützenden Licht Gottes und seiner Heilenergie umgeben zu sein. Bleiben Sie in ständigem Kontakt zu den Schutzengeln, und Sie bekommen bald subtile Botschaften, die Sie von negativen Situationen wegführen.

Zu mir kam einmal die Mutter eines Mädchens, das ermordet worden war. Sie wollte sich medial beraten lassen. Sie war wütend und erregt, weil Gott zugelassen hatte, daß ihre Tochter ihr genommen wurde. Allen Berichten zufolge war diese Tochter eine freundliche, intelligente Frau gewesen. Die Mutter fühlte sich nun wie eine Heuchlerin, wenn sie weiter zur Kirche ginge. Denn sie dachte eigentlich, wenn es einen wirklich liebevollen Gott gab, hätte er eine solche Gewalttat nicht zugelassen. Es ist schwer, jemandem in solcher Verzweiflung zu erklären, daß Gott voll Liebe ist und nicht absichtlich jemanden leiden läßt. Aber selbst unter den schwierigsten Umständen müssen wir erkennen, daß solche willkürlichen Ereignisse letztendlich einen Sinn haben. Trotzdem bin ich überzeugt, daß man mit festem Glauben, Gebeten und Vernunft viele gefährliche Situationen vermeiden kann.

Sie wissen vielleicht schon, was das Ziel Ihres Lebens ist – oder Sie brauchen noch viele Jahre, um es voll zu erkennen. Es besteht aber auch die Möglichkeit, daß Sie es in diesem Leben nicht erkennen. Die großen Führer dieser Welt haben einen solchen bestimmten Auftrag. Ich hoffe, dieses Buch hilft Ihnen, Ihre eigenen besonderen Gaben zu erkennen und die Entscheidungen zu treffen, die Ihnen helfen, Ihre Talente und den eigenen persönlichen Auftrag zu erkennen.

Auch wenn ich mit Gott und seinen Engeln zusammenarbeite, indem ich so gesund und vernünftig wie möglich lebe, bin ich mir dennoch bewußt, daß ich nicht alle Antworten weiß. Ich bin Forscherin und lerne ständig neue Dinge über das Leben und die Spiritualität dazu. Ich weiß, daß Gott mir ständig Informationen zukommen läßt, daß er nicht tot ist und er nicht vor zweitausend Jahren aufhörte, mit uns zu kommunizieren, als die Bibel vollendet wurde.

Wenn ich mich mit jemandem aus der Kirche unterhalte und erzähle, daß ich ständig Offenbarungen von Gott und seinen Engeln erhalte, merke ich, daß viele Menschen daran interessiert wären, was ich zu sagen habe. Aber wenn ich sage, daß ich eine Seherin bin und diese Informationen auf medialem Weg erhalte, fällt die Reaktion stets ganz anders aus. Dies liegt vorwiegend an einer semantischen Verwechslung: Wenn jemand die Worte *medial* oder *paranormal* negativ bewertet, fällt die Reaktion auf meine Kommentare auch negativ aus.

Die Religion bildet den Hintergrund von vielen blutigen Kriegen, Morden und Streitereien. Es gibt geistig gestörte Menschen, die behaupten, Jesus Christus oder eine Reinkarnation von Ihm zu sein, die meinen, sie wären der neue Erlöser des Planeten oder Gott habe ihnen befohlen, schreckliche Taten zu begehen. Es ist schwer, zwischen Religionen, Ideologien und Theorien, zwischen Sehern, Lehrern und spirituellen Führern philosophische Unterscheidungen zu treffen. Menschen, die eine positive, aufrüttelnde, spirituelle Erkenntnis hatten, wissen ganz genau, daß sie die richtige Botschaft erhalten haben. Alles fühlt sich so echt an, daß es schwer ist, zu glauben, andere könnten vielleicht etwas ähnlich Aufklärendes erlebt und andere Schlüsse daraus gezogen haben. Aber keiner kann sagen, wie die Wahrheit wirklich aussieht, bis wir sie weitergegeben haben.

In diesem Buch geht es natürlich um viel mehr als um bloß meine eigene spirituelle, mediale Erfahrung. Es geht weit über eine spirituelle Offenbarung hinaus, jeden Bereich des Lebens holistisch zu umfassen. Es soll Ihr Leben mit Informationen verbessern, die Ihr Schicksal ändern und Sie glücklicher machen. Es kann Ihnen sogar das Leben retten. Zumindest aber wird es Sie gesünder machen, da ich glaube, daß der holistische Ansatz der schnellste Weg dazu ist, alle Segnungen des Universums zu genießen.

Ich habe dieses Buch nicht geschrieben, um zu beweisen, daß Gott existiert. Das muß jeder für sich selbst herausfinden. Ich weiß, daß das, was ich bisher gelernt und erlebt habe, in jeder Hinsicht wahr, positiv und hilfreich ist. Ich befolge zwar die Gesetze meiner Regierung und danke tagtäglich Gott, daß ich in einem Land lebe, in dem die Religionsfreiheit in der Verfassung verankert ist. Aber ich würde mein Leben von keiner anderen Macht als der Gottes beherrschen lassen. Was mich betrifft, endet mein persönlicher Auftrag auf dieser Welt erst mit meinem Übergang zum nächsten Leben, aber während ich noch hier bin, wird er sich stets weiterentwickeln. Die holistische Bewegung setzt sich jedoch auch ohne meinen Einsatz fort, und zwar auch noch lange, wenn ich schon nicht mehr sein werde. Meine Pläne wirken manchmal unglaubhaft auf diejenigen, die mich nicht kennen, aber ich glaube ganz fest, daß ich fast alles im Leben erreichen kann, ehe ich verscheide – wenn auch nicht alles, was ich anstrebe. Meine Freunde sagen mir oft, daß sie nicht glauben können, daß ein Mensch so viel schaffen kann, wie ich bereits geschafft habe. Ich habe mich stets zum Äußersten getrieben. Wenn sich eine Chance bietet, ergreife ich sie.

Wenn ich eine Idee habe, untersuche ich sie und lasse sie entweder fallen oder verfolge sie weiter. Falls nötig, schreibe ich sie auf und untersuche sie zu einem späteren Zeitpunkt. Wenn es Probleme gibt, arbeite ich sie systematisch durch und versuche, mich nicht darin zu verlieren. Bei allen Dingen und Tag für Tag strebe ich Gleichgewicht und Positivität an, weil ich weiß, daß Gott und meine Schutzengel da sind, um mir zu helfen.

1991 gründete ich einen Telefonservice für Wahrsagungen, der sich rasch landesweit durchsetzte. 1992 beteiligte ich mich an Inphomation Inc., einer weiteren Gesellschaft, und stellte den Kontakt zu meiner Freundin Dionne Warwick her, die zustimmte, ein »TV-Infomercial« mit mir zu machen. Seitdem hat sich das Netz meiner »parapsychischen Freunde« stark ausgeweitet, und ich kann mit Stolz und Freude sagen, daß es zum meistbesprochenen Fernsehprogramm des Landes wurde. Mit mir zusammen treten viele berühmte Persönlichkeiten auf und stellen sich einer Jury aus bekannten, alterprobten Sehern. Mein Ziel ist es, schließlich meine eigenen Radio- und Fernsehshows über paranormale Dinge zusammenzuführen, um ein noch größeres Publikum zu erreichen. Ich weiß, daß das Interesse an diesen Dingen sehr groß ist und überall immer noch zunimmt.

Mein Tagesablauf

Die Leute fragen mich oft, wie ich so Tag für Tag lebe und ob ich auch praktiziere, was ich anderen predige. Mein Ansatz hier im irdischen Leben ist rein holistisch, daher gehören zu meinem Tagesablauf auch körperliche, geistige und spirituelle Aspekte und Disziplinen.

Ob ich zu Hause bin oder auf Reisen, ich befolge stets ein Mindestmaß an Routine: Nach dem Aufwachen verbringe ich etwa zwanzig Minuten mit Meditation im Bett, denke über meinen Tag nach und mache Pläne. Da ich ein sehr aktiver Mensch bin und immer viel zu tun habe, bin ich beim Aufwachen manchmal unsicher und ängstlich. Die Meditation hilft mir, mich zu konzentrieren und meine Energie auf meine Tagesziele zu richten. Diese täglichen Ziele visualisiere ich in allen Einzelheiten.

Ich sorge dafür, daß ich täglich ausreichend Bewegung bekomme: durch Gehen, Joggen, Radfahren oder mit einem Step-Gerät. Außerdem lasse ich so oft wie möglich eine Tiefenmassage vornehmen, um körperlichen und emotionalen Streß und Spannungen abzubauen. Beim Arbeiten tagsüber überprüfe ich mich ständig. Wenn meine Arbeit vornehmlich geistiger Natur ist, sorge ich dafür, daß ich abends etwas Körperliches unternehme. Ich versuche nur zu essen, wenn ich Hunger habe, und kämpfe manchmal gegen meine süße Ader an, indem ich Salz auf ein Dessert streue, ehe ich es esse – besonders auf Flugreisen.

Manchmal während des Tages oder am frühen Abend meditiere ich noch einmal. Ich wende positive Mentaltechniken an und bete, um Gutes anzuziehen und in mein Leben einzubringen. Ich trinke nur selten Alkohol und nehme keine Drogen – außer, wenn sie mir verschrieben werden.

Im Laufe des Tages visualisiere ich häufig Gott, Jesus und die Engel, die ständig mit mir zusammenarbeiten. Ich fühle mich mit Jesus wohl, weil ich im katholischen Glauben groß geworden bin, aber man kann sich auch Moses, Buddha oder andere vorstellen, die für einen richtig sind. Es hilft, sich zusätzlich zur abstrakten Theorie mit einer Person zu identifizieren. Dieser spirituelle Visualisierungsprozeß erlaubt uns, innezuhalten und zu erkennen, daß Gott ständig bei uns ist – ob wir Auto fahren, tanzen, fernsehen oder anderes tun. Es ist wichtig, sich das so deutlich wie möglich vorzustellen. Das mache ich mehrmals täglich, besonders, wenn ich unter großer Belastung stehe. Gott kommuniziert vornehmlich durch den Übertragungsprozeß mit mir, wie bei den meisten medial veranlagten Menschen. Die Informationen, die ich bekomme, stellen immer irgendeine Art Offenbarung hinsichtlich eines Problems oder einer Frage dar. Manchmal erfolgt die Offenbarung durch einen Traum oder eine plötzliche Erkenntnis. Es gibt viele Methoden, durch die Gott mit uns kommuniziert – durch Meditation, direkte Stimmen, inspirierendes Lesen oder andere mediale, spirituelle Mittel. Paramahansa Yogananda von der *Self-Realization-Fellow-*

ship drückte das wunderbar aus: »Beim Wachen, Essen, Beten, Träumen, Schlafen, Dienen, Meditieren, Singen und göttlichen Leben ist meine Seele ständig anwesend, aber ungehört von allen: Gott, Gott, Gott!«

Teil II

Metaphysik, Geisteskräfte und Universalgesetze

Ein lebendiger Gedanke malt ein Bild und hat, im Verhältnis zur Tiefe seiner Quelle, die Kraft, sie zu projizieren.

RALPH WALDO EMERSON

Fortschritt bedeutet immer auch Risiko. Man kann nicht die zweite Sprosse erklimmen und den Fuß sicher auf der ersten Sprosse halten.

FREDERICK B. WILCOX

1. Kapitel

UNIVERSELLE METAPHYSISCHE PRINZIPIEN

Um zu verstehen, was holistische Gesundheit ist, müssen wir zunächst die Grundprinzipien darlegen, auf denen sich diese Vorstellung aufbaut. Die Grundlage besteht im eindeutigen Begreifen der universellen metaphysischen Prinzipien. Wenn wir diese Gesetze ständig richtig anwenden, können wir alle göttlichen Segnungen erreichen, die das Universum zu bieten hat, ob materieller Art (wie ein Haus), als Eigenschaften (Geduld und Vergebung) oder als körperliches Bedürfnis (Schmerzfreiheit). Diese Universalgesetze bestehen seit Anbeginn der Zeit und werden wie die Gesetze der Natur und Wissenschaft stets bestehen. Der Unterschied ist, daß Universalgesetze unsichtbar sind und in dieser Zeit nur durch persönliche Erfahrung bewiesen werden können.

Das Wort *Metaphysik* setzt sich aus dem griechischen *meta*, »über etwas hinausgehen«, sowie *physikos* zusammen –

»von körperlicher Beschaffenheit«. Die Metaphysik befaßt sich daher mit den unsichtbaren Kräften des Universums und ist erst in neuerer Zeit allgemein akzeptiert worden, seit die Naturwissenschaften das grenzenlose Potential des menschlichen Geistes ständig weiter erforschen.

Die verschiedenen Bereiche des Lebens werden von unterschiedlichen Prinzipien beherrscht: von Geist, Körper und Seele. Alle Prinzipien oder Gesetze in diesem Kapitel haben direkt mit dem einen oder mehreren dieser Bereiche zu tun.

Um zu glücklichen und gesunden Persönlichkeiten zu werden, die Gott nahe sind und hochentwickelte spirituelle Fähigkeiten haben, müssen wir in Geist, Körper und Seele in Übereinstimmung mit den holistischen Prinzipen leben.

Die Prinzipien des Geistes beziehen sich auf das Bewußtsein. Einfacher ausgedrückt ist dies als positives Denken bekannt: wenn man das Gute in allem sieht und weiß, daß alles, was geschieht, zum Besten sein wird.

Um den Geist darauf vorzubereiten, so zu funktionieren, nützt es, Themen wie die Metaphysik, Selbsthypnose (auch als Autosuggestion bekannt), die paranormalen Wissenschaften und positive Affirmationen zu studieren. Seien Sie sich Ihrer Gedanken bewußt, denn sie werden Ihre Zukunft prägen.

Die Prinzipien des Körpers beziehen sich auf den Tempel des lebendigen Gottes. Jeder Mißbrauch wird sich im Körper, im Geist, in der Seele und in der Umgebung niederschlagen: Je mehr sie vernachlässigt werden, um so mehr Schwierigkeiten entstehen. Die Bedürfnisse des Körpers sind:

Eine natürliche, ausgewogene und nahrhafte
Ernährung
Ruhe und Entspannung
Reines Wasser
Reine Luft
Bewegung
Mäßige Sonnenbestrahlung

Die Prinzipien der Seele haben mit Gebet und Meditation zu tun. Die spirituelle Einstimmung auf Gott (die Unendliche Intelligenz) durch einen direkten, intuitiven, transzendentalen Lernprozeß ist die höchste und genaueste Form von Bildung. Spirituelle Studien, Transzendentale Meditation, Selbsterfahrungskurse, Yoga und andere derartige Aktivitäten helfen, das Selbst zum Seelenwachstum zu disziplinieren und die psychischen Zentren des Körpers zu öffnen – die Chakren, die die psychischen und spirituellen Begabungen beherbergen.

Loben Sie die Höhere Intelligenz für alle Dinge, so daß sich Ihnen ein stärkeres Bewußtsein enthüllt und jede Situation verbessert werden kann. Gott (oder wie immer Sie ES nennen) ist in uns und versorgt uns mit allem, was wir brauchen. Ohne Lob für dieses höhere Wesen ist jeder scheinbare Fortschritt nur vorübergehend, und die spirituelle Entwicklung wird verzögert. Strahlen Sie göttliche Liebe ins gesamte Universum aus, besonders zu jenen

Menschen, Situationen oder Dingen, die Sie zu ärgern scheinen. Sie werden sehen, *daß alles, was Sie aussenden, zu Ihnen zurückkommt.*

Je mehr Sie diese Prinzipien befolgen, um so glücklicher werden Sie sein – geistig, spirituell und körperlich.

Denken Sie daran: Um die Vorteile (Segnungen) zu erreichen, müssen wir die Bedingungen (Disziplin) erfüllen. Nichts ergibt sich von allein. Man hat uns alle Fähigkeiten gegeben, aber wir müssen uns bemühen, den besten Nutzen daraus zu ziehen und die Früchte zu ernten.

Einmal kam ein Klient mit allen möglichen Problemen zu mir: Er war krank, denn er rauchte, trank und aß zuviel. Darüber hinaus hatte er Eheprobleme und dachte an Scheidung. Er war ein hochintelligenter Mann, aber die Probleme beeinträchtigten auch seine Arbeit. Er konnte sich nicht mehr konzentrieren und verlor allmählich seine Klienten. Ich sagte ihm, was er tun solle, und er antwortete, er sei zwar von den Prinzipien überzeugt, könne aber seine Lebensweise unmöglich aufgeben. Ich erklärte ihm, daß er nicht alle Änderungen auf einmal vornehmen müsse, sondern allmählich, Schritt für Schritt; dabei müsse er aber konsequent und hartnäckig bleiben. Wenn er zu seiner gewohnten Lebensweise zurückkehrte, würde er nichts erreichen – es würde alles nur schlimmer werden. Ich erklärte ihm, falls er diese Veränderungen vornahm und beibehielt, würden sie allmählich zur Gewohnheit.

Der Erfolg liegt ausschließlich bei einem selbst, im eigenen Bewußtsein.

Die drei Bestandteile des Geistes

Der Geist hat drei deutlich getrennte Bereiche, und es ist wichtig, sie genau zu unterscheiden: das Bewußtsein, das Unbewußte und das Überbewußte.

Das Bewußtsein enthält unser tagtägliches Denken. Es ist der sterbliche Verstand, in dem alles beginnt. Hier befinden wir uns die meiste Zeit, da es auf dieser Ebene um Nahrung, Arbeit, Wohnung, Geld, Kleidung, Freunde, körperliche Liebe und andere Notwendigkeiten des Lebens geht. Diese Sorgen sind zwar fraglos wichtig, aber wir müssen lernen, uns nicht darauf zu beschränken, diese Ebene als die einzige Existenzebene zu betrachten.

Um die größtmögliche Kontrolle über unser Leben zu gewinnen, müssen wir das Potential unseres Bewußtseins begreifen. Wir müssen uns des körperlichen Selbst, unserer Emotionen und unserer Reaktionen auf die Welt ringsum bewußt werden. Die meisten Menschen erkennen, wie wichtig richtiges Essen, Sonnenlicht, frische Luft, Bewegung und Ruhe für das körperliche Selbst sind, aber wir müssen wachsam bleiben und auch auf unsere negativen Emotionen achten. Es ist von äußerster Wichtigkeit, sich in einem positiven Geisteszustand zu halten. Wenn man das Gefühl bekommt, ins Negative abzudriften, sollte man beten, meditieren oder alles andere tun, was wichtig ist, um diese Gefühle zu überwinden und umzuwandeln.

Achten Sie auf Ihre Reaktionen auf verschiedene Situationen, besonders, wenn etwas nicht nach Ihren Wünschen

verläuft. Werden Sie leicht gestreßt? Empfinden Sie Selbst-
mitleid? Werden Sie gewalttätig? Internalisieren Sie Ihre
Gefühle oder nehmen Sie alles, wie es kommt – entspannt,
mit einem tiefen Atemzug. Gehen Sie spazieren oder meditieren Sie, um Ihre Reaktion in etwas Positives umzuwandeln? Es ist nicht schwer zu erkennen, daß die zweite
Alternative der bevorzugte Weg ist, der uns in allem, was wir
tun, zu besserer Gesundheit, mehr Glück und Erfolg führt.

Aus jeder schlechten Situation entsteht etwas Gutes.
Aus Gebeten entstehen positive Dinge. Konzentrieren Sie
Ihr Bewußtsein auf Ihre Ziele und Pläne, und Sie stellen
bald fest, daß Sie auch im Unbewußten eine positive Haltung heranbilden, wenn Sie sich bewußt mit positiven
Vorschlägen bestätigen. Alles, was Sie im Bewußtsein erleben, prägt sich auch ins Unbewußte ein.

Das Unbewußte ist der Bereich, den wir auch Instinkt
nennen (aber bitte nicht mit der Intuition verwechseln, die
wir im nächsten Abschnitt besprechen). Das Unbewußte
ist der Gedächtnisspeicher aller bewußten Gedanken und
Handlungen. Es hat keine Denkkapazität und betrachtet
alles, was wir ihm bewußt einprägen, als absolute Tatsache. Achten Sie besonders auf Anspielungen sich selbst
gegenüber und die von anderen Menschen. Das Unbewußte tut alles in seiner Macht Stehende, um diese Bitten
zu erfüllen. Aus meiner eigenen Erfahrung weiß ich, wenn
ich meinen Geist konstruktiv programmiere (was Sie hier
lernen werden), wird mein Unbewußtes sogar noch empfänglicher für Vorschläge – von mir wie auch von anderen.

Ich muß sogar vorsichtig sein, keine scherzhaften Bemerkungen zu machen, denn wenn ich das tue, erfüllen sie sich manchmal! (Sagen Sie keine Sätze wie: »Ich gäbe meinen rechten Arm dafür!« – es sei denn, Sie wollen ihn wirklich verlieren oder sind mit einem Arzt verheiratet!)

Kennen Sie die Situation, daß Sie sich wohl fühlten, bis jemand sagte: »Du siehst aber krank aus. Geht es dir nicht gut?« Plötzlich fühlt man eine Krankheit in sich keimen. Aber auch das Umgekehrte kann eintreten: Ich habe Freunde, die sagen: »Ich werde nie krank, denn ich habe zuviel zu tun und kann mir Kranksein nicht leisten.« Sie werden nur sehr selten krank. In beiden Fällen handelt es sich um die Macht des empfänglichen Unbewußten.

Sylvia, eine Bekannte von mir, war unsterblich in einen Mann namens Roger verliebt. Wenn Sylvia nicht mit Roger zusammen war, kümmerte sie sich um ihren Klassiker von einem Auto, einen Thunderbird. Sie wusch es, wachste es, pflegte die Polster und polierte die Chromteile. Manchmal saß sie einfach nur in dem Wagen, hörte Radio und träumte (von Roger natürlich!). Roger mochte Sylvia zwar gut leiden, doch er traf sich auch mit anderen Frauen. Sie aber wollte ihn so sehr, daß sie oft sagte: »Ich würde alles dafür geben, Roger zu heiraten, sogar mein Auto.« Eines Tages kam sie vom Strand zurück und entdeckte, daß ihr Auto gestohlen worden war. Sie rief die Polizei an, erstattete Anzeige und wartete ab. Aber es gab keinerlei Spuren, und das Auto tauchte nie wieder auf. Etwa sechs Wochen später bekam Roger ernstere Absichten, und er fragte sie ein paar Monate später, ob sie ihn heiraten wolle. Das war vielleicht ein bloßer Zufall, aber ich glaube das nicht. Ich glaube Sylvias Aussage, daß sie das Auto fortgeben würde, um Roger zu heiraten, und daß dies den Ausgang der Geschichte beeinflußte. Aber seien Sie gewarnt, daß unbekümmerte Aussagen wie Sylvias nicht immer ein glückliches Ende haben.

Wir können uns das mächtige Potential des Unbewußten mit positiven Bestätigungen des Bewußtseins zunutze machen. Wiederholen Sie Aussagen wie: »Ich bin reich« und »Ich bin bei bester Gesundheit«, und sie prägen sich dem Unbewußten ein. Sie können positive Dinge auch lesen, auswendig lernen und darüber meditieren, um sich dauerhaft in einen positiven Geisteszustand zu versetzen.

Das Meiden von destruktiven, negativen Dingen ist eine gute Idee. Suchen Sie sich stets Filme und Fernsehprogramme aus, die Sie inspirieren, aufheitern und die konstruktiv sind. Sie können die elektrischen und magnetischen Kräfte Ihres Gehirns automatisch aufladen, indem Sie sich auf erheiternde und inspirierende Gedanken konzentrieren. Menschen, die oft gewalttätige Filme und Sendungen sehen, prägen ihrem Unbewußten selbsthypnotisch solche Eindrücke ein. Aus Untersuchungen über Gewalt in unserer Gesellschaft geht immer eindeutiger hervor, daß sich diese Eindrücke schließlich in offen gewaltsamem Verhalten niederschlagen.

Ich habe diese Entwicklung selbst erlebt, als ich als Sportlehrerin an einer Grundschule arbeitete. Manche

Kinder imitierten spielerisch die Gewalt, die sie in Comics, Filmen und Fernsehsendungen erlebt hatten. Manchmal verletzten sie dabei tatsächlich ihre Kameraden. Schnell wurde ihnen klar, daß das, was sie permanent auf dem Bildschirm sahen, eigentlich kein Spaß war.

Denken Sie daran, daß Sie Ihren Geist durch alles beeinflussen, was Sie sehen und hören, durch die Menschen Ihrer Umgebung und die Situationen, die Ihnen andere mit Ihrer Erlaubnis aufdrängen.

Das Überbewußte – auch der kosmische Geist, Intuition, perfekter Geist und göttlicher Geist im Menschen genannt – ist ein riesiges Arsenal von universellem Wissen und Bewußtsein und weder durch Zeit noch Raum begrenzt. Manchmal werden Informationen aus dem Überbewußten blitzartig ans Bewußtsein übermittelt, indem sie sich dem Bewußtsein aufprägen. Wir sollten stets auf diese »innere Stimme« achten, denn wir können uns darauf einstimmen und uns durch sie leiten lassen. Menschen, deren Leben eindimensional verläuft und die nur das rein Körperliche und Materielle betonen, blenden tatsächlich die höheren Schwingungen des Universums aus und versagen sich somit die Wohltaten, die sie aus diesen spirituellen Schwingungen gewinnen könnten. Folgen eines solchen eindimensionalen Lebens sind Frustration, Ängstlichkeit, Unglücklichsein und ein Mangel an Erfüllung. Solche Menschen sind mit mittelmäßiger Gesundheit und Arbeit sowie Beziehungen zufrieden, weil ihnen das Bewußtsein unserer grenzenlosen Möglichkeiten in diesem unendlich vielfältigen Universum fehlt.

Wir sollten uns befreien und die Gefängnistore öffnen, die uns negative Gedanken und der Mangel an holistischem Bewußtsein schaffen.

Wir können Schlösser aus dem grenzenlosen Material bauen, das uns das höhere Bewußtsein liefert.

Wenn wir dieses höhere Bewußtsein anzapfen, können wir übernatürliche Kräfte in Geist und Körper entwickeln und Erstaunliches vollbringen. Die Geschichtsbücher sind voll von den Namen großer Menschen, die dieses riesige Lager an Wissen wirksam nutzten und sich über die Grenzen von Raum, Zeit und Materie erhoben: Thomas Edison, Alexander Graham Bell, Guglielmo Marconi, Leonardo da Vinci, Moses, Mohammed, Buddha, Jesus, Johanna von Orleans und Mozart, um nur einige zu nennen. Die Absicht und der edle Zweck ihres Ziels ließ sie nach dem kosmischen Geist greifen und die Inspiration herabziehen, die uns allen in Phantasie, Intuition, Träumen und Gefühlen zur Verfügung steht.

Achten Sie darauf, auf bewußter Ebene über spirituelle und kosmische Eigenschaften nachzudenken. Damit prägen Sie Ihrem Unbewußten die Existenz von Wahrheit, Liebe, Harmonie, Gesundheit, Frieden und Glauben ein, was eine starke Einstimmung auf Gott zur Folge hat. Ich achte den ganzen Tag darauf, mich auf diese Eigenschaften zu konzentrieren und sie zum Bestandteil meiner Wirklichkeit zu machen. Das dauert jeweils nur einen Moment, aber es hat immer eine erhebende Wirkung. Die Tatsache, daß das Interesse am Studium der spirituellen und intuitiven Bereiche heutzutage immer stärker wird, deutet darauf hin, daß die meisten Menschen sich auf diese höhere Ebene einstimmen wollen. Selbst in der Gemeinde der Wissenschaftler ist dieses Sichöffnen und Empfangen zu einem wichtigen Aspekt geworden.

2. Kapitel

Die Macht der Gedanken

Die meisten Menschen achten kaum auf die Tatsache, daß ihr Geist ständig aktiv ist. Wir nehmen diesen Strom der bewußten Gedanken wie selbstverständlich hin, der jeden wachen Moment unseres Lebens durchfließt. Diese Gedanken sind tatsächlich für die Erschaffung unserer Welt und alle Ereignisse verantwortlich, die in unserem Leben stattfinden. Alles, was wir erleben, beginnt als Gedanke.

Die Verbindung zwischen Gedanken und Ereignissen ist nicht immer unmittelbar erkennbar, aber alles, was geschieht, hat einen Grund. Egal wie abwegig oder obskur er auch sein mag, dieser Grund ist seinem Wesen nach geistig. Was wir denken, spielt eine Rolle. Es betrifft unser Leben und das unserer Mitmenschen.

Denken wir an den Menschen, der in guter Stimmung aufwacht und fröhlich bei seiner Arbeitsstelle ankommt, aber dann von einem Kollegen mit schlechter Laune begrüßt wird. Dieser Mitarbeiter sendet schlechte Schwingungen aus – ob bewußt oder unbewußt. Unser glücklicher Mensch versucht, fröhlich zu bleiben, kehrt aber am Ende des Tages deprimiert und unglücklich nach Hause zurück. Daher ist es so wichtig zu lernen, wie wir unsere Gedanken kontrollieren und zum größten Vorteil nutzen können.

Man lernt Gedankenkontrolle – die positive Art, nicht die schlechte – wie ein Kind, das lernt, seine Muskeln zu beherrschen. Bedürfnisse und Wünsche erzeugen Entschiedenheit. Zu dieser Aufgabe braucht man eine Menge bewußte Motivation, aber je mehr man übt, um so leichter wird es.

Jedesmal, wenn Sie einen Gedanken formen, strahlt er vom Körper ab wie eine Radiowelle von einem Sendemast. Je mehr Energie man einem Gedanken verleiht, um so länger bleibt er in der Atmosphäre. Wenn Sie mehrere Gedanken haben, wird der geringere vom stärkeren überlagert. Das nennt man manchmal auch das Gesetz der Dominanz. Wie sich ein Gedanke manifestiert, hängt von der Intensität und dem Energieanteil ab, den man ihm mitgibt. Da unser Unbewußtes und Überbewußtes uns ebenfalls beeinflussen, stellt man manchmal fest, daß die Gedanken sich nicht so manifestieren, wie man es erwartet hatte. Später in diesem Kapitel lernen Sie, die Dinge, die Sie wollen, wirksam zu »programmieren«.

Wenn es bei einem Gedanken um einen anderen Menschen geht, bewegt er sich zu diesem Menschen und lädt sofort seine Energie dort ab, ob sie negativ ist oder positiv. Gedankenausstrahlungen vermitteln in der Regel nicht die Einzelheiten, sondern eher die Eigenschaften, die dieser Gedanke beinhaltet. Ein eifersüchtiger Exfreund zum Beispiel hegt vielleicht den Gedanken, seine ehemalige Freundin umzubringen, weil sie nun mit einem anderen Mann zusammenlebt. Immer wenn sie nun an ihren Exfreund denkt, hat sie sehr beunruhigende Gefühle. Wenn andererseits ein sehr lebhafter Mensch einen Raum voller Menschen betritt, betreffen die Gedankenwellen dieses Menschen alle anderen in dem Raum, obwohl nicht alle gleich darauf reagieren, sondern je nach dem eigenen Schwingungslevel, Glaubens- und Wertesystem. Das ist nicht unbedingt äußerlich sichtbar, aber es findet eine Wirkung – egal wie gering – auf der geistigen, körperlichen oder emotionalen Ebene statt. Wir alle kennen Menschen, deren Gesellschaft uns erfreut, weil sie immer »high« zu sein scheinen und wir uns in ihrer Gegenwart wohl fühlen. Im Gegensatz dazu fürchten wir vielleicht die Gesellschaft von negativen Menschen, weil wir wissen, wie deprimierend es wirkt, wenn so jemand an einer Gruppe oder Diskussion teilnimmt. Kinder, die besonders fein abgestimmte Antennen haben, sind für die Schwingungen anderer besonders empfänglich.

Jeder Gedanke hat auf die Gesamtheit der Schwingungen eine erhebende oder dämpfende Wirkung. Positive Menschen bleiben auch angesichts widriger Umstände so. Ihre Haltung ist positiv, sie erwarten einen positiven Ausgang, und den finden sie auch: nämlich genau das, was sie selbst einbringen. Menschen, die alles negativ betrachten, erzeugen um sich herum Negativität.

Ich habe vor einigen Jahren eine Frau kennengelernt, Carol, die grundsätzlich pessimistisch eingestellt war. Sie war sich dieser Neigung bewußt und begann einen Kurs, in dem ihr positives Denken beigebracht werden sollte, um sich zu bessern. Aber sie erwartete ein spontanes Wunder und kehrte weiterhin die negative Seite nach außen. Dann plante sie eine Kreuzfahrt in der Karibik und freute sich auf den Urlaub. Sie träumte, wie wunderbar es auf dem Schiff sein würde, und erwartete etwas wie im Film. Aber als der Mann ihres Lebens auch dort nicht auftauchte, wurde sie deprimiert und pessimistisch, obwohl alles andere auf dem Schiff phantastisch war. Carols Freunde rechneten damit, daß sie in bester Stimmung aus dem Urlaub zurückkommen würde, aber sie sagte, es sei ein totaler Reinfall gewesen und der Kurs habe überhaupt nichts gebracht. Da nahm sie eine gute Freundin beiseite und erklärte, es sei ihr eigener Fehler, weil sie dem Kursus nicht genügend Zeit gegeben habe. Statt dessen habe sie zugelassen, wieder in die alten Verhaltensmuster zurückzufallen. Nach so vielen Jahren mit negativer Programmierung, sagte ihr die Freundin, würde sich ihr Leben wohl kaum über Nacht verändern. Carol machte den Kurs weiter mit und verdoppelte ihre Anstrengungen, ihre Denkweise zu verändern. Zwei Jahre später kam sie zu mir – eine veränderte Frau! Ich konnte den Unterschied in ihrer Haltung und ihrem Lebensstil kaum glauben! Sie war glücklich, gesund, verlobt und vor allem positiv. Sie hatte schließlich erkannt, daß es an ihr lag, positiv zu sein, und nun konnte sie nichts mehr unterkriegen. Welchen Unterschied die Einstellung ausmacht! Ihre Schwingungsrate war insgesamt höher, und viel bessere Dinge passierten in ihrem Leben.

Wir alle leben in einem Käfig aus Gedanken, den wir durch unsere Wünsche, geistigen Bilder und Handlungen geschaffen haben. Gedanken scheinen zwar unantastbar und harmlos, aber das ist eine Illusion. Unsere Gedanken sind extrem mächtig, und wir sollten stets danach streben, sie zu beherrschen. Wenn wir ihnen freien Lauf lassen oder ziellos werden, gehen wir ein großes Risiko ein.

Die Kraft der Gedanken kann eingesetzt werden, um positive Situationen zu schaffen und Ziele zu erreichen. Schwache oder verwirrte Gedanken haben nur wenig Wirkung auf unsere Welt, aber klare, zielstrebige und ehrliche Gedanken, die richtig gelenkt werden, können praktisch Wunder bewirken.

Nach den Gesetzen der Metaphysik sind alle Gedanken faßbar und vermitteln entweder positive oder negative Erfahrungen. Das bedeutet, daß wir Produkte unseres eigenen Denkens sind. Sie verstehen sicher, wie Gedanken in Ihrer Vergangenheit Ihre gegenwärtigen Umstände beeinflußten und Gedanken, die Sie jetzt haben, Ihre Zukunft beeinflussen können. Psychiater sind schon lange davon überzeugt, daß es notwendig ist, die Vergangenheit neu zu erschaffen, um die Gegenwart zu verstehen. Heute wissen wir auch, daß wir die Zukunft durch das gestalten können, was wir in der Gegenwart denken.

Es ist ganz normal, sich zu verschiedenen Zeiten im Leben unterschiedliche Dinge zu wünschen. Ihr Wunsch etwa nach einem bestimmten Gegenstand oder einer Situation verschwimmt vielleicht, und Sie vergessen, daß es diesen Wunsch jemals gegeben hat. Aber manche Wünsche sind so stark, daß sie bleiben und man danach strebt, sie sich zu erfüllen.

Ein ehemaliger Student von mir, Stan, hörte mich im Radio und kam zu Besuch, um zu sehen, wie es mir ging. Wir erneuerten unsere Bekanntschaft, und er erzählte mir eine interessante Geschichte von einem Mädchen, das er aus der Schulzeit kannte. Es schien, daß er schon in sie verliebt war und sie mochte, seit sie im Alter von zehn Jahren beide in diese Stadt gezogen waren. Die gesamte Schulzeit hindurch phantasierte er, sie eines Tages zu heiraten und Kinder mit ihr zu haben. Aber ihre Wege trennten sich, und er verlor sie aus den Augen. Er ging aufs College, heiratete eine andere, studierte Medizin und wurde Gynäkologe. Eines Abends hatte er im Krankenhaus Bereitschaftsdienst und wurde zu einer Frau gerufen, die dort ihr Kind zur Welt bringen wollte. Als Stan sie untersuchte, sah er überrascht, daß es das Mädchen war, in das er all die Jahre verliebt gewesen war. Sein Traum, mit ihr ein Kind zu haben, wurde wahr – aber in anderer Form.

Stan gestaltete seine Zukunft, genau wie Sie und ich, in jedem Moment seines Lebens mit seinen eigenen Gedanken. Zum Zeitpunkt unseres Todes haben wir alle unseren Himmel oder unsere Hölle selbst geschaffen.

Ich glaube nicht daran, daß der Himmel, das Fegefeuer und die Hölle reale Orte sind. Ich stelle sie mir eher als positive oder negative Existenzzustände vor – von Vergangenheit, Gegenwart und Zukunft –, die durch unsere Gedanken, Handlungen und Entscheidungen geschaffen werden. Das beschränkt sich aber nicht nur auf unser Leben auf der Erde, es reicht auch ins Leben nach dem Tod hinein, in andere Dimensionen und andere Bewußtseinszustände.

Das schützende weiße Licht

Wenn Sie das Gefühl haben, jemand schickt Ihnen negative Gedanken, können Sie sich dagegen abschirmen, indem Sie sich ein schützendes weißes Licht vorstellen, das Sie umschwebt und darauf wartet, auf das Unbewußte einzuwirken, wenn Sie sich entspannt und passiv fühlen. Wir alle sind Teilchen von Gottes Existenz, und wir können uns dieser göttlichen Energie bedienen, indem wir sie uns als strahlend weißes Licht vorstellen, mit dem man Gott in der Kunst oft darstellt.

Seien Sie gewiß, daß Gott stets bei Ihnen ist. Stellen Sie sich vor Ihrem inneren Auge einen dunklen Raum vor. Die Dunkelheit steht für Ihr fehlendes Bewußtsein von Gottes schützender Allgegenwart. Treffen Sie die bewußte

Entscheidung, das spirituelle Licht in diesem imaginären Raum anzuschalten. Sie haben die Kontrolle über den Schalter. Wenn nun eine negative Kraft versucht, diesen Raum zu betreten, ist das unmöglich: Negative Kräfte können Gottes Licht nicht durchbrechen.

Sie selbst entscheiden, ob Sie das spirituelle Licht an- oder ausschalten, indem Sie sich dessen bewußt sind. Wenn das spirituelle Licht in Ihrem Raum (in Ihrem Leben) aus ist, dann können Sie, wenn Sie es anstellen, die Dunkelheit und Negativität auf immer vertreiben. Dunkelheit und negative Kräfte werden durch das Licht Gottes verjagt. In diesem Raum kann nur Dunkelheit herrschen, wenn man zuläßt, daß die spirituellen Lichtschalter ausgeschaltet werden. Mit dem Schalter auf »Aus« fühlt man sich von Gott getrennt, obwohl man es in Wirklichkeit nicht ist. Die Trennung ist bloß eine Illusion. *Gott ist immer für einen da.* Ich lasse mein spirituelles Licht die ganze Zeit an, und das sollten Sie auch tun.

Auch wenn uns Gottes schützende Energie ständig zur Verfügung steht, müssen wir sie aktiv nutzen. Gott beschützt uns nur, wenn wir ihn darum bitten, etwa im Gebet. Wenn wir fest an ihn glauben und ihn um Schutz bitten und diesen auch erwarten, werden wir von ihm behütet werden. Das Ausmaß dieses Schutzes ist direkt abhängig vom Ausmaß unseres Glaubens. Eine halbherzige Bitte um Schutz ist nicht so wirksam wie eine intensive Meditation und Gebete voller Glauben. Aber Glaube bedeutet nicht, unsere eigene Vernunft in unserem Leben außer acht zu lassen. Vernunft und Verantwortungsgefühl sind bei allem, was wir tun, von äußerster Wichtigkeit.

Der Umgang mit negativen Menschen

Wie schon erwähnt, beeinflussen negative Menschen unsere Gesundheit und Gefühle, unseren Geisteszustand sowie unsere Konzentration negativ. Sie schließen unsere Entwicklung kurz und stören unser Wohlbefinden, indem sie unterschwellig eine Schwingung aussenden, die unsere Aura aus dem Gleichgewicht bringt.

Um dieser Art Negativität entgegenzuwirken, muß man als erstes einen Strahl schützenden weißen Lichts zum Körper dieser Menschen ausschicken. Umgeben Sie sich mit dem weißen Licht und stellen sich dann vor, wie Sie den anderen spirituell umarmen. Bitten Sie Gott und die Engel, Ihnen beizustehen, und dann:

1. Treten Sie zurück.
2. Hören Sie den anderen an.
3. Begeben Sie sich auf seine Ebene.
4. Bringen Sie den anderen durch positive Verbalisierung und Körpersprache in einen immer höheren, positiven Zustand.

Drücken Sie Ihre Gefühle nur ein einziges Mal aus. Wenn der andere sehr negativ ist und dabei bleibt, lassen Sie ihn oder sie gehen, und entfernen Sie sich aus der Situation.

Entscheidungshilfen

Um Ihnen bei einem Entscheidungsprozeß zu helfen, ist es nützlich, ein Buch über die persönlichen Schulden (Negativa) und Guthaben (Positiva) zu führen. Das kostet einen am Tag nur fünf Minuten.

Auf die eine Seite der Liste schreiben Sie alle negativen Dinge Ihres Lebens – diejenigen, die Sie ärgern. Auf die Guthabenseite bringen Sie die positiven Dinge – alles, was Ihnen Zufriedenheit vermittelt. Diese Eintragungen sind Gewohnheiten, Eigenschaften, Kennzeichen und/oder Gefühle.

Nehmen wir zum Beispiel an, daß Sie morgens aufwachen, und es regnet. Das bedeutet, Sie müssen alle Pläne für ein Picknick aufgeben, auf das Sie sich sehr gefreut haben. Dann ruft ein Freund mit unangenehmen Nachrichten an. Inzwischen sind Sie ganz bedrückt; dazu gesellen sich noch starke Kopfschmerzen. Aber am Nachmittag bekommen Sie unerwartet einen Anruf von einer alten Freundin, die ebenfalls wegen des Regens ihre Pläne aufgeben mußte. Sie beide gehen zusammen aus in ein schönes Restaurant und anschließend ins Kino, um sich einen Film anzusehen, den Sie schon lange sehen wollten. Die Depression verschwindet, die Kopfschmerzen weichen. Ein Tag, der negativ begann, endet mit einer positiven Note. Ihre Liste für einen solchen Tag bekäme dann die folgenden Eintragungen:

POSITIV	NEGATIV
Sabine rief unerwartet an	Picknick verregnet
tolles Essen	Mike rief unerwartet an
Film angesehen, den ich	Mutters Blutdruck
schon lange sehen wollte	gestiegen
	deprimiert
	schlimme Kopfschmer-
	zen

Wenn Sie ein paar Wochen lang alle positiven wie negativen Dinge in Ihrem Leben aufgezeichnet haben, stellen Sie vermutlich Aspekte an Ihrer Persönlichkeit fest, die Sie vorher gar nicht bemerkt haben. Werden Sie oft deprimiert, wenn es regnet? Was verursacht eigentlich diese Kopfschmerzen? Stehen Sie bei der Arbeit oder in einer persönlichen Beziehung zu stark unter Druck?

Der nächste Schritt lautet, eine genauere Liste von positiven und negativen Dingen aufzustellen, die auch die persönlichen Eigenschaften, Interaktionen mit anderen und Ihre Weltsicht einschließen. Führen Sie körperliche und geistige Aspekte an, und seien Sie vor allem ehrlich zu sich selbst. Diese Liste sieht etwa so aus:

POSITIVES	NEGATIVES
nettes Gesicht	zu Übergewicht neigend
kreativ	zu schüchtern gegenüber
guter Tennisspieler	dem anderen Geschlecht
fleißig	kann nicht mit Geld
	umgehen

Wenn die Negativa die Positiva überwiegen, hat man einiges vor sich. Ich werde im weiteren verdeutlichen, daß Ihr Unbewußtes Ihnen helfen kann, all die negativen Seiten aus Ihrem Leben zu verbannen.

Das gleiche System kann man einsetzen, um zu bestimmen, ob eine Beziehung es wert ist, fortgesetzt zu werden. Auch wenn auf der Haben-Seite fünfzehn Punkte stehen und auf der Soll-Seite nur zwei, muß man abschätzen, wie gut man mit diesen zweien fertig wird. Wenn auf der Soll-Seite zum Beispiel Untreue steht und emotionale Kälte – kann man mit einem solchen Menschen glücklich werden? Die ernsthafte Betrachtung und Einschätzung einer solchen Negativ-Positiv-Bilanz kann Ihnen bei der Entscheidung helfen.

Bei einer wichtigen Lebensentscheidung reicht aber eine einfache Liste nicht aus. Häufig kann man verschiedene Alternativen miteinander kombinieren, um ein Problem zu lösen. Manchmal stehen wir in großer Verwirrung vor einer Wegkreuzung, wenn eine Entscheidung getroffen werden muß. Für solche Situationen habe ich weitere Entscheidungshilfen entwickelt.

Als erstes sammeln Sie in diesem Stadium des Prozesses so viele Tatsachen wie möglich. Als nächstes fragen Sie sich, welche Entscheidungen mit Ihrem Hauptziel oder Lebenssinn verwandt sind. Das Abwägen von unmittelbaren, mittelfristigen und langfristigen Zielen ermöglicht Ihnen, die bestmögliche Entscheidung zu treffen. Dann müssen Sie sich selbst die Frage beantworten, welche Entscheidung das beste Potential hat, um aus Ihrem Leben das Beste zu machen.

Angst vor Entscheidungen sollte in Ihrem Leben keinen Platz haben. Wenn Sie eine Entscheidung einmal getroffen haben, bleiben Sie dabei. Wenn Sie sie ehrlich und auf den besten Informationen beruhend getroffen haben, dann können Sie sich, auch bei späterer Kritik, von aller persönlichen Schuld durch das Bewußtsein freisprechen, denn Sie haben wirklich getan, was Sie für das Beste hielten. Unentschiedenheit ist vermutlich eine der größten Zeitverschwendungen – und niemand hat Zeit zu verschwenden. Aber es besteht ein Unterschied zwischen Unentschiedenheit und sich Zeit zu nehmen, um eine informierte Entscheidung zu treffen. Da kommt wieder die Ehrlichkeit zu sich selbst ins Spiel.

Der Lebensplan

Wenn man sich besser kennenlernt, indem man Dinge auflistet, wie wir es gerade beschrieben haben, hilft das, für sich selbst einen holistischen Schicksalsplan aufzustellen. Dieser Lebens- oder Zukunftsplan hat Ähnlichkeit mit der klassischen Blaupause: Er ist wie ein Architektenplan fürs Leben. Das Aufstellen eines solchen Plans stellt einen bedeutsamen Schritt dabei dar, die Zukunft selbst zu gestalten.

Es ist wohl am besten, sich bei einem solchen Zukunftsplan keine zeitliche Grenze zu setzen. Arbeiten Sie einfach auf Ihre Ziele zu, in der Erkenntnis, daß Gott, die Unendliche Intelligenz, alles nach ihrer göttlichen Ordnung richten wird. Jeder, der einmal versucht hat, durch eine Diät abzunehmen, und sich ein Gewichts- und ein Zeitziel gesetzt hat, kennt die Fallstricke eines solchen Vorgehens. Wenn man nicht in der gewünschten Zeitspanne die gewünschten Pfunde abgenommen hat, löst man damit eine ganze Kette von negativen Reaktionen aus. Es ist daher besser, sich ein Idealgewicht als Ziel zu setzen und zu wissen, daß man dieses Ziel mit Gottes Hilfe und der entsprechenden Entschiedenheit und Hartnäckigkeit auch erreichen wird. Langfristig ist nur wichtig, ob man sein Ziel erreicht. Zwei Wochen oder Monate mehr sind für Ihre Gesundheit nicht wichtig, solange Sie das Ziel im Auge behalten. Eine positive Einstellung hilft ebenfalls beim Erreichen des Ziels, auch wenn man gelegentlich versagt. Wenn Sie Ihre Ziele und Wünsche aufschreiben, schließen Sie auch ein, was für einen Partner Sie sich wünschen, die Eigenschaften und Gewohnheiten, die Sie entwickeln wollen, wieviel Geld Sie verdienen wollen etc. Schreiben Sie alle Einzelheiten auf, die Sie in Ihr Leben einbringen möchten. Dann sieht Ihre Liste etwa so aus:

1. Ich hätte gern die ideale Arbeitsstelle. Ich möchte gern … sein. (Wenn Sie nicht wissen, was Sie tun wollen, meditieren Sie darüber, daß Gott Ihnen ein Zeichen gibt. Es ist für die Kräfte des Universums sehr schwer, einem etwas zu bringen, wovon man selbst nicht genau weiß, was es sein soll. Je eher Sie Ihre Entscheidung treffen, um so rascher trifft sie ein.)

2. Ich hätte gern eine Gehaltserhöhung von DM … monatlich. (Setzen Sie einen realistischen Betrag ein. Sie müssen das Gefühl haben, dies auch zu verdienen, indem Sie sich nach allen Kräften einsetzen.)

3. Ich hätte gern das folgende Auto: … (Beschreiben Sie in allen Einzelheiten die Marke, Modell, Baujahr und Farbe. Machen Sie sich keine Sorgen, wie Sie das schaffen. Setzen Sie nur den Samen ins Unbewußte, und er wird schließlich wachsen.)

4. Ich hätte gern die perfekte Liebesbeziehung oder Ehe. Mein Idealpartner hat die folgenden Eigenschaften: … (Führen Sie die Einzelheiten auf, wie Größe, Gewicht, Haar- und Augenfarbe, Humor, Persönlichkeit, Charakterzüge etc.)

5. Ich wünsche mir perfekte Gesundheit. Ich wäre gern frei von Krankheiten und Unbehagen. (Führen Sie alle Gesundheitsprobleme auf, die Sie überwinden wollen.) Ich möchte voller Lebenskraft sein.

6. Ich möchte gern nach ... reisen und zwar mit folgenden Verkehrsmitteln: ...

7. Ich möchte die folgenden Talente entwickeln: ...

8. Ich möchte ... kg wiegen.

9. Ich möchte in ... wohnen (sagen Sie genau, ob in einer Wohnung oder einem Haus) in ... (schreiben Sie, ob am Meer, im Gebirge, an einem See, in einem Wald etc.).

10. Ich hätte gern viele Freunde mit den folgenden Eigenschaften: ...

11. Ich möchte das folgende in meiner spirituellen Entwicklung erreichen: ... (zum Beispiel eine klarere Verbindung zu Gott, paranormale Fähigkeiten, Heilkräfte etc.).

12. Ich möchte die folgenden negativen Gewohnheiten loswerden: ...

13. Ich wünsche mir, meine Familienbeziehungen wie folgt zu verändern: ... (Etwa: Ich möchte, daß meine Geschwister sich besser vertragen. Ich möchte besser mit meiner Mutter auskommen etc.).

14. Ich möchte DM ... haben (setzen Sie den Betrag ein, den anzuziehen Sie sich fähig fühlen), und zwar aus unbekannter Quelle. (Es ist wichtig, aufzuführen, was Sie mit dem Geld anfangen wollen.)

15. Ich möchte mein Aussehen in folgenden Punkten verbessern: ...

Lesen Sie Ihren holistischen Zukunftsplan sehr sorgfältig morgens und abends vor dem Einschlafen durch. Wenn

Sie sich die Dinge, die Sie sich wünschen, dann ganz intensiv vorstellen, spiegeln Ihre Träume vermutlich einige dieser positiven Gedanken wider. Das ist ein gutes Zeichen dafür, daß Sie Ihr Unbewußtes prägen.

Denken Sie beim Betrachten der Liste stets an das Gesetz des Glaubens: Empfinden Sie eine solche Freude, als seien Ihre aufgezeichneten Ziele und Wünsche bereits erfüllt. Vertrauen Sie darauf, daß sich immer etwas Gutes aus allem ergibt. Je stärker Sie das visualisieren, desto stärker wird die Reaktion ausfallen. Wenn Sie zum Beispiel ein neues Auto wollen, stellen Sie sich ganz intensiv vor, daß Sie einem Freund erzählen, wie glücklich Sie über dieses neue Auto sind.

Legen Sie ein Skizzenbuch an, in das Sie zeichnen oder malen, was Sie sich wünschen, Orte, an die Sie gehen wollen, Menschen, die Sie kennenlernen möchten. Das stellt einen weiteren wichtigen Schritt bei der Gestaltung Ihrer Zukunft dar. Für noch größere Wirkung können Sie bei jedem Bild zusätzlich Ihre Wünsche und Ziele auflisten. Schneiden Sie das Bild des Hauses, das Sie gern hätten, aus einem Magazin aus, gehen Sie ins Reisebüro und holen sich Prospekte von den Ländern, die Sie gern besuchen wollen, kleben Sie ein Bild von Ihrem Idealkörper in dieses Buch, so, wie Sie gern aussehen wollen. Dieses Skizzenbuch dient Ihnen als visuelle Hilfe für Ihren persönlichen holistischen Zukunftsplan.

Zusätzlich zum Skizzenbuch können Sie auch Bilder Ihrer Ziele auf einer Pinwand anbringen. Betrachten Sie

sie jeden Tag und stellen Sie sich vor, wie Sie tatsächlich selbst auf diesen Bildern zu sehen sind. Lassen Sie sich emotional auf diese Bilder ein und malen Sie sich die Situationen in allen Einzelheiten aus. Hängen Sie Ihre Pinwand an einer Stelle auf, wo Sie sie oft sehen, damit sich Ihrem Unbewußten diese Ziele und Wünsche einprägen.

Affirmationen: Worte, die heilen

Wenn Sie diesen Zukunftsplan aufgestellt und das Skizzenbuch angelegt haben, heißt der nächste Schritt, Ihre Affirmationen aufzuschreiben. Eine Affirmation ist die positive Benennung von etwas Gutem, das man sich wünscht. Sie wird aufgeschrieben, laut ausgesprochen und geistig visualisiert. Bei tagtäglichem Einsatz können Affirmationen geradezu Wunder bewirken. Sich so zu verhalten, als hätte man seinen Herzenswunsch bereits erfüllt bekommen, ist der Schlüssel dazu, daß das auch tatsächlich passiert. Wenn Sie Ihre Ziele und Wünsche konsequent innerlich bekräftigen, werden Sie bald erkennen, wie sich die göttlichen Resultate einstellen.

Wenn man ständig darüber spricht, wieviel einem im Leben fehlt, statt das zu bekräftigen, was man will, hält man die besseren Umstände nur fern. Catherine Ponder bezeichnet diese Einstellung in ihrem Buch »The Dynamic Laws of Prosperity« als »Pech herbeireden«. Manche Menschen sprechen häufig über ihr Pech – normalerweise mit anderen, die ebenfalls nur Negatives beizusteuern haben. Doch all das unterstützt bloß einen scheinbar unkontrollierbaren Teufelskreis aus unangenehmen Ereignissen.

Verbringen Sie mindestens eine Viertelstunde täglich mit Ihren Affirmationen, um deren wundersame Kräfte anzuregen. Falls möglich, versuchen Sie dies zusammen mit Menschen, die genauso denken: Die vereinte Energie hilft Ihnen, den Prozeß zu beschleunigen und Ihre Ziele und Wünsche zu erreichen. Auch hier bedeutet Quantität eindeutig mehr Macht.

Wenn Sie Ihre persönlichen Affirmationen aufschreiben:

1. Schreiben Sie im Präsenz.
2. Drücken Sie sie positiv aus.
3. Stimmen Sie sich in die Gefühle ein, die Sie dabei empfinden.
4. Wiederholen Sie sie täglich.

Wenn Sie diese Schritte befolgen, prägen diese Affirmationen sich dauerhaft Ihrem Unbewußten ein. Es ist wichtig, daß Ihre Wünsche mit denen des Universums übereinstimmen, daher beschließen Sie die Affirmationen jedesmal mit dem Satz: »Dieses oder etwas Besseres geschieht nun für mich zu meinem Besten.«

Um das Unbewußte weiterhin zu unterstützen, legen Sie auf einem Blatt Papier zwei Spalten an. Über die linke schreiben Sie »Affirmationen«, über die rechte: »Was sich ergab«. Dann schreiben Sie im entspannten Zustand Ihre erste Affirmation auf. Warten Sie ab, was sich aus Ihrem Unbewußten dazu ergibt. Schreiben Sie das in die rechte Spalte. Wiederholen Sie diesen Prozeß für jede Affirmation. Bald schon stellen Sie fest, welche negativen Überzeugungen Sie von deren Erreichung abhalten.

Da Gedanken die Wurzel aller geistigen und körperlichen Blockaden sind, ersetzt die Wiederholung positiver Affirmationen bald schon alle negativen und zieht nur noch Gutes an. Wie lange dies dauert, hängt von der Kraft der alten Denkweise ab, von Ihrer Motivation und davon, wie oft Sie die Affirmationen wiederholen.

Ich habe in meinem eigenen Leben viele erstaunliche Resultate aufgrund von Affirmationen erlebt. Ich sage meine Affirmationen mehrmals täglich und schlage Ihnen das gleiche vor. Als Beispiel möchte ich Ihnen hier meine eigenen holistischen Affirmationen nennen:

1. Ich strebe perfekte Gesundheit an. Mein Körper ist in Topform. Ich sehe weißes Licht in jeder Zelle. Ich habe Energie, Vitalität und Kraft. Alles Nötige, um diesen Zustand der Perfektion zu erreichen, steht mir nun zur Verfügung. Danke, Gott!
2. Ich treibe jeden Tag Sport und fühle mich immer besser.
3. Ich bin vor allen Unfällen, Krankheiten, Unglück und Belästigungen geschützt.
4. Ich schicke bewußt und auf Wunsch der Engelswesen Liebe und Licht an alle – überall und jederzeit. Die göttliche Energie ist ein ständiger Strom.

5. Ich lobe Gott für alle Dinge, die mit mir geschehen sind und geschehen. Alles wird sich immer nur zum Besten wenden.

6. Meine Ressourcen sind grenzenlos und nehmen ständig noch zu.

7. Gott und seine himmlischen Heerscharen leiten und schützen mich jederzeit. Sie führen mich zu perfekten Chancen.

8. Alle meine Bedürfnisse sind erfüllt.

9. Je mehr ich mich meinen Zielen nähere, um so schneller werden meine Wünsche erfüllt und um so reibungsloser und friedlicher wird mein Leben.

10. Alle Dinge, die ich gebe, sende oder spende, kommen hundertfach zu mir zurück, und ich bin dafür wahrhaftig dankbar.

11. Alles in meinem Leben verläuft glatt, und alle Hindernisse sind beseitigt.

12. Gott wird in allen Dingen vor mir hergehen und mir alle Steine aus dem Weg räumen.

13. Alles verläuft nach der göttlichen Ordnung. Alles fällt wundersam an seinen Platz. Negative Menschen und Situationen kommen nicht in meine Nähe.

14. Gottes und meine Wünsche sind identisch. Ich wünsche mir nichts, was ich nicht haben oder erleben soll.

15. Alles wird immer nur besser. Mein holistisches Wohlbefinden kennt keine Grenzen. Gottes Schätze an Gesundheit, Glück und Freude sind endlos.

16. Mir wird in jeder Situation die Wahrheit enthüllt.

Wenn Sie sich Ihren persönlichen holistischen Zukunftsplan, das Skizzenbuch und die Affirmationen jeden Tag vornehmen, befinden Sie sich auf dem Weg in eine bessere
Zukunft. Diese Affirmationen sind wichtig für die Verwirklichung Ihrer Hoffnungen und Träume, weil Sie Ihnen helfen,
schneller zu dem Topf mit Gold am Ende des Regenbogens
zu gelangen. Es ist wichtig, Ihre langfristigen und täglichen
Ziele aufzuschreiben, um deren Kraft zu verstärken.

Hier ein paar Beispiele für kurzfristige und langfristige
Ziele:

Kurzfristige Ziele:

1. Ich möchte diese Arbeit gern in sechs Wochen be- enden.
2. Ich lege heute noch eine Liste mit positiven Affir- mationen an und werde sie in den kommenden Wo- chen immer wieder durch- gehen.
3. Ich werde in absehbarer Zukunft acht Pfund ab- nehmen.
4. Ich werde in diesem Seme- ster zwei Kurse belegen.
5. Ich werde noch in diesem Jahr ein neues Auto kaufen.

Langfristige Ziele:

1. Ich lasse innerhalb ei- nes Jahres das Eßzim- mer renovieren.
2. Ich werde meinen per- fekten Partner finden.
3. Ich werde fünfund- zwanzig Pfund abneh- men.
4. Ich werde meinen Ma- gister machen.
5. Ich spare 200 Mark im Monat für die Anzah- lung meines neuen Autos.

Ziele und Affirmationen sollten in Ihren eigenen Worten verfaßt werden. Sie können bei jedem Wunsch einen Zeitrahmen angeben, aber denken Sie stets daran, daß alles nach dem Zeitplan Gottes abläuft, wenn es sich nicht in diesem Zeitraum ergibt. *Es wird geschehen – nach der Göttlichen Ordnung! Vertrauen Sie auf Ihn!*

Kreative Visualisierungen

Man kann seine persönliche holistische Blaupause in vieler Hinsicht ergänzen, um noch wirksamer all die guten Dinge zu erreichen. Es ist bereits viel über die Macht positiver Gedanken geschrieben worden, und zwar zu Recht. Positives Denken in Verbindung mit kreativen Visualisierungen kann Sie auf eine höhere Ebene von Glück und Zufriedenheit bringen, wie Sie es nie zuvor für möglich gehalten haben. Der Schlüssel zu allem ist, zu lernen, wie man das Unbewußte kontrolliert.

Metaphysiker und Experten in positivem Denken drücken ihre Philosophien vielleicht auf unterschiedliche Weise aus, aber grundsätzlich entdecken wir bei allen das gleiche: Kreative Visualisierungen sind ein mächtiges Instrument, um unser Leben bewußt zu gestalten. Die Methoden dazu sind konsequent und sehr einfach.

Es heißt, daß sich alle Dinge aus dem Bewußtsein ergeben. Es geschieht nichts im Leben, das sich nicht zuerst im Unbewußten meldet. Dies geschieht durch die unbewußte Einprägung von Gefühlen und Ideen. Um das Unbewußte zu beherrschen, müssen wir daher zuerst lernen, unsere Gefühle zu kontrollieren. Immer wenn Sie deprimiert oder verletzt sind, prägen sich diese Gefühle in Ihr Unbewußtes als negatives Lebensereignis ein. Wenn man hingegen lernt, bei allen Situationen nur positive Dinge zu denken, kann man das Unbewußte anregen, ausschließlich Positives hervorzubringen.

Achten Sie jederzeit aufmerksam und sorgfältig auf Ihre Stimmungen, denn es besteht eine durchgängige Verbindung zwischen dem, was Sie glauben, das in Ihrem Leben geschieht, und dem, was tatsächlich passiert.

Ich kenne einen sehr gutaussehenden Mann, der seine Gedanken nicht reflektiert. Er ist launisch, sarkastisch, beklagt sich häufig und läßt es zu, daß er sehr unglücklich wird. Aber er kann nicht erkennen, warum seine Beziehungen nie klappen. Er versteht nicht, daß seine Einstellung die Schwierigkeiten und das Leid erzeugt und daß er sein Leben ändern könnte, wenn er nur seine Denkweise änderte.

Statistiken ergeben, daß mehr als die Hälfte aller Krankheiten (manche meinen sogar, alle) durch emotionale Störungen ausgelöst werden, die sich dem Unbewußten aufprägen. Starke Schuldgefühle oder negative Gefühle aller Art sinken in die Tiefen Ihres Unbewußten und richten dort Schaden an. Vermutlich machen sie einen physisch, emotional oder geistig krank.

Manche Menschen gehen mit dem Gedanken durchs

Leben, daß Zufälle oder Unfälle für ihr Unglück verantwortlich sind oder daß ihr Schicksal von den Sternen vorherbestimmt sei. Was Sie dem Unbewußten aber durch das Bewußtsein aufprägen, bestimmt die meisten Bedingungen Ihrer Existenz. Wie eine unpersönliche, wahllose Maschine akzeptiert das Unbewußte aber nur das als echt, was wir als echt wahrnehmen.

Was die Sterne angeht, so sagen einem die besten Astrologen, daß die Planeten auf Neigungen hinweisen, wir aber immer noch die freie Wahl haben zu entscheiden, wie wir unser Leben führen. Die Astrologie, heißt es, ist nur ein Instrument.

Die Überzeugung, daß wir sind, was wir denken, kann sehr verunsichernd wirken, aber Tatsache ist, daß wir diese potentiell unendliche Kraft zum eigenen Vorteil nutzen können. Wenn negative Gedanken und Gefühle in Ihrem Lebensmuster Chaos anrichten können, so können positive Gefühle ebenfalls wirken und Sie zu dem Menschen machen, der Sie immer schon sein wollten. Das klingt erstaunlich schlicht, aber man braucht es nur zu probieren, um es zu bestätigen.

Damit der kreative Visualisierungsprozeß klappt, muß man zunächst den Gefühls- oder geistigen Zustand erreichen, in dem man sich befände, wenn die Wünsche bereits erfüllt wären. Es ist nicht nötig, daran zu denken, wie man diese Ziele erreicht, sondern nur zu fühlen, daß man bereits die Früchte seiner Arbeit genießt. Sie wissen jetzt, daß es so ist.

Wenn Sie sich länger mit den Schwierigkeiten bei der Erreichung eines bestimmten Ziels befassen oder sogar von dessen Unmöglichkeit überzeugt sind, errichten Sie Barrieren, die verhindern, daß Sie das bekommen, was Sie wollen. Das Denken an Hindernisse erzeugt dieselben. Wenn man fühlt, daß eine Situation hoffnungslos ist, oder sich selbst als Versager betrachtet, macht das Unbewußte das Scheitern zur Realität. Seien Sie daher ein Erfolgsmensch!

Ihr letztendliches Ziel ist die vollständige Kontrolle Ihrer Gedanken und Gefühle. Man kann zerstreute Gedanken vermeiden, indem man sich zwingt, organisierter zu werden, und übt, ein Projekt durchzustehen. Es nützt aber auch, Ruhe und Gebet einzusetzen, um den Zustand zu erreichen, in dem man sich befände, wenn alle Ziele erreicht wären.

Wenn Sie sich etwa ein neues Boot wünschen, stellen Sie sich vor, wie Sie darin übers Wasser gleiten. Spüren Sie die salzige Gischt auf dem Gesicht, freuen Sie sich über die Erfahrung, als sei sie schon Realität. Wenn Sie einer bestimmten Person näherstehen möchten, visualisieren Sie, daß Sie bei ihm oder ihr sind – und stellen sich vor, wie glücklich Sie zusammen wären.

Denken Sie stets daran, daß der Schlüssel zum Erfolg dieses Prozesses das *Gefühl* ist. Abgesehen von dem geistigen Bild (der kreativen Visualisierung) müssen Sie tatsächlich fühlen, wie es wäre, wenn diese Visualisierung, Ihr Traum, Wirklichkeit würde. *Positive Bestätigungen allein,*

ohne Gefühl, reichen nicht tief genug, um die Kräfte Ihres Unbewuß-
ten freizusetzen. Sie müssen ganz bewußt das sein oder haben, was Sie wollen, ehe Sie einschlafen. Schlafen Sie niemals traurig, wütend oder desillusioniert ein. Wenn Sie
eingeschlafen sind, verlieren Sie die Kontrolle über die
Situation. Ihr Unbewußtes übernimmt die Herrschaft und
erspürt die Gedanken, die Ihr Bewußtsein beschäftigten,
ehe Sie einschliefen. *Lesen Sie vor dem Einschlafen niemals etwas*
Schreckliches; schauen Sie am späten Abend nie etwas Gewalttätiges
im Fernsehen an.

Der Morgen ist die zweite Tageszeit, in der Ihr Geist
empfänglich ist für kreative Suggestionen. Befehlen Sie sich
die folgenden Ideale – oder andere, die Ihnen lieber sind:
Liebe: Ich schicke an alle, die ich sehe, meine Liebe. Ich
akzeptiere die Liebe, die andere im Universum mir senden.
Haß und Groll gehören nicht zu meinem Leben.
Seelenfrieden: Ich fühle mich absolut friedfertig. Alle
Konflikte sind weit von mir entfernt. Gelassenheit durchfließt das Universum und mich.
Gesundheit: Mein Geist in Verbindung mit meinem Körper verlangt, daß alle meine Organe richtig funktionieren.
Mein Geist ist in perfektem Zustand.
Reichtum: Ich akzeptiere den Reichtum, der auf mich zu-
kommt. Mir ist bewußt, daß das Universum alle meine Be-
dürfnisse und vieles mehr erfüllt.

Ehe sich eine Bitte oder eine Visualisierung verwirklichen
kann, muß man erst einmal den Wunsch entwickeln, diese

auch zu empfangen. Der Wunsch öffnet den Kräften die Tür, die man braucht, um mit dem Höheren Selbst an diesen Herzensprojekten zu arbeiten. Viele Menschen halten Wünsche für destruktive, negative Gefühle, aber das stimmt nicht. Jeder gesunde Mensch hat den Wunsch nach einem besseren Leben, nach mehr wirtschaftlichem Erfolg, der Liebe eines anderen Menschen und individuellen Dingen. Wünschen ist ein positives Gefühl, es ist gut. Wenn man lernt, diese Tatsache zu akzeptieren, erlebt man nur Gutes, solange man sich Dinge wünscht, die anderen nicht schaden.

Die einzige Bedingung für das Wünschen ist, daß man wahrhaft daran glaubt, daß man auch das bekommt, was man anstrebt. Wenn man wirklich aufrichtig ist, wird einem nichts vorenthalten. Im gleichen Augenblick, in dem Sie Ihre Wünsche als Tatsache akzeptieren, beginnt Ihr Unbewußtes nach einem Weg zu suchen, sie zu erfüllen. *Der Geist ist das machtvollste Instrument, das der Mensch kennt.*

Man muß aber auch berücksichtigen, daß Aktivität und Bemühen ebenso wichtige Bestandteile dieses Prozesses sind und Visualisierungen nicht bloßes Wunschdenken darstellen. Man wird nicht Arzt, indem man sich sich selbst in dieser Position vorstellt.

Mit ein wenig Übung werden Sie schließlich feststellen, daß Ihr Unbewußtes und Ihr Bewußtsein in der gleichen Realität existieren. Sie lernen, niemals negativ zu denken, weil Sie fürchten, damit Negativität in Ihr Leben zu bringen. Sie wissen vielmehr, daß Sie nur kreative Visualisierungen brauchen, um jede Situation im Leben positiv zu gestalten und jeden Wunsch erreichbar zu machen – in Verbindung mit der notwendigen Anstrengung und Tatkraft.

Joseph Murphy fragt in seinem Buch »The Power of your Subconscious Mind« *(Die Macht Ihres Unterbewußtseins)*: »Was ist Ihrer Meinung nach das Schlüsselgeheimnis aller Zeitalter? Die Antwort ist überraschend einfach: Das Geheimnis ist die wundersame, Wunder wirkende Kraft, die man im eigenen Unbewußten findet – der letzte Ort, an dem man sie wohl suchen würde. Man kann mehr Macht ins Leben bringen, mehr Reichtum, mehr Glück, mehr Gesundheit und mehr Freude, indem man lernt, die verborgenen Kräfte des Unbewußten zu erschließen und freizusetzen. Diese Macht brauchen Sie nicht zu erwerben, Sie verfügen bereits darüber. Aber Sie wollen lernen, wie man sie nutzt, wollen sie verstehen, damit Sie sie in allen Bereichen des Lebens anwenden können.

Die Unendliche Intelligenz innerhalb Ihres Unbewußten wird Ihnen alles preisgeben, was Sie in jedem Augenblick in Zeit und Raum wissen müssen, solange Sie aufnahmebereit und offen sind.«

Davon glaube ich jedes Wort und praktiziere es tagtäglich.

Visualisierungstechniken

Visualisierungen helfen einem, negative Energie zu vertreiben oder zu neutralisieren, indem man das Bewußtsein und das Unbewußte programmiert, nur die erwünschten Ergebnisse zu erbringen. Durch diese Prozesse kann man sich von seinen körperlichen, geistigen, spirituellen und emotionalen Fesseln befreien.

Es gibt viele verschiedene Visualisierungstechniken. Sie können sich auch selbst welche ausdenken. Ich benutze vornehmlich drei, die sich als besonders wirksam erwiesen haben, weil alle die Negativität auslöschen, die eine bestimmte Person oder Situation erzeugt:

1. Die Zauberspiegeltechnik
2. Die Erfriertechnik
3. Die Raumanzug-Methode

Die Zauberspiegeltechnik ist ihrer Natur nach leicht ritualistisch, aber ich glaube, sie hilft sehr gut, dem Unbewußten etwas einzuprägen. Dabei legt man einen kleinen Spiegel auf ein Foto der Person oder Situation, die einen stört. Wenn Sie mit Kristallen arbeiten, legen Sie einen auf die Rückseite des Spiegels, um die Reflexion zu verstärken. Diese Methode wirkt mit dem »Bumerang-Effekt«: Die negativen Taten, Pläne oder Gedanken werden auf die Person oder Situation zurückgeworfen, die sie ausgelöst hat. Sie werden oft viel später feststellen, daß diese Methode tatsächlich sehr gut funktioniert.

Auch die Erfriertechnik vertreibt negative Energie. Schreiben Sie den Namen der Person, die Schwierigkeiten in Ihr Leben bringt, auf ein Blatt Papier. Wickeln Sie das Papier in Folie ein und legen Sie es in die Gefriertruhe. Was immer diese Person versucht, Ihnen anzutun, wird erstarren und aus Ihrem Leben verschwinden.

Die Raumanzug-Methode ist ein rein geistiger Prozeß und eine ebenso wirksame Technik. Stellen Sie sich zunächst vor, daß Sie einen Raumanzug aus strahlend hellem, schützendem, göttlichem, weißen Licht tragen. Sie wissen, daß nichts Negatives diesen Raumanzug durchdringen kann. Jegliche Negativität wird automatisch abgestoßen oder neutralisiert. Sie fühlen sich erfrischt und erleichtert. Behalten Sie »Gottes Raumanzug« ständig an. Stellen Sie ihn sich ganz genau vor. Sie werden feststellen, wie negative Umstände in Ihrer Nähe schwächer werden, verschwinden oder Sie einfach nicht mehr so stören wie vor Anwendung dieser wunderbaren Technik. (Erinnern Sie sich, daß man Ronald Reagan immer den »Teflon-Präsidenten« nannte. Vielleicht lebte auch er in einem solchen Raumanzug. Er strahlte stets eine gewisse Gelassenheit aus!)

Intuition

Intuition ist ein »Bauchgefühl« – man weiß etwas, ohne dazu einen rationalen Prozeß gebraucht zu haben. Intuition ist eine natürliche Fähigkeit, bei der Sie lernen, vorurteilsfrei auf die innere Stimme zu hören. Ein klarer, ruhiger Verstand ist dabei äußerst förderlich, daher ist Meditation eine wunderbare Art, die Intuition zu verstärken.

Doch warum soll man seine Intuition entwickeln? Menschen, die »zufällig« immer zur richtigen Zeit am richtigen Ort sind oder denen ungewöhnlich häufig etwas Gutes zustößt, sind nicht bloß Glückspilze. Sie haben eine starke Intuition. Wirklich erfolgreiche Geschäftsleute sind diejenigen, die sich auch auf ihre intuitiven oder paranormalen Fähigkeiten verlassen.

Intuition bringt uns bessere Entscheidungen, kreativere Ideen, tiefere Einsichten und mehr Erfüllung. Sie bietet einem Optionen und Alternativen – aber auch Freude, Weisheit und inneren Frieden. Die Intuition hilft uns, Einsichten in uns selbst zu gewinnen, in andere Menschen und in unsere Umwelt. Sie kann uns auch zu wertvollen Prognosen für die Zukunft führen.

Nach Laurie Nadel, der Autorin von »Sixth Sense: The Whole Brain Book of Intuition, Hunches, Gut Feelings, and Their Place in Everyday Life« zeigt einem die Intuition das gesamte Bild und nicht nur die Schritte, wie man dieses erreicht. Nadel meint, daß Menschen, die streng logisch ausgerichtet sind, alles immer nur schrittweise erfassen und es daher schwerer haben, intuitiv zu sein. Männer, denen die Vorstellung von Intuition oft unangenehm ist (vielleicht wegen der sogenannten »weiblichen« Intuition), bezeichnen dies eher als »Bauchgefühl« oder »Ahnung« – aber gemeint ist das gleiche.

Paul Sawchenko, ein Professor am Salk Institut für Biologische Studien in La Jolla, Kalifornien, meint, alles weise darauf hin, daß die Intuition in der rechten Gehirnhälfte ihren Ausgang nehme. Forscher haben herausgefunden, daß bei Frauen die Struktur, die die rechte und die linke Gehirnhälfte miteinander verbindet, tatsächlich mehr Nervenfasern aufweist, was die schnellere Reaktionszeit bei der Verschmelzung von Intuition und Logik bei Frauen erklären könnte.

Die Wirtschaft hat angefangen, sich für die damit verbundenen Vorteile zu interessieren, und testet nun auch intuitive Fähigkeiten. Intuitive Menschen können besser rasche, schwierige Entscheidungen treffen. Man meint, daß die Japaner, deren Kultur großen Wert auf Intuition und Spiritualität legt, daher solche Fortschritte in Technologie und Wirtschaft erreichen konnten.

Programmierungstechniken für mehr Wohlstand

Es heißt oft, daß man nicht Millionär zu sein braucht, um glücklich zu werden. Aber wenn man immer nur gerade eben genug Geld hat, um rein körperlich zu überleben, verbringt man viel Zeit mit Sorgen darüber, wie man sein Leben bestreiten soll. Solche Sorgen blockieren die höheren, kreativen Gedanken und tragen wiederum zur Armut bei.

Eine Untersuchung einer Versicherungsgesellschaft ergab einmal eine erstaunliche Tatsache: Von hundert Menschen sind 57 bis zum Beginn des Rentenalters bankrott, 37 verstorben, 5 werden in relativer finanzieller Sicherheit leben, und nur einer ist reich.

Finanzieller Wohlstand ist ein Schlüsselelement dafür, ein holistisches Leben zu führen. Gott hat niemals beabsichtigt, daß Sie in Armut leben oder auch nur hart an der Grenze. Es ist keine Sünde, genug Geld zu haben und ein angenehmes Leben zu führen. Es ist sogar sehr vorteilhaft für die Individuen wie auch für die Gesellschaft.

Es ist ein bewundernswerter Zug, hohe Ideale zu haben und sie mit der Überzeugung zu verfolgen, daß sie wirklich erreichbar sind. Sie werden sogar feststellen, daß dies typisch für alle erfolgreichen Menschen ist. Nehmen Sie sich vor, immer Ihr Bestes zu geben und immer nur Bestes zu leisten – egal, was Sie auch tun. Seien Sie bereit, ein wenig anders als die anderen zu sein. Konzentrieren Sie sich auf die Spitze und räumen Sie den größten Stolperstein zwischen Ihnen und dem Erfolg aus dem Weg: Ihre selbstauferlegten Begrenzungen.

Es ist wichtig, einen Plan aufzustellen, wie man seine Ziele erreichen kann, und sich einen Zeitrahmen zu geben, in dem man diese erreichen will. Das hilft Ihnen nicht nur, die Gedanken auf das Erreichen dieser Ziele zu programmieren, sondern verrät auch Ihre Ausdauer, Organisiertheit, Ihre Vision und Ihren Glauben.

Sie müssen lernen, alles, was Sie tun, auch zu genießen, ob es der Abwasch ist, Unkraut jäten, einen Bericht schreiben oder etwas, das Sie nicht selbst gewählt haben. Eine positive Haltung gibt einem ein besseres Gefühl und hilft, den Streß abzubauen, den Unzufriedenheit so leicht erzeugt. Sie können wählen, ob sie Ihre Zeit mit Unglücklichsein verschwenden – oder nicht. Sie haben die Wahl, das Beste aus einer Situation zu machen, indem Sie positive Dinge denken, meditieren oder alles zum Spiel erklären. Es liegt in Ihrer Hand, Zitronen in Limonade zu verwandeln.

Stellen Sie sich vor Ihrem geistigen Auge vor, was Sie sich wirklich wünschen, und glauben Sie fest daran, daß Sie es auch bekommen werden. Benutzen Sie Ihre Phantasie, um die Einzelheiten Ihrer finanziellen Wünsche zu visualisieren.

Robert A. Russell schreibt in seinem Buch »You, Too, Can be Prosperous«, daß positive Gedanken:

- Ihre Finanzen verbessern
- Ihren Glauben stärken
- Ihren Charakter festigen
- Chancen anziehen
- Katastrophen vermeiden
- Den Umsatz steigern
- Negative Emotionen wie Angst, Sorgen, Trauer und Kummer neutralisieren
- Krankheiten heilen
- Den Geist anregen
- Kreativität fördern
- Angst vertreiben
- Negative Situationen umkehren

- Frieden schaffen
- Schulden tilgen
- Den Horizont erweitern
- Das Bewußtsein schärfen
- Schnell Probleme lösen und
- Härte lindern oder vertreiben können.

Russell schlägt eine ausgezeichnete Affirmation vor, damit man diese Ziele erreichen kann. Sie lautet schlicht und einfach: »Ich bin Wohlstand.« Das folgende Zitat aus seinem Buch verdeutlicht die Wirkung dieser Affirmation:

Sie muß durch unseren tiefen Glauben und unsere Wünsche unterstützt werden. Ihre Vorstellung von Wohlstand ist vielleicht eine bessere Arbeitsstelle, ein höheres Einkommen, ein schöner Urlaub, ein netter Partner oder bessere Gesundheit. Es ist vielleicht etwas, das Sie nicht haben, aber verzweifelt brauchen. Es gibt ein Gesetz, das sagt, man kann alles haben, das man will, wenn man glaubt, man habe es bereits – das heißt, wenn man subjektiv das Gewünschte bereits akzeptiert. Denken Sie einen Moment darüber nach. Es geht nicht um das Geld für die Hypothek, das neue Auto oder das neue Haus – sondern um die Grundeinstellung: »ICH BIN WOHLSTAND!« Suchet das Königreich Gottes, und alles wird euch gelingen.
Wir müssen danach streben, Gottes Bewußtsein als unsere Quelle für die unendliche Vielfalt an Antworten

auf unsere irdischen Probleme zu betrachten. Indem man sein Bewußtsein ändert, ändert man die Welt.

Im weiteren erklärt Russell Wohlstand und unsere Fähigkeit, diesen anzuziehen:

Wir alle wünschen uns Wohlstand in der einen oder anderen Form. Unser finanzieller Reichtum stammt nicht aus bestimmten Talenten, Sparsamkeit, Einfluß, der Umwelt, günstigen Bedingungen oder körperlicher Anstrengung. Wir erleben Reichtum als Folge von Denken, Handeln und dem Glauben an etwas Bestimmtes. Wenn man diesem Weg folgt, ob bewußt oder unbewußt, zielstrebig oder zufällig, erhält man eindeutige Resultate. Jene, die diesem Weg nicht folgen, leiden weiterhin Mangel.

Es geht nicht darum, sich einen bestimmten Ort, ein Gewerbe oder eine Aktivität, ein bestimmtes Geschäft, einen Beruf oder eine Arbeitsstelle auszusuchen. Es geht auch nicht darum, ob man aufgeweckt ist oder dumm, stark oder schwach, krank oder gesund. Es geht darum, alles auf eine bestimmte Weise zu tun und diesen Weg durch dick und dünn weiter zu verfolgen. Das Potential des einen ist das Potential zu allem. Wenn irgend jemand reich ist, können Sie auch reich sein. Wenn andere ein schönes Haus haben, können auch Sie ein schönes Haus haben.

Mit anderen Worten: Erwarten Sie mehr von sich selbst, und konzentrieren Sie sich nicht zu sehr auf Rivalität und/oder Abhängigkeit von anderen.

Denken Sie immer daran, daß Sie einzigartig sind und niemand im ganzen Universum ist wie Sie. Sie müssen nicht nur Sie selbst sein, sondern auch an sich glauben, um bei allem Erfolg zu haben, was Sie anfangen. *Ein positives Selbstbild ist das Wichtigste.*

Obwohl Sie einzigartig sind, ist alles im Universum miteinander verbunden. Sie sind kein einzelnes Teilchen, sondern ein Glied in einer Kette. Als solches müssen Sie danach streben, in Harmonie mit den Mitmenschen zu leben. Stellen Sie sich vor, wie Sie Tag für Tag immer reicher werden. Visualisieren Sie, wie Sie reicher werden und andere mit Ihnen. Wünschen Sie niemals einem anderen widrige Umstände, denn dieser Wunsch kehrt zu Ihnen zurück. Segnen Sie vielmehr alles, was Sie aussenden – selbst die Rechnungen, die Sie losschicken. Denken Sie daran, daß mit der richtigen Einstellung alles zur Folge hat, daß mehr zu Ihnen zurückkommt. Das ist das »Brot, das auf die Wasser geworfen wird«.

Ehe Sie das Universum um Wohlstand bitten, müssen Sie wissen, wohin Sie im Leben gehen wollen. Träumen Sie einen großen Traum, ein Ziel, und seien Sie bereit, sich dafür einzusetzen. Lernen Sie ständig weiter, denn die Erkundung neuer Quellen hilft einem, Ziele in kürzerer Zeit zu erreichen. Dann, und nur dann, bitten Sie das Universum, das Überbewußte, Ihnen gewinnbringende Ideen ins

Bewußtsein einzugeben. Nehmen Sie sich für diese Bitte täglich Zeit. Denken Sie daran, daß das Überbewußte der göttliche Geist ist, die Gotteskraft in Ihnen selbst, die kreative Intelligenz und der intuitive Geist. Es ist diese Kraft, die Informationen an das Unbewußte gibt und damit letztendlich auch ins Bewußtsein. Wenn Sie diese Bitte um Gotteskraft in sich selbst, im Überbewußten, geäußert haben, können Sie zum Unbewußten fortschreiten. Wenn man lernt, sein Unbewußtes zu kontrollieren, kann man damit großen Wohlstand erreichen.

Wenn Sie diese positive Denkweise beherrschen, sind Sie bereit, die folgenden selbstprogrammierenden Übungen zu machen:

1. Setzen Sie sich zu Beginn still und bequem an einen friedlichen Ort. Holen Sie ein paarmal tief Luft, um sich zu entspannen, und zählen Sie beim Einatmen langsam bis fünf, beim Ausatmen bis zehn. Tiefes Atmen lädt Geist und Körper mit elektromagnetischer Energie auf. Wenn es in Ihrem Leben Probleme gibt, bitten Sie die höhere Intelligenz in Ihnen um Antworten. Bekräftigen Sie, daß Sie auch für die Schwierigkeiten dankbar sind, die das Leben Ihnen bringt, weil Sie wissen, daß alles einen Sinn hat und schwere Zeiten Lernerfahrungen darstellen. Diese Gedanken eröffnen Ihnen einen Kanal für Antworten, Rat und positive Veränderungen.

2. Setzen Sie Ihr Vertrauen in diese höhere Intelligenz, indem Sie sich auf die Veränderungen vorbereiten, die Sie sich bei der kreativen Visualisierung vorstellen. Wenn Sie

Pilotin werden wollen, nehmen Sie Flugstunden. Wenn Sie verreisen wollen, holen Sie Ihren Koffer hervor, stauben Sie ihn ab und legen Sie schon mal die Zahnbürste hinein. Wenn Sie sich fürs Wochenende eine Verabredung wünschen, kaufen Sie sich ein Kleid, das Sie dazu tragen wollen. Bereiten Sie sich so vor, als wären Ihre Hoffnungen bereits wahr geworden. Damit beweisen Sie Ihren Glauben.

3. Affirmationen sind wirksame Mittel, um finanzielle Unabhängigkeit zu erlangen. Benutzen Sie die folgenden oder denken Sie sich eigene aus:

»Gott ist meine unerschütterliche Stütze. Er schenkt mir Überfluß in jeder Hinsicht und ist mit seiner Gnade und Perfektion stets zur Stelle. Nur das, was für den Vater wahr ist, stimmt auch für mich, denn ich und der Vater sind eins. Da ich eins mit Gott bin, bin ich auch eins mit allem Guten, denn Gott ist gleichzeitig der Gebende und das Geschenk.«

4. Gebete sind eine wichtige Programmierungstechnik, die von all jenen unterschätzt wird, die alle Hoffnung aufgaben, als ihre Bitten nicht sofort erhört wurden. Denken Sie immer daran, daß Gott auf geheimnisvolle, aber bewußte Weise wirkt. Wir erzeugen viele Probleme aus uns selbst heraus, indem wir uns nicht richtig ernähren, unsere Gedanken und Emotionen nicht beherrschen oder indem wir uns Launen und unüberlegten Ausschweifungen hingeben. Man sollte Gott immer als erstes für alles im Leben danken und dann darum bitten, daß die schlechten

Dinge geheilt oder freigesetzt werden, damit sie von besseren ersetzt werden können. Gebete beruhen genau wie kreative Visualisierungen auf unerschütterlichem Glauben. In Markus 11,24 heißt es: »Was immer du begehrst, glaube, wenn du betest, daß du es bekommst, und du wirst es bekommen.« Die Bedeutung von Gebeten als Mittel zu einem erfolgreichen Leben kann nicht genug betont werden. Gott ist wie ein kosmischer Computer. Wenn man das Mittel des Gebets einsetzt, sich positiv einstimmt und meditiert, dann »programmiert« man den universalen »Computer«, unsere Bedürfnisse zu erfüllen. Um von Gottes Hilfe gesegnet zu werden, muß man natürlich Seine Gesetze befolgen, deren Grundlage Seine Liebe ist. Gebete gegen andere und schädliche Gedankenprogrammierung fallen nur negativ auf einen selbst zurück. Denken Sie stets daran, daß alles, was man aussendet, zu einem zurückkommt.

5. Und schließlich müssen Sie geduldig sein. Gehen Sie Ihrer Arbeit nach und sorgen Sie sich nicht darum, wie sich alles verwirklichen wird. Es wird schon kosmisch geregelt. Man erhält oft sogar bessere Resultate, als man sich erbeten hat.

Um Wohlstand anzuziehen, muß man erst einmal seine Hausaufgaben machen. Man visualisiert jeden Tag alles, was man braucht. Lassen Sie keine negativen Gedanken anderer in Ihre Überzeugung eindringen, damit Ihre Wünsche auch in Erfüllung gehen. Am besten teilt man seine

Ziele niemandem mit, der nicht vollständig auf einen eingestimmt ist.

Diese Techniken stellen kein Wunschdenken dar, sondern positives Denken. Und sie funktionieren!

Negative Gedanken

Mit negativen Bemerkungen wie »ich kann nicht«, »ich will
nicht« und »ich bin nicht ...« bringt man die positiven Ge-
dankenformen zum Einsturz, deren Aufbau so viel Zeit
gekostet hat. Denken Sie daran, daß, wenn Sie sagen, daß
Sie etwas nicht können, dies auch eintrifft, denn genau das
prägen Sie Ihrem Unbewußten ein. Negative Worte und
Gedanken können alles zerstören, wofür Sie gearbeitet haben. Als Gedankenerzeuger haben wir die Verpflichtung,
dafür zu sorgen, daß wir diese Kraft niemals negativ benutzen. Man hat wissenschaftlich bewiesen, daß Gedanken mit falscher Grundlage Symptome für jede Krankheit,
auch Geisteskrankheiten, hervorrufen und anderen Schaden zufügen können. Der negative Einsatz von geistiger
Energie kann sich auch durch Dinge wie Voodoo auswir-
ken, durch »Schwarze Magie« und Hexerei.

In der richtigen Weise angeregt, können uns unsere
Gedanken Seelenfrieden, Glück, Gesundheit und ein langes Leben bescheren. Wir treffen die Entscheidungen, die
unsere Welt betreffen. Ich glaube, daß »Pech« die direkte
Folge von verzerrtem Denken ist. Wenn wir dunkle, nega-

tive Gedanken zulassen, gefährden wir die eigene Zukunft, da diese Gedanken negative Dinge im Leben auslösen. Fester Glaube und die Macht der Suggestion programmieren den Geist und beeinflussen unsere Existenz.

Wir können das Denken nicht vermeiden, aber lernen, unsere Gedanken besser zu ordnen, gezielter auszurichten und ihnen bessere Absichten zu verleihen. Die Beherrschung des Geistes auf gesunde, positive Weise hilft einem, nicht zum Opfer der negativen Menschen ringsum zu werden. Umgeben Sie sich mit Menschen, die positiv denken – über Sie und sich selbst, die hochgesteckte Ziele und ihre Gedanken unter Kontrolle haben. Ein solcher Zusammenschluß bedeutet wirksameres Denken. Wenn Sie diese Techniken für positives Denken einsetzen, ziehen Sie solche angenehmen Menschen geradezu an.

Praktische Metaphysik

Doch alle positiven Gedanken der Welt richten nichts aus, wenn man sie nicht durch positive Handlungen unterstützt. Wir kämpfen ständig darum, die Grenzen zu verschieben, die körperliche Mängel, unsere materielle Umwelt und die zufälligen Ereignisse außerhalb unserer Kontrolle unserem Leben auferlegen, und brauchen alle möglichen positiven, hilfreichen Elemente, um diese Herausforderung zu bestehen. Dazu gehört auch der körperliche Einsatz für die Verwirklichung der gewünschten Ziele.

Gott belohnt den fleißigen Arbeiter, nicht Menschen, die nur träumen und etwas erwarten. Die Erfüllung von Wünschen bedeutet auch, daß man die gebotenen Chancen voll nutzt, die sich als Folge des positiven Denkens einstellen. Aber das positive Denken muß stets von positiver, harter Arbeit begleitet werden.

Viele Menschen fragen sich, warum sie nicht sofort alles haben können, was sie wollen. Sie erkennen nicht, daß man, um etwas zu erreichen, sich auch dazu verpflichten und bereit sein muß, sich dafür einzusetzen. Das bedeutet manchmal ein großes Opfer. Manche Menschen sind nicht bereit, ihr Leben auf allen Ebenen zu verändern; andere klammern sich an schlechte Gewohnheiten oder unzureichende Beziehungen. Wenn man nicht einen vollständig holistischen Lebenswandel hat und auf spirituelle, körperliche und geistige Prinzipien achtet, wird man vermutlich nicht alles erreichen, was man sich wünscht. Ihr Erfolg steht in direktem Verhältnis zum Einsatz. Wenn jemand holistisch nach Perfektion strebt, schlägt er den direktesten Weg zum Glück ein. Es kostet viel Arbeit und Disziplin, aber die Folgen sind eine erfüllende und gesunde Lebensweise.

3. Kapitel

DIE UNIVERSALGESETZE

Die vielen Menschen mit ihren Problemen, die ich im Laufe der Jahre beraten habe, vermittelten mir zahlreiche interessante Informationen und Einsichten über menschliche Wünsche. Fast alle suchen das gleiche: Gesundheit, Reichtum, den idealen Partner, Gelassenheit, spirituelle Ausgeglichenheit, einen idealen Arbeitsplatz und ein perfektes Zuhause. Niemand will einsam sein, krank oder arm, niemand will Zeit, Energie oder Geld verschwenden. Alle wollen göttlichen Segen und die Reichtümer des Universums – aber mit wenigen Ausnahmen weiß niemand, wie man dies alles erlangt.

Um an die erwünschten Segnungen und Reichtümer im Leben zu gelangen, müssen wir als erstes die sogenannten Universalgesetze verstehen und anwenden. Diese Gesetze üben Einfluß aus, ob wir nun über sie Bescheid wissen oder nicht: Sie nicht zu kennen ist keine Entschuldigung – genau wie bei den normalen Gesetzen. Wenn man nicht alles im Leben hat, was man sich wünscht, könnte der Grund dafür sein, daß man diese Gesetze nicht kennt oder sie ignoriert.

Stellen wir uns die Universalgesetze als die Zahlen für ein Zahlenschloß vor. Jede Zahl ist integraler Bestandteil einer Kombination und nötig, um das Schloß zu öffnen. Die vollständige Kombination der Gesetze öffnet einem die Tür zu vollständigem, holistischem Glück.

Es gibt zwar sehr viele Gesetze, aber die folgenden einunddreißig (in alphabetischer Reihenfolge) halte ich für die wichtigsten, um ein holistisches Leben zu führen:

1. Das Gesetz des Befehlens
2. Das Gesetz der Beharrlichkeit
3. Das Gesetz des Betens
4. Das Gesetz der dynamischen Aktion
5. Das Gesetz des Ersetzens
6. Das Gesetz der Evolution
7. Das Gesetz von freiem Willen und Vorbestimmung
8. Das Gesetz der geistigen Vorstellung
9. Das Gesetz des Glaubens
10. Das Gesetz von Gleichgewicht und Harmonie
11. Das Gesetz des Heilens
12. Das Gesetz der hygienischen Lebensweise
13. Das Gesetz der Kreisläufe
14. Das Gesetz der Liebe und des guten Willens
15. Das Gesetz des Lobes
16. Das Gesetz des Loslassens
17. Das Gesetz von Loyalität und Integrität

18. Das Gesetz der magnetischen Anziehung
19. Das Gesetz des Mitgefühls
20. Das Gesetz der Ordnung
21. Das Gesetz der Produktivität
22. Das Gesetz der Rücksicht
23. Das Gesetz des Sparens und Bewahrens
24. Das Gesetz des Überflusses
25. Das Gesetz von Ursache und Wirkung (das Gesetz des Karma)
26. Das Gesetz der Vergebung
27. Das Gesetz der Verwandlung
28. Das Gesetz der Vision
29. Das Gesetz des Wachstums
30. Das Vakuum-Gesetz des Wohlstandes oder Das Gesetz des Loslassens
31. Das Gesetz des Wünschens

Die Anwendung dieser göttlichen universalen Gesetze beherrscht unseren körperlichen, geistigen, emotionalen und spirituellen Seinszustand. Sie zu mißachten bedeutet weniger positive Resultate. Gebrochene Gesetze bedeuten einen Zuwachs an schlechtem Karma, für das man schließlich seinen Preis zahlen muß. Bei sinnvoller Anwendung lösen die Gesetze Probleme auf Dauer und werden zur Grundlage eines glücklichen und erfüllten Lebens.

Die wichtigsten Gesetze – diejenigen, denen man die größte Aufmerksamkeit schenken sollte – sind die Gesetze des Lobes, von Ursache und Wirkung (Karma), der geistigen Vorstellung, das Gesetz des Betens und das Vakuum-Gesetz des Wohlstands. Aber denken Sie daran, daß jedes einzelne der aufgeführten Universalgesetze Ihre Lebensqualität bestimmt. Lesen Sie nun aufmerksam die folgenden Erklärungen der Gesetze durch und überlegen Sie, wie Sie sie am besten in Ihr Leben einbringen können.

1. Das Gesetz des Befehlens

Mit diesem Gesetz können Sie alle Dinge geschehen lassen, die Sie in Ihrem holistischen Zukunftsplan und dem Skizzenbuch für Ihr Schicksal programmiert haben. Bestehen Sie stets in positiver Weise darauf, alles zu bekommen, was Sie vom Leben erwarten. Das erzeugt ein Gefühl von Kontrolle, das die richtigen Schwingungen aussendet, um Ihnen zu helfen, diese Dinge tatsächlich zu erreichen. Sagen Sie nie bloß, Sie *wünschten*, etwas würde geschehen. Dieses Wort impliziert, daß etwas unerreichbar ist. Ergreifen Sie statt dessen die Initiative in einer Situation und *bestätigen* Sie, daß dieses oder jenes sicher geschehen wird. Seien Sie aber vorsichtig, denn Ihr Unbewußtes versteht diese Bemerkungen als Befehl.

Ich hatte einmal eine Klientin, die in bezug auf ihre Ernährung beraten werden wollte. Sie hatte Schmerzen in den Schultern und im Nacken, aber nur bei der Arbeit. Sie fragte sich, ob diese Schmerzen etwas mit ihrer Ernährung zu tun hatten, aber nach einem ausführlichen Gespräch erfuhr ich, daß sie ihre Arbeit nicht mochte. Ich schlug ihr vor, solche negativen Gedanken zu vermeiden, und erklärte ihr, sie würde damit ihren Geist negativ programmieren. Innerhalb einer Woche ließ der Schmerz nach und war drei Wochen später völlig verschwunden. Das ist nur ein Beispiel, wie groß die Macht der Befehle ist.

2. Das Gesetz der Beharrlichkeit

Beharrlichkeit und Geduld gehen Hand in Hand. Man muß bei seinem Streben nach Zielen beharrlich sein und geduldig auf die Ergebnisse warten. Beharrlichkeit ist die entschiedene Anstrengung, Erfüllung zu erreichen. Das Gesetz der Beharrlichkeit befähigt diejenigen, die ihren Träumen nachjagen, diese auch zu finden.

Wenn man manchmal nur ein klein wenig hartnäckiger etwas verfolgt, bekommt man, was man will. Ohne Durchhaltevermögen verpaßt man eine Menge Gelegenheiten. Laotse, ein chinesischer Weiser des 6. Jahrhunderts v. Chr., sagte einmal: »Die Menschen scheitern gewöhnlich kurz vor dem Durchbruch zum Erfolg, daher sollte man auf das Ende einer Sache genauso achten wie auf den Anfang.« Wenn man erfolgreiche Menschen nach ihrem »Rezept« fragt, sagen sie unweigerlich, daß sie ohne Beharrlichkeit nirgendwohin gelangt wären. Oft bedeutet dies eine Menge Arbeit, aber die Beharrlichkeit zahlt sich immer aus – manchmal ganz unerwartet.

Das Buch »Zen oder die Kunst ein Motorrad zu warten«, ein Kultbuch der sechziger Jahre, von dem schließlich über sechs Millionen Exemplare verkauft wurden, war von 150 Verlegern abgelehnt worden, ehe es angenommen wurde. Sally Jessy Raphaël, eine der beliebtesten Fernsehmoderatorinnen Amerikas, flog bei fünfzehn Stellen beim Funk heraus, ehe sie den Fernsehjob bekam. In beiden Fällen zahlte sich Beharrlichkeit aus. Mit der Erwartung, daß sich alles leicht erfüllt, werden wir oft enttäuscht und sind zum Scheitern verurteilt. Wenn man im voraus weiß, daß das Gesetz der Beharrlichkeit zuverlässig wirkt, kann man seinen Fortschritt realistisch einschätzen und nicht zu viel zu früh erwarten.

3. Das Gesetz des Betens

Beten bewirkt tatsächlich etwas. Es ist eine Form der spirituellen Kommunikation, bei der man in direkter Verbindung mit dem Schöpfer steht (im Gegensatz zur Meditation, bei der man »lauscht«). Die göttliche Kraft von Gebeten kann kaum überbetont werden. Beten ist der Katalysator, der alle konstruktiven Handlungen beschleunigt, die nötig sind, um innerhalb der göttlichen Ordnung schnelle Resultate zu erzielen. Um eine klare und deutliche Kommunikation zu erreichen, müssen wir alle Unklarheiten in Seele, Körper und Geist ausräumen.

Emmet Fox, der Autor und religiöse Erzieher, beschreibt, wie die wundersame Macht von Gebeten in allem wirkt, was wir uns wünschen: »Gebete ändern alles. Das Gebet läßt Dinge geschehen, die nicht eintreten würden, wenn man nicht dafür gebetet hätte. Es ist völlig gleichgültig, in welchen Schwierigkeiten man steckt. Es spielt keine Rolle, welche Ursachen dazu geführt haben. Genügend Gebete bringen einen aus den Schwierigkeiten heraus, wenn man sich beharrlich an Gott wendet.«

Julian Whitaker berichtet in einem Artikel mit dem Titel »Does Prayer Help Healing?« von Larry Dossey, dem Autor von »Healing Words«. Dieser stellte erstaunt fest, daß von über hundert veröffentlichten Untersuchungen – alle streng wissenschaftlich – über die Hälfte ergaben, daß Gebete bei einer Vielzahl von Menschen eine bedeutende Änderung herbeiführten. Sein Buch belegt die weitreichende Kraft von Gebeten. »Dr. Dossey berichtet, daß alle Arten von Gebeten, ungeachtet der Glaubensrichtung, wohltuend wirken.« Whitaker erwähnt auch eine der bedeutsamsten Untersuchungen über Gebete, die 1988 von Randolph Byrd durchgeführt wurde. Bei einer streng überwachten Studie auf einer Herzstation des Allgemeinkrankenhauses von San Francisco wurden die Patienten willkürlich in zwei Gruppen unterteilt. Eine Gruppe erhielt Fürbitten von kirchlichen Gruppen, die andere nicht. Nach eingehender Untersuchung stellte man fest, daß es denjenigen, für die gebetet wurde, erheblich besser ging. Für den besseren Zustand der »Gebetsgruppe« gab es nur zwei Erklärungen: »Entweder beruht dies auf Zufall, oder die Gebete sind der Grund. Wenn man nicht daran glaubt, daß diese Untersuchung eine unter zehntausend ist, bei der der Zufall eine Rolle gespielt hat, muß es sich also um die Gebete als Ursache gehandelt haben. Hätte man hier ein neues Medikament getestet, das den Gesamtzustand der Patienten verbesserte, würde es als Durchbruch gefeiert und sofort breitflächig eingesetzt werden.« (Whitakers ausführliche Besprechung findet sich in der April-Ausgabe 1994 des Rundbriefes »Health and Healing«).

Die Byrd-Untersuchung dokumentiert, welche Kraft Gebete für andere wie auch für einen selbst haben.

Ich bete für alle, die verstorben sind, weil ihnen die Kraft des Gebets hilft und sie aufrichtet. Es unterstützt sie in dem evolutionären Prozeß auf der anderen Seite. Ich glaube auch, daß viele Gebete und positive Gedanken aus anderen Dimensionen zu uns gelangen und daß es daher wichtig ist, für solche Energien offen und empfänglich zu bleiben.

Wenn es den Anschein hat, daß ein Gebet nicht beantwortet wird, ist die dazu aufgewandte Energie dennoch nicht vergebens. Sie wird vielmehr in bessere und größere Dinge umgewandelt.

4. Das Gesetz der dynamischen Aktion

Dynamische Aktion bedeutet, den ersten Schritt zu tun und dann weiterzumachen bis zum Ende. Die Anwendung dieses Gesetzes aktiviert den gesamten Menschen und hält uns holistisch jung, vital und energiegeladen. Dieses Gesetz ist besonders vor schwierigen Phasen nützlich – denn der erste Schritt ist oft der schwerste.

Genau wie Schriftsteller manchmal eine Schreibblocka-
de angesichts einer leeren Seite haben und ihnen die Worte nur so zufließen, wenn sie den ersten Satz zu Papier gebracht haben, überwindet man Schwierigkeiten ohne
Angst und voller Schwung durch dynamische Aktion und
wird geistig und körperlich immer stärker.

Lassen Sie es nicht zu, daß die Angst vor dem Scheitern diesen ersten Schritt verhindert. In einer Untersuchung über Amerikaner, die vor Vollendung des dreißig-
sten Lebensjahres die erste Million verdient hatten, fand
man heraus, daß sie alle mindestens einmal bankrott gegangen waren. Diese Tatsache finden die meisten Menschen vielleicht schwer zu akzeptieren, aber sie verdeutlicht, wie wichtig es ist, etwas zu versuchen und aktiv zu
sein. Denken Sie an die Momente, in denen Sie gezögert
haben, schwimmen zu gehen, weil Sie fürchteten, das
Wasser sei zu kalt. Wenn man nur den Zeh hineintaucht,
wird diese Annahme bestätigt, aber springt man einfach
hinein, stellt man fest, daß das Wasser eigentlich viel wär-
mer ist. Anschließend fühlt man sich erfrischt und fragt
sich, warum man es nicht eher probiert hat. Dynamische
Aktion ist einer der Schlüssel zu einem holistischen,
erfolgreichen Leben.

5. Das Gesetz des Ersetzens

Dieses Gesetz ist eng mit dem Vakuum-Gesetz des Wohlstandes und dem Gesetz des Loslassens verbunden, denn

wenn eine Situation aufgegeben wird, tritt nach dem Va-kuum-Gesetz des Wohlstandes eine Lücke ein. Hier greift nun das Gesetz des Ersetzens ein. Es liegt in der Natur des Universums, keine Lücken zu lassen (die Natur haßt das Vakuum), um die Harmonie und das Gleichgewicht auf-rechtzuerhalten. Wenn Sie es wagen, in größerem Rahmen zu denken, und sich Ihre Träume ausmalen, werden Sie vermutlich anstelle dessen erfüllt, was Sie gerade losgelas-sen haben. Dieser Ersatz kann sogar noch besser sein, wenn man das Ziel vorprogrammiert. Das Gesetz ist die Grundlage für das Sprichwort: Gott schließt niemals eine Tür im Leben, ohne eine andere zu öffnen.

Ich kenne eine Frau, die deprimiert war, weil ihr neuer Rasenmäher, für den sie schwer gearbeitet hatte, gestohlen wurde. Als ihre Freunde sie zu einer Gesellschaft einluden, wollte sie zuerst nicht gehen, aber dann fiel ihr ein, was ich ihr vorher gesagt hatte: daß sie sich zwingen und ihre Einstellung ändern müsse. Sie dankte Gott für das Pro-blem und ging aus. Es stellte sich heraus, daß in ihrem Club eine Tombola stattfand, und sie gewann einen Preis. Und dieser Preis war: ein Jahr lang Rasenmähen! Zufall? Nein. Das genau leistet das Gesetz des Ersetzens.

6. Das Gesetz der Evolution

Dieses Gesetz sorgt dafür, daß unsere Seelen schließlich weiterziehen, um eins mit Gott zu werden. Wenn Sie ge-rade schwere Zeiten durchmachen, heißt das nicht, daß

Sie Rückschritte machen. Ein evolutionärer Prozeß vollzieht sich weiterhin. Lernen durch Erfahrung ist evolutionär, nur indem wir lernen, kommen wir weiter.

Ich kenne ein Kind, das ich für eine »alte Seele« halte. Der Junge hat eine sehr scharfe Beobachtungsgabe, bei Menschen und allgemein. Eines Abends erlebte er, wie seine Mutter durch eine Reihe von Dingen aufgebracht war, die an diesem Tag schiefgelaufen waren. Da trat er zu ihr und fragte: »Mami, warum ärgerst du dich immer so, wenn mal etwas schiefgeht? Jedesmal, wenn du etwas falsch machst, lernst du doch, es beim nächsten Mal anders zu machen. Denk doch mal, wieviel du lernst!« Welche Weisheit liegt in dieser kindlichen Bemerkung! Es heißt, daß es im Chinesischen kein Zeichen für »Problem« gibt, sondern nur eins für »Gelegenheit«. Ich spreche kein Chinesisch, daher weiß ich nicht genau, ob das auch stimmt, aber die Theorie dahinter entspricht dem Gesetz der Evolution.

7. Das Gesetz von freiem Willen und Vorbestimmung

Der freie Wille lenkt uns und ermöglicht es uns, jederzeit aus freier Entscheidung zu handeln. Selbst wenn man sich davon leiten läßt, was man als sein Schicksal empfindet, hat man bis zum letzten Augenblick die Möglichkeit, etwas frei zu entscheiden. Aber auch die Vorbestimmung spielt eine Rolle im Leben. Der Göttliche Wille, Ihr Höheres Selbst, bahnt Ihnen jeden Weg, dem Sie folgen wollen.

Wir sollten immer daran denken, daß wir uns alle auf das gleiche, letztendliche Ziel zubewegen: Gott ähnlich zu werden. Wenn Sie sich nun fragen, welcher Teil Ihres Lebens durch das Schicksal vorherbestimmt ist, lautet die Antwort, daß Sie Ihr Leben durch tägliches Denken bestimmen.

Selbst Menschen wie Billy Graham und Mutter Teresa, die von einem göttlichen Auftrag getrieben scheinen, haben ihre Zukunft selbst geplant. Jeder spirituellen Leitfigur wird von ihrem Höheren Selbst aufgetragen, einem bestimmten Weg zu folgen, aber nur durch Anstrengung und Einstimmung in dieses Höhere Selbst erlangen sie diese scheinbar von Gott vorbestimmte Zukunft.

Das Höhere Selbst ist der göttliche Funke in jedem Menschen. Der Wille von spirituellen Leitfiguren ist Gottes Wille, weil sie in so enger Verbindung mit Ihm stehen. Aber es gibt auch viele Menschen, die gute Werke leisten und es nicht Gottes Willen zuschreiben. Sie haben einfach nur einen inneren Drang, das zu erreichen, was immer sie als ihren persönlichen Auftrag betrachten. Dieser innere Drang entstammt ebenfalls dem Höheren Selbst. Daher kann selbst ein Atheist einen »göttlichen Auftrag« haben, ohne es zu erkennen oder es so zu nennen. Das alles paßt zum Gesetz von Gleichgewicht und Harmonie, genau wie einige Entscheidungen Gottes Willen entsprechen und andere dem eigenen freien Willen. Der Anteil hängt von der jeweiligen Einstimmung auf Gott ab.

8. Das Gesetz der geistigen Vorstellung

Dies ist eines der aufregendsten Konzepte, die Sie lernen können, nämlich, daß man alles schaffen kann, was man sich vorstellen kann. Sportler und Studenten in aller Welt verbessern ihre Leistungen durch Visualisierungen, durch Techniken, die einfach zu erklären sind und die man mit Übung und Selbstbewußtsein leicht erlernen kann.

Der Verstand hat geradezu magische Kräfte. Er erzeugt Bilder und Pläne, die man dann in die Realität umsetzt. Denken heißt glauben. Man kann alle Resultate erzeugen, die man sich wünscht. Doch denken Sie stets daran, daß unser mächtiger Geist sowohl positive wie negative Bilder erzeugen kann. Durch die Gedanken und Bilder in Ihrem Kopf gestalten Sie Ihr Leben ständig neu.

Kennen Sie noch das Kinderbuch vom kleinen Zug, der alles konnte? Dieser Zug war viel zu klein, um auf den Berg zu fahren – das glaubten zumindest alle! Aber er sagte immer wieder vor sich hin: »Ich glaube, ich kann's, ich glaube, ich kann's, ich glaube, ich kann's.« Und am Ende schaffte er es!

Der Mittelstürmer einer Nationalmannschaft, der sich auf ein Länderspiel vorbereitete, wurde gefragt, wie er das mache. Er erklärte, er mache täglich Visualisierungen, besonders abends vor dem Einschlafen. Er sah sich dann selbst, wie er den Ball beherrschte, ihn einwarf und wie er die Meisterschaft gewann. Seine außergewöhnlichen Leistungen sind Beweis für die Wirksamkeit solcher Übungen.

Ein weiteres Lieblingsbeispiel von mir ist das Ergebnis einer Untersuchung, die man unter durchschnittlichen Schulkindern in Pennsylvania durchführte. Man teilte sie in zwei Gruppen auf und lehrte die eine Gruppe eine Reihe geistiger Vorstellungen. (Es gibt inzwischen viele Namen für diese Technik, aber es handelt sich grundsätzlich immer um das gleiche.) Man bat diese Schüler, sich vorzustellen, daß sie in den Prüfungen gut abschnitten und die Lernerfahrungen ausgiebig genossen. Die zweite Gruppe wurde auf die übliche Weise unterrichtet. Die Ergebnisse – zur Überraschung der Skeptiker, aber zur Freude aller – waren bessere Ergebnisse und mehr Freude am Lernen als jemals zuvor bei der Gruppe, der man das Visualisieren beigebracht hatte.

Der Geist ist wie ein Tonband, das sorgfältig alles, was man sagt und denkt, aufzeichnet, und aufgrund dieser Einstellungen handelt man dann. Wenn man sich Gesundheit wünscht, stellt man sich seinen Körper strahlend gesund vor. Sie sehen sich in einem neuen Haus oder sagen zu sich: »Ich werde immer schlanker und fitter.« Sie wissen einfach, daß Sie die Flugangst überwinden. Das alles wird von Ihrem Verstand aufgenommen, und dann werden die Überzeugungen zum Schicksal.

Je mehr man diese Phantasie ausbildet, um so schneller reagiert das Universum und erfüllt einem seine Träume. Denken Sie stets daran, daß Ihr Bewußtsein endlich ist (begrenzt), während die Gotteskraft unendlich ist. Daher tritt die kreative Intelligenz immer dann in Kraft, wenn es nötig ist, die kreative Phantasieenergie in bessere Ergebnisse umzuwandeln. Wenn Sie Ihren Traummann kennenlernen wollen, aber das passiert einfach nicht, vertrauen Sie darauf, daß Gott für Sie einen Besseren aufgespart hat. Manchmal sind die Folgen um so besser, je länger es dauert, bis die Visualisierungen auch Wirklichkeit werden.

Seien Sie sich stets bewußt, daß Phantasiearbeit wunderbar oder katastrophal wirken kann, je nachdem, was Sie sich regelmäßig vorstellen. (Stellen Sie sich Mangel und Scheitern vor oder Überfluß und Erfolg?) Alles, was in Ihrem Leben gegenwärtig passiert, ist die Spiegelung eines früheren Bildes, das sich in Ihrem Geist entwickelt hat. Selbst wenn Ihr bewußter, rationaler Verstand das Gefühl hat, Sie verdienten solche positiven Bilder nicht oder daß es nicht möglich sei, dieses Ziel zu erreichen, können Ihre geistigen Bilder, wenn Sie sie nur ausreichend heraufbeschwören, diese Überlegungen der Vernunft überdecken.

Seien Sie vorsichtig mit dem, was Sie für andere wünschen, und malen Sie sich aus, was Sie selbst wollen, statt dem, was andere denken oder vermeintlich erleben wollen.

9. Das Gesetz des Glaubens

Glauben Sie an die Erfüllung Ihrer Wünsche, und Sie werden erfüllt. Halten Sie sich vor negativen Bemerkungen zurück, wie »Ich habe Angst«, »Ich glaube nicht, daß ich das schaffe« oder »Ich mache mir Sorgen um die Zukunft«. Solche Gedanken wirken gegen die metaphysische Kraft, die in Ihrem Unbewußten daran arbeitet, Ihre Wünsche zu erfüllen. Glaube ist die Macht des positiven Denkens.

Der Glaube entspricht auf der höchsten Ebene einem Glauben an die Universale Intelligenz (Gott), einem Verstehen und Akzeptieren, das jeder Mensch für sich selbst entwickeln muß. Es handelt sich um wissendes Vertrauen, das man durch persönliche spirituelle Erfahrung erreicht. In der Bibel heißt es: »So ihr Glauben habt wie ein Senfkorn, so mögt ihr sagen zu diesem Berge: ›Hebe dich von hinnen dorthin!‹ So wird er sich heben, und euch wird nichts unmöglich sein.« (Matthäus 17,20)

Eine Freundin von mir verdiente sich ein Zubrot, indem sie Studenten in Mathematik unterrichtete, die dieses Fach bei der Prüfung für Immobilienmakler nicht bestanden hatten. Wenn sie gefragt wurde, wie viele Nachhilfestunden wohl nötig seien, reagierten ihre Schüler immer schockiert, wenn sie sagte, sie würden das gesamte Pensum in einer einzigen Zweistundensitzung bewältigen. Wenn man ihr entgegnete, sie würde die Schwierigkeiten unterschätzen, weil die Schüler wirklich keine Ahnung hätten, erklärte sie: »Der Grund, warum sie ihre Mathematik bisher nicht verstanden haben, ist, daß sie die Erklärungen nicht begriffen haben. Ich werde ihnen einen neuen Ansatz zu den Problemen zeigen, und sie werden es sofort schnallen. Danach ist es bloß eine Frage der Übung. Dazu gebe ich ihnen jede Menge Hausaufgaben. Bei mir ist noch nie jemand durchgefallen.« Die Schüler meiner Freundin – alles Erwachsene – machten sich in neuem

Selbstvertrauen an die Lektionen und glaubten an sich. Genau wie sie versprochen hatte, bestanden alle die Mathematikprüfung beim nächsten Anlauf.

10. Das Gesetz von Gleichgewicht und Harmonie

Alles ist nach einem obersten, universellen Plan in Gleichgewicht, Harmonie und Ordnung geschaffen. Wenn etwas dieses fein abgestimmte System der natürlichen Ordnung stört, findet stets ein reaktives Ereignis statt. Wenn der Körper beispielsweise Ruhe braucht oder ihm ein Nährstoff fehlt, gerät er aus dem Gleichgewicht und wird zum Angriffsziel für eine Krankheit.

Halten Sie alle Aspekte Ihres Lebens im Gleichgewicht und in Harmonie. Ein Teil eines jeden Tages sollte der geistigen Entspannung gewidmet sein, ein anderer der Introspektion, ein weiterer geliebten Mitmenschen, Arbeit, körperlicher Betätigung und so weiter. Wenn man zuviel Zeit mit einem einzigen Aspekt verbringt, leiden die anderen – was letztendlich bedeutet, daß man selbst leidet. Ein unausgewogenes Leben führt zu Disharmonie. Eine außer Haus arbeitende Mutter zum Beispiel muß ihren Job, den Haushalt, den Mann und die Kinder ins Gleichgewicht bringen. Aber wenn sie nicht auch Zeit für sich selbst einplant, werden ihre Gesundheit, ihr Glück und die Beziehungen darunter leiden.

Dieses Gesetz ist tatsächlich die Waage des Kosmos. Ohne Gleichgewicht und Harmonie würden im Universum nur Chaos und Katastrophen herrschen. Man kann dieses Gesetz nicht brechen, ohne sich selbst zu brechen und damit Krankheiten und Unglück hervorzurufen.

Rabbi Sol Landau, der Begründer der Stiftung für die Lebensmitte in Miami, meint, daß die Krisen der Lebensmitte oft durch ein fehlendes Gleichgewicht ausgelöst werden. Ein Mann sagte dem Rabbi einmal: »Ich verdiene mehr Geld, als ich es jemals für möglich gehalten habe. Warum bin ich nur so unglücklich?« Es stellte sich heraus, daß der Mann so viel Zeit mit Geldverdienen zubrachte, daß er seine Familie, seine Freunde und seine Gesundheit vernachlässigte. Er war zwar ein Philanthrop, aber er fühlte sich mit den vielen guten Werken, die er unterstützte, irgendwie nicht richtig verbunden. Als er erkannte, daß er sein Leben besser ins Gleichgewicht bringen mußte, konnte er wieder »innehalten, um an einer Blume zu riechen«. Er überschrieb einen großen Teil seiner Firma seiner Tochter, entdeckte, wieviel Spaß er an seinen Enkelkindern hatte, unternahm Dinge mit seiner Frau und sprach mit ihr und wurde zu einem wärmeren, glücklicheren Menschen. Außerdem übernahm er den Vorsitz im Komitee seines liebsten Wohltätigkeitsverbands und engagierte sich persönlicher und stärker. Das Stichwort war Gleichgewicht.

11. Das Gesetz des Heilens

Jeder Mensch hat Heilenergie. Diese Energie ist ein elektromagnetisches Feld innerhalb und außerhalb eines Körpers. Wir können diese Heilenergie aus der göttlichen Kraftquelle in den eigenen Körper, Geist und Seele leiten oder zu denjenigen, die wir heilen wollen. Dies wird in späteren Kapiteln ausführlicher erklärt. Doch ich möchte Ihnen hier ein Beispiel geben: Ein kleiner Junge hatte einmal einen Autounfall und wurde so schwer innerlich verletzt, daß man mit seinem Tod rechnete. Als seine weit entfernt lebende Tante von dem Unfall hörte, versammelte sie ihre spirituellen Freunde in ihrem Haus um sich, um ihre gesammelte Heilenergie auf den Jungen zu zentrieren. Langsam bewegten sie sich von einem Körperteil zum nächsten. Diese Heilübung vollzogen sie zweimal täglich. Nach einer Woche rief die Mutter des Jungen an und berichtete, daß ihr Sohn eine bemerkenswerte Besserung erlebe und die Ärzte verblüfft seien. Etwas anderes als nur medizinische Kunst scheine hier am Werk zu sein, aber sie könnten es sich nicht erklären. Da war das Gesetz der Heilung am Werk.

12. Das Gesetz der hygienischen Lebensweise

Dieses Gesetz regelt die Bedürfnisse unseres Körpers. Wir sollten versuchen, die folgenden gesundheitlichen Aspekte in unseren Tagesablauf zu integrieren: frische, saubere Luft, reines Wasser, ein Zahnhygieneprogramm, eine ausgewogene, nährstoffreiche Ernährung, ausreichend Ruhe und Entspannung, regelmäßige Bewegung. All diese Aspekte sind lebenswichtig, um unseren Körper zum kostbaren Tempel zu machen, in dem die Gotteskraft weilen kann.

Ich habe von einem Projekt gehört, das es sich zur Aufgabe gemacht hat, vernachlässigten Innenstadtkindern ein nahrhaftes Frühstück zu geben, weil sie sonst mit leerem Magen zur Schule kommen. Bei hungrigen oder unterernährten Kindern sind die Gehirnzellen unterversorgt und können nicht richtig funktionieren. Schon vor langer Zeit stellte man fest, daß viele Kinder, die man als hyperaktiv bezeichnete, in Wirklichkeit an einer Allergie gegen Zucker und Konservierungsstoffe litten, mit denen die meisten ihrer Nahrungsmittel versetzt waren. In neuerer Zeit hat eine Gruppe von Ärzten in ihrem bahnbrechenden Buch »Victory over Diabetes« demonstriert, daß viele der starken Schwankungen im Blutzuckerspiegel bei Diabetikern in Wirklichkeit Reaktionen nicht nur auf bestimmte Nahrungsmittel darstellen, sondern auch auf Umweltfaktoren. Auslöser wie Weizen, Milchprodukte und Rindfleisch waren ebenso häufig vertreten wie Zucker. In Anbetracht der schwerwiegenden Probleme vieler Diabetiker sollten all diejenigen mit solchen und ähnlichen Krankheiten dem Gesetz der hygienischen Lebensweise doppelte Aufmerksamkeit schenken. Der römische Philosoph Seneca prägte das Motto: »Ein gesunder Geist in einem gesunden Körper.« Das sollte auch dreiundzwanzig Jahrhunderte später für uns noch Geltung haben.

13. Das Gesetz der Kreisläufe

Die Schriftstellerin Vera Stanley Alder schreibt in ihrem Buch »The Finding of the Third Eye« über das Universum: »Das gleiche System aus Form, Zeit und Bewegung findet sich im gesamten Universum, so daß wir bei genauerer Betrachtung eines Atoms oder einer Zelle den Schlüssel finden, wie der Mensch, die Planeten oder die Sternenkonstellationen funktionieren ... Innerhalb des Universums herrscht eine geplante Ordnung mit bestimmten Zeit- und Formenmustern auf jeder Ebene, die vom Winzigsten bis zum Riesigsten alles steuert.« Ihre Beschreibung des Universums entspricht dem Prinzip, daß sich alles in der materiellen Welt in Kreisläufen vollzieht. Das gilt für den Menschen und die Tiere, für Pflanzen und unbelebte Objekte.

Alles in der Natur hat einen eindeutigen Anfang und ein Ende und dazwischen ein bestimmtes Muster, einen Rhythmus der Existenz. Wenn wir lernen, die Hochs und Tiefs der Zyklen zu entdecken, können wir besser die Gelegenheiten wahrnehmen, die sich uns bieten.

Denken wir an alle Aspekte unseres Lebens: Gesundheit, Beziehungen, Geschäfte und so weiter. Wenn man sie einzeln analysierte und ihre Hoch- und Tiefpunkte auf ihrer individuellen Kurve markierte, würde man feststellen, daß sie alle einem bestimmten zyklischen Muster folgen. Das ist eine vereinfachte Version des Kreislauf-Gesetzes und erklärt, warum manchmal alles zu unseren Gunsten verläuft und in einer Tiefphase alles schiefgeht. Man befindet sich in einem Aspekt des Lebens vielleicht in einer Hochphase, während ein anderer eine Tiefphase durchmacht.

Eine Tiefphase kann durch ein äußeres Ereignis ausgelöst werden. Auch unsere Stimmungen beeinflussen die Zyklen, und die allgemeine, holistische Gesundheit ist eng damit verbunden, ob man sich zu einer bestimmten Zeit in einem Hoch oder einem Tief befindet. Doch man hat Kontrolle über seine Lebenszyklen. Es sind keine unvermeidlichen Kreisläufe, in denen man hilflos zwischen Hoch und Tief schwankt. Wenn man spürt, daß sich ein Tiefpunkt nähert, achtet man mehr darauf, was man ißt, und ruht sich häufiger aus. Das reicht vielleicht, diese Phase zu verkürzen und nicht krank zu werden.

Wenn man sich seiner parapsychischen Fähigkeiten und Eingebungen stärker bewußt wird, erlebt man auch diese Lebenszyklen bewußter und findet heraus, wie man sie am besten bewältigt.

14. Das Gesetz der Liebe und des guten Willens

Die Liebe ist die stärkste ausgleichende und harmonisierende Kraft im gesamten Universum und sollte daher die Grundlage für alle unsere Handlungen bilden. Liebe kann persönlich und spezifisch sein (Rücksichtnahme, Zuneigung, Zärtlichkeit, Ergebenheit, Loyalität) oder unpersönlich und allgemein (guter Wille, Verständnis, Hilfsbereitschaft, Kooperation, Freundlichkeit). Die reinste Form ist die Liebe Gottes zu uns und unsere Liebe zu Gott. Man kann göttliche Liebe bewußt erzeugen, indem man liebevolle Gedanken auf andere und sich selbst richtet.

Wenn man regelmäßig Liebe in alle Lebensbereiche sendet, ist es besonders wichtig, auch Probleme, Schulden, Krankheiten und so weiter liebevoll zu bedenken. Liebe, die man negativen, geizigen oder egoistischen Menschen gibt, ist ebenfalls sehr wichtig, weil solche Menschen sie am dringendsten brauchen.

Wenn jemand betrunken in Ihr Auto fährt und es stark beschädigt, Sie selbst aber knapp mit dem Leben davonkommen, schicken Sie ehrliche Liebe an jenen Menschen aus, der den Unfall verursachte, und danken ihm. Durch diese spirituelle Liebe wird er Reue empfinden. Das hilft ihm vielleicht, mit dem Trinken aufzuhören, oder Ihnen selbst, bittere Gefühle zu vermeiden. Dieses Gesetz in Verbindung mit dem Gesetz des Lobes stellt den schnellsten Weg zum Erreichen Ihrer Ziele, zur Lösung Ihrer Probleme und der Realisierung von allem dar, was Sie im Leben erreichen wollen. Jedes Universalgesetz ist ein integraler Bestandteil zur Erlangung holistischen Glücks. Aber diese beiden sind vermutlich die stärksten Gesetze.

Liebe ist die unvergleichliche Macht, die das gesamte Universum einen kann. Die Bibel sagt uns: »Nun aber bleibt Glaube, Liebe, Hoffnung, aber die Liebe ist die größte unter ihnen.« (Korinther I, 13,13)

15. Das Gesetz des Lobes

Loben ist die rascheste Methode, negative Aspekte im Leben ins Gegenteil zu verkehren. Man sollte die Gotteskraft in allen Dingen loben, ob man sie nun negativ oder positiv sieht. (Diese Theorie geht auf den jüdischen Talmud zurück.) Normalerweise reden die Menschen nur in Notzeiten mit Gott. Sie vergessen, Ihm für alles zu danken. Aber wenn man Ihm nicht für alles dankt, bricht der Strom des Wohlstands vielleicht ab. Egal, was Sie gerade erleben – ob emotionale oder finanzielle Probleme, Glück oder Tragik –, danken Sie Gott in dem Wissen, daß alles, was Ihnen im Leben zustößt, dazu dient, Sie zu lehren und dem letztendlichen Ziel näher zu bringen: eins zu werden mit der kreativen Intelligenz.

Seit ich 1971 meine übernatürliche Hörfähigkeit entwickelte, spricht Gott mit mir, wenn ich Ihn bitte, mir in unglücklichen Situationen zu helfen. Wenn ich etwa sage: »Bitte hilf mir in dieser Sache« oder »Bitte steh mir in dieser Angelegenheit bei«, sagt er: »Bitte mich nicht als erstes um Hilfe. Lobe mich zuallererst einmal für das Problem.« Das hat er mir schon mehrfach gesagt, und obwohl ich dieses Universalprinzip kenne und verstehe, war es für mich doch schwer, ständig daran zu denken. Ich beschwerte mich weiterhin, ohne Gott zuerst zu danken. Es war für mich nicht leicht, Ihm für negative Gelegenheiten zu danken. 1975 jedoch, als ich als Sportlehrerin arbeitete, wurde mir die Schulbibliothek als Büroraum zugewiesen, weil es sonst keinen Platz gab. Als ich eines Tages meinen

Verstand auf positive Dinge programmierte, kam ich am Schreibtisch der Bibliothekarin vorbei, wo ein schmales gelbes Buch meine Aufmerksamkeit erregte. Es hieß: »The Power of Praise« (»Die Macht des Lobes«), von Merlin Carothers, einem Militärpfarrer. Ich schlug es auf, in der Hoffnung, hier eine Botschaft zu bekommen. (Es passiert oft, wenn ich ein Buch aufschlage, daß Gott mir auf diese Weise eine Nachricht zukommen läßt.)

Der erste Absatz, den ich sah, lautete: »Loben bedeutet dem Wörterbuch zufolge, jemanden oder etwas zu preisen, zu ehren, zu achten und wertzuschätzen.« Etwas anerkennen bedeutet, daß wir etwas akzeptieren oder dem zustimmen. Daher soll man Gott für eine schwierige Situation loben, etwa für eine Krankheit oder eine Katastrophe, denn das heißt wörtlich: wir akzeptieren und schätzen es als Teil Seines Plans für unser Leben.

Wir können Gott nicht wirklich loben, ohne dankbar zu sein für die Dinge, für die wir Ihn loben. Und wir können nicht wirklich dankbar sein, ohne froh zu sein über das, wofür wir dankbar sind. Zum Loben gehören daher Dankbarkeit und Freude. Es ist nicht immer leicht, Gott zu loben, besonders, wenn wir gerade eine schlechte Phase durchstehen, aber es ist wichtig zu wissen, daß das Loben Gottes den Prozeß beschleunigt, das zu erreichen, was wir anstreben. Denken Sie stets daran, daß man zwar über bestimmte Dinge im Leben nicht sonderlich froh zu sein braucht, daß aber die Freude aus dem Wissen entsteht, daß Gott einem schließlich hilft, alle Ziele zu erreichen.

Allein die Tatsache, daß wir Gott und kein namenloses Schicksal loben, bedeutet auch, daß wir akzeptieren, daß Gott für alles Geschehen verantwortlich ist. Sonst würde es wenig Sinn ergeben, wenn wir Ihm danken. Alle ehrlichen Gebete öffnen Gottes Macht die Tür, um in unser Leben zu treten. Aber die Macht der Gebete setzt mehr von Gottes Macht frei als alle anderen Arten von Bitten. Die Bibel gibt uns ein Beispiel: »Aber du bist heilig, du, der du im Lob Israels weilst.« (Psalm 22,3) Kein Wunder, daß Gottes Macht und Gegenwart immer nahe sind, wenn wir Ihn loben. Er weilt tatsächlich in unserem Lob!

Nachdem ich »The Power of Praise« gelesen hatte, stieß ich auf ein weiteres Buch von Carother, »Prison to Praise«, in dem er sagt: »Ich bin zu der Überzeugung gelangt, daß Dankgebete die höchste Form der Kommunikation mit Gott sind und daß sie stets eine Menge Kraft in unser Leben bringen. Wir loben Ihn nicht, weil wir uns dann wohl fühlen, sondern es ist ein Akt des Gehorsams. Oft betet man ein Lob aus reiner, zähneknirschender Willenskraft, und wenn wir darin beharrlich sind, wird irgendwie Gottes Macht in uns freigesetzt und fließt in die Situation – zunächst tröpfelnd, später aber in einem stärker werdenden Strom, der uns schließlich überflutet und alle alten Verletzungen und Wunden hinwegspült.«

Nachdem ich diesen Absatz gelesen hatte, erkannte ich, wie nachlässig ich Gott bisher gelobt und gedankt hatte. Nun begann ich voll Inbrunst diese Prinzipien auf mein Leben zu übertragen.

Ich litt schon seit Jahren an Migräne. Als ich lernte, Gott für alles zu danken, lobte ich ihn selbst unter Tränen und Erbrechen und sagte: »Danke, Gott, für diese Kopfschmerzen. Ich weiß, sie haben einen Grund, und etwas Gutes wird daraus entstehen. Ich weiß, daß du mich zur richtigen Situation und den richtigen Lösungen leitest. Alles, was nötig ist, um diese Kopfschmerzen loszuwerden, wird sich schneller manifestieren, weil ich dich lobe. Ich bin nicht faul. Ich werde schwer arbeiten und mich für alles anstrengen, was du mir rätst. Ich bitte um eine sofortige Heilung dieser Kopfschmerzen.«

Ich lobte und dankte Gott nun für alle Situationen, und alles klappte nun schneller und besser als vorher. Als ich eines Tages in einem Gesundheitsladen in der Schlange stand, sprachen zwei Leute neben mir über ihren Erfolg bei genau meinem Problem. Sie fanden Hilfe bei einem Spezialisten für neuromuskuläre Tiefenarbeit und erlebten eine wunderbare Heilung. In der gleichen Woche stieß ich in einer Buchhandlung auf ein Selbsthilfebuch über Migräne, das praktisch aus dem Regal in meine Hände fiel. Gott hilft auf wundersame Weise!

Einmal kam eine Klientin zu mir, die Probleme an ihrem Arbeitsplatz hatte. Sie erwähnte, sie habe einen Unfall gehabt, ihr Auto sei beschädigt, und sie könne es nicht mehr fahren. Sie war wütend auf den Mann, der sie angefahren hatte, und auf ihre Versicherungsgesellschaft. Gott zu loben war das letzte, woran sie gedacht hätte. Ich sagte ihr, sie hätte als allererstes Gott danken sollen, und so dankten wir Ihm gemeinsam für alle Schwierigkeiten, die sie gerade erlebte. Ehe sie ging, schlug ich ihr ein paar gute Werkstätten vor, in denen sie ihren Wagen reparieren lassen konnte. Etwa einen Monat später rief sie mich an. Sie sagte, diese Werkstatt sei das Beste, was ihr je passiert sei. Ein Mann, der ebenfalls dort seinen Wagen reparieren ließ, stellte sich als der Boß einer großen Firma heraus, die gerade einen neuen Finanzdirektor suchte. Sie bekam den Job; es gefiel ihr gut, und sie verdiente nun doppelt so viel wie in ihrer alten Stelle.

Die Geschichte dieser Klientin ist nur ein Beispiel dafür, wie das Gesetz des Lobens wirkt. Viele Menschen haben viel schlimmere Situationen als diese in eine positive umgewandelt (siehe auch das Gesetz der Verwandlung). Immer wieder hört man von Menschen, die verletzt oder behindert wurden und dann durch ihre eigene Leistung, die oft eine Folge davon war, viel mehr erreichten.

Für mich ist es sehr schwer (ich bin nämlich auch nur ein Mensch!), Gott für alle Umstände zu loben. Aber ich weiß auch, wie wichtig dieses Gesetz ist, daher gebe ich mein Bestes, es zu befolgen, auch wenn ich ständig an meiner Aufrichtigkeit arbeiten muß. Manchmal schaffe ich es nicht, aber ich habe festgestellt, daß es bald zur Gewohnheit wird, wenn man anfängt, bei geringen Anlässen zu loben. Ehrliches Lob ist der höchste Ausdruck von Glauben.

Meines Wissens gibt es noch keine Untersuchungen, in denen man Menschen, die Gott danken und loben, mit jenen vergleicht, die dies nicht tun, aber ich bin sicher, daß erstere viel mehr Gutes im Leben erleben. Beim Loben und Danken erleuchtet die kreative Macht Ihren Geist und enthüllt, was Sie aus allen Situationen lernen können. Das wiederum stärkt das Selbstbewußtsein und Selbstvertrauen. Positive Resultate entwickeln sich rascher, und die Erleuchtung ermöglicht Heilung.

Das Gesetz des Lobes ist eines der schwierigsten, aber wenn das Lob Gottes zur Gewohnheit wird, überwindet man alle negativen Aspekte des Lebens. Um sich an die Bedeutung von Lob zu erinnern, führe ich hier meine eigene Lobesliste auf, die ich immer bei mir trage und häufig auf den neuesten Stand bringe. Die Liste sieht ungefähr so aus:

Frustrationen, Leere, Mangel und negative Umstände
Ich danke dafür,
- daß ich gerade einen Streit mit meinem Chef hatte
- daß ich den Scheck, auf den ich schon so lange warte, immer noch nicht bekommen habe
- daß ich immer noch nicht abgenommen habe
- daß ich gegenwärtig keine Liebesbeziehung in meinem Leben habe
- daß mein Auto gestohlen wurde
- daß ich einen Stapel Rechnungen habe und das Geld vermutlich nicht reicht
- daß ich nicht selbstbewußt bin.

Chancen, Glücksfälle und positive Umstände
Ich danke dafür,

- daß ich eine gute Arbeitsstelle nahe meinem Haus habe
- daß meine Mutter sich nach ihrer Operation gut erholt hat
- daß ich gesund zu sein scheine
- daß ich einen phantastischen Urlaub hatte
- daß sich mir viele günstige Gelegenheiten eröffnen
- daß ich liebevolle und ehrliche Freunde habe
- daß ich das Darlehen von der Bank bekommen habe.

16. Das Gesetz des Loslassens

Distanzieren Sie sich von unangenehmen Umständen – dadurch ermöglichen Sie Veränderungen und Verbesserungen in Ihrem Leben. Alle Situationen müssen Gott überantwortet werden, damit eine höhere Macht einem helfen kann, Probleme durchzuarbeiten und zu lösen. Mangelndes Loslassen hält Sie an die widrigen Umstände gekettet, was Ihren Fortschritt behindert. Oft halten uns Angst und mangelnder Glaube davon ab, etwas loszulassen. Das Universum wartet darauf, daß wir uns voll Vertrauen lösen. Nur dann können wir Neues empfangen.

Mit Hilfe des Gesetzes der emotionalen Distanzierung können wir uns von den Gedanken an andere Menschen befreien. Dann können wir unsere Energien umleiten und uns auf andere Dinge konzentrieren.

Wie oft schon haben Sie gehört, daß jemand nach der Beziehung zu einem anderen auf ungesunde, unproduktive Weise »süchtig« war? Mit dem Gesetz des Loslassens und in Vertrauen auf Gott kann dieses schädliche Band durchtrennt werden, damit der Süchtige sich anschließend auf eine neue, gesunde, produktive und erfüllende Beziehung einlassen kann.

Es ist bei der Loslösung aus einer emotional aufgeladenen Situation sehr wichtig, sich mit positiven Menschen zu umgeben, während Gott Sie heilt. Stellen Sie sich sich selbst umhüllt von weißem Licht vor, um spirituelle Energie zu gewinnen, und abgelöst von der Person und Situation. Danken Sie Gott für das Problem. Und denken Sie immer daran, sich durch Gebete um Beistand an andere Menschen zu wenden.

Eine ansonsten intelligente und hochgebildete Frau kam einmal zu mir, um mir von ihrer verzweifelt unglücklichen Ehe zu erzählen. Sie war wütend, frustriert und körperlich krank von dem Streß der Beziehung und dem unverschämten Verhalten ihres Mannes. Aber sie meinte, sie habe »Schwierigkeiten mit Trennungen« und fand sich daher mit einer unerträglichen Situation ab. Es war nicht einmal eine Frage des Geldes, wie das so oft der Fall ist. Sie konnte ihn einfach nicht gehen lassen. Nach monatelangen Diskussionen, Gebeten und der »Wiedererweckung« ihres religiösen Glaubens, den sie einst gehabt hatte, konnte sie schließlich »loslassen und Gott einlassen«. Es war für sie sehr schwer, aber sie ist nun ein neuer Mensch.

Sie sieht anders aus und strahlt Selbstbewußtsein aus. Vor ihr liegt ein ganz neues, holistisches Leben.

17. Das Gesetz von Loyalität und Integrität

Mit Integrität bezeichnen wir einen positiven, aufrichtigen Wertmaßstab, wenn jemand sein Leben ehrlich und eindeutig lebt. Um aber loyal seinen Zielen gegenüber zu sein, muß man auch loyal zu sich selbst sein. Die von Shakespeare am häufigsten zitierten Worte sind: »Doch vor allem dir selbst sei treu.« Wenn man diesen Rat befolgt, erlangt man allgemeines Wohlbefinden. Und wenn man dieses Gesetz mit dem Gesetz des Karma kombiniert, erhält man die Loyalität, die man anderen entgegenbringt, auch wieder zurück.

Es ist schrecklich, Jahr für Jahr von so vielen Menschen zu lesen, die sich als Opfer ihrer Gier erwiesen haben. Wir wissen alle, daß diese Eigenschaft nicht nur in einer einzigen politischen Partei oder einem Teil der Bevölkerung vertreten ist. Immer wieder höre ich die Klage: »Wir haben keine Vorbilder. Weder die Politiker noch Geschäftsleute oder Lehrer, weder Priester noch Sportler erfüllen diesen Anspruch.« Integrität wird besonders von jungen Leuten als ein altmodischer Wert betrachtet, der mit ihrem Leben nichts zu tun hat. In einer Ära, in der die Situationsethik gilt (was für dich gut ist, ist nicht unbedingt gut für mich, daher gibt es kein Richtig oder Falsch mehr) und die radikalsten Lehrer die Meinung vertreten, es stelle »einen Verstoß gegen die Autonomie des Kindes« dar, wenn in der Schule Moral unterrichtet wird, ist es kein Wunder, daß so viele Menschen sich verloren und unverbunden mit ihren Mitmenschen fühlen. Integrität ist von äußerster Bedeutung für unser Leben, und je früher diese Lektion gelernt wird, um so schneller verwandelt sie Menschen in wirklich holistische Wesen.

Die Mutter einer Elfjährigen erzählte mir einmal, wie sie bei einem Urlaub in Neuseeland eine Brieftasche mit 150 Dollar, aber ohne eine Adresse gefunden habe. Das Mädchen hatte vorgeschlagen, das Geld zu behalten, und betrachtete es als Glücksfall, die Brieftasche gefunden zu haben. Da fragte die Mutter sie, wie sie sich fühlen würde, wenn sie ihr gesamtes Urlaubsgeld verlöre. Auf der Fahrt zur nächsten Polizeistation, um die Brieftasche abzugeben, sagte das Mädchen: »Ich finde, wir verdienen eine Belohnung dafür, daß wir das abliefern.« »Das wäre schön«, erwiderte die Mutter, »aber auch wenn wir keine bekommen, wissen wir immer noch, daß wir das Richtige getan haben.« Heute, achtzehn Jahre später, erinnert sich die Tochter stolz an diesen Vorfall. Sie zieht inzwischen selbst Kinder groß und leitet sie zu Integrität an.

18. Das Gesetz der magnetischen Anziehung

Säen Sie in Ihren geistigen Garten ein Samenkorn der Dinge, die Sie gern erreichen möchten. Ein Samenkorn in der Erde kann ganz allein die Feuchtigkeit und Nahrung anziehen, die es braucht, um seine vorbestimmte Form zu erreichen. Genau wie das Saatkorn in die Erde pflanzt man ein geistiges Bild ins Unbewußte. Malen Sie sich deutliche, geistige Bilder von dem aus, was Sie wollen. Dann ziehen Sie aufgrund dieses Gesetzes die erwünschten Bedingungen, Gelegenheiten und Menschen an.

Dieses Gesetz hat nichts mit dem physikalischen Phänomen des Magnetismus zu tun, bei dem verschieden geladene Pole sich anziehen. Es ähnelt eher dem alten Sprichwort: »Gleich und gleich gesellt sich gern.« Der Mensch, den man sucht, sucht vermutlich selbst jemanden mit gleicher Intensität. Viele Menschen geben an, sie suchten nach dem »perfekten Partner«. Damit meinen sie für gewöhnlich jemanden, der intelligent, gutaussehend, finanziell stabil, gut organisiert und so weiter ist, aber überraschend wenige dieser Menschen besitzen genau die Eigenschaften, die sie anzuziehen wünschen. Doch der Besitz dieser Eigenschaften ist unerläßlich, nicht nur, um einen perfekten Partner anzuziehen, sondern auch, um eine Beziehung aufzubauen.

Letztes Jahr kam ein Mann zu mir, der sich beklagte, daß die Frauen ihn anfangs immer attraktiv zu finden schienen, aber nach ein paar Verabredungen immer alle möglichen Ausflüchte suchten, um ihn nicht wiederzusehen. Er war rasch mit der Erklärung zur Hand, daß er genau wisse, was er in einer Frau suche, und er habe auch schon eine Reihe »mit dem nötigen Potential« gefunden, seit er in diese Stadt gezogen sei. Nachdem er mir seine

Liste notwendiger Eigenschaften aufgezählt hatte, wendete ich das Blatt und fragte ihn nach seiner eigenen Persönlichkeit und seinem Lebensstil. Er wirkte recht überrascht, daß von ihm erwartet wurde, das gleiche zu geben, was er zu empfangen hoffte. Er hatte sich eine Beziehung niemals als eine Sache des Nehmens und Gebens vorgestellt. Das entspricht der Weisheit: »Um Freunde zu haben, muß man ein Freund sein.« Nur das, was man selbst ist, kann von einem angezogen werden.

19. Das Gesetz des Mitgefühls

Empfinden Sie stets Empathie mit anderen. Geben Sie anderen in Not eine helfende Hand, und versuchen Sie, anderen aus Mitgefühl und Freundlichkeit zu helfen.

Stephanie, ein Teenager, kam in Begleitung ihrer Mutter zu mir, die sich gerechtfertigte Sorgen machte, da ihre Tochter alle Freundinnen zu verlieren schien. Doch Stephanie war darüber keineswegs beunruhigt, sondern meinte, der Fehler läge allein bei den anderen Jungen und Mädchen ihrer Clique und sagte, es sei ihr auch egal. Sie konnte nicht verstehen, warum ihre Mutter darüber so aufgebracht war. Sie konnte doch neue Freunde finden, die ihren Humor besser verstanden. Es stellte sich heraus, daß dieser »Humor« eine grausame Seite hatte. Die meisten ihrer alten Freunde fanden Stephanie überhaupt nicht komisch: Sie verspottete ständig arme und schwache Menschen, Leute, die wenig attraktiv aussahen, die weniger Gescheiten. Als sie einmal ein Mädchen auf Krücken nachäffte, wirkte das wie der Tropfen, der das Faß zum Überlaufen brachte. Ihre Freunde ließen sie nun links liegen und wollten nichts mehr mit ihr zu tun haben. Wir verbrachten längere Zeit miteinander, um zu untersuchen, warum Stephanie sich so benahm. Als sie eines Tages in Tränen ausbrach, wußte ich, daß ich endlich zu ihr durchgedrungen war. Sie beschloß, sich zu ändern und sich selbst und den alten Freunden zu zeigen, daß sie auch freundlich und mitfühlend sein konnte. Zuerst bewarb sie sich als freiwillige Helferin in einem Krankenhaus für behinderte Kinder und gab sich viel mehr Mühe, anderen, vom Schicksal nicht so Begünstigten zu helfen. Bei den letzten Zeugnissen hatte Stephanie die Anerkennung ihrer Lehrer, Mitschüler und des Krankenhauses erlangt und war weiterhin bemüht, ihr Leben produktiver und beispielhafter zu gestalten.

20. Das Gesetz der Ordnung

Im gesamten Universum herrscht eine göttliche Ordnung. Eine chaotische, überladene Umgebung erzeugt in unserem Kopf chaotische, ungeordnete Gedanken. Wir müssen daher darauf achten, ordentlich, organisiert und diszipliniert unseren Tagesablauf zu bewältigen. Das trifft auch auf unsere Beziehungen und Kinder zu, auf Haus, Auto und Büro. Man muß der Höheren Intelligenz beweisen, daß man es wert ist, Besseres zu verdienen, daher muß man instand halten, was man bereits hat. Wieder einmal trifft eine alte Weisheit den Kern: »Sauberkeit ist gleichbedeutend mit Göttlichkeit.«

Eine der größten Errungenschaften der Zivilisation ist das Alphabet, mit dem wir eine ungeheure Vielzahl von Elementen ordnen und auflisten können. Das Gesetz der Ordnung betont die Wichtigkeit dieser Fähigkeit, wenn wir unsere Ziele stecken und organisieren. (Stellen Sie sich vor, wie es wäre, Dinge ohne ein alphabetisches oder numerisches System zu archivieren!)

21. Das Gesetz der Produktivität

Der Mensch entwickelt sich und wächst durch Produktivität. Wir müssen im Leben unsere Arbeit ausführen, so gut wir können, auch wenn wir dabei auf große Schwierigkeiten stoßen. Gott belohnt diejenigen, die beharrlich sind und schwer arbeiten. Wenn man etwas gut erledigt und produktiv ist, gewinnt man daraus ein Gefühl großer Zufriedenheit. Egal was man macht, man strebt hohe Produktivität und hohe Qualität in allen Bereichen an.

Lee Hausner erklärt in seinem Buch »Children of Paradise: Successful Parenting for Prosperous Families« die Notwendigkeit von echten, produktiven Projekten, auch wenn die Kinder in wohlhabenden, angenehmen Umständen groß werden. Genau wie die »faulen Reichen« sich oft Alkohol und Drogen zuwenden und sich wie Gloria Vanderbilt als »armes reiches Kind« bezeichnen (ehe sie ein eigenes Geschäft anfing), verlieren wir alle unser Ziel aus den Augen, wenn wir nicht eine Arbeit haben, die wir für wichtig und nützlich halten. Das hat nichts mit dem Gehalt zu tun, das wir dafür bekommen, sondern eher mit dem echten Lebenswert. Die Frau oder der Mann, die zu Hause bleiben und sich um die Kinder kümmern, sind daher ebenso produktiv wie jemand mit einem hohen Gehalt in der Geschäftswelt. Wir fragen uns, was aus dem Satz geworden ist: »Alles, das man gut macht, ist es wert, getan zu werden«, wenn man an all die Schlamperei und Unpünktlichkeit heutzutage denkt. Aber alle Umfragen unter Arbeitern in den Vereinigten Staaten haben ergeben, daß die größte Zufriedenheit mit der Arbeit dort herrscht, wo die Produktivität am höchsten ist.

22. Das Gesetz der Rücksicht

Respektieren Sie die Gefühle, den persönlichen Freiraum und den Willen anderer. Dazu gehört auch der Respekt vor den Gedanken anderer, vor deren Worten und Taten. Nehmen Sie sich Zeit, um anderen zeigen, daß Ihnen an ihnen liegt. Dieses Gesetz ist eng verbunden mit der goldenen Regel: »Was du nicht willst, das man dir tu, das füg auch keinem andern zu.«

Zahlreiche Ehen scheitern, weil es den Partnern an Verständnis dafür fehlt, wie wichtig dieses Gesetz ist. Besonders in der heutigen Zeit, in der viele Eheleute ein unabhängiges Leben führen, ist es wichtig, daß keiner der beiden sich vom anderen unterdrückt fühlt. Ich erinnere mich an einen alten Mann, der seit vierzig Jahren verheiratet war. Er sagte zu mir: »Ich liebe meine Frau sehr, aber wenn ich nicht einmal im Jahr mit meinen Freunden auf die Jagd fahren könnte, dann wäre ich vermutlich nicht mir ihr zusammengeblieben.« Männer wie Frauen müssen erkennen, daß sie einen bestimmten Platz in ihrem Zuhause für sich brauchen. Wenn ein Mann seine Dinge im ganzen Haus verteilt und keine Ecke oder wenigstens einen Schreibtisch für sie läßt, deutet das auf einen Mangel an Respekt für sie und ihre Bedürfnisse hin. Wenn andererseits das Badezimmerschränkchen so voller Make-up und Kosmetika ist, daß sein Rasierschaum keinen Platz findet, mangelt es der Frau an Respekt für die Bedürfnisse ihres Mannes.

Unterhaltungen sollten kein Schauplatz für einen Kampf sein, und das tritt auch nicht ein, wenn beide Partner Respekt für die Meinungen des anderen zeigen. Man kann sehr gut mit etwas nicht übereinstimmen, ohne den anderen gleich herabzusetzen. In einem Tribut an den scheidenden Generalkonsul von Israel, Dr. Moshe Liba, bemerkte der Herausgeber des Miami Herald: »Dr. Liba konnte heftig widersprechen, ohne einem das Gefühl zu geben, daß er unterschwellig meinte: ›Ich finde Sie dumm.‹« Das sollten alle Politiker zu Beginn ihrer Karriere lernen. Aber es würde uns allen nützen, dieses Gesetz stets zu beachten.

23. Das Gesetz des Sparens und Bewahrens

Um anderen wie auch uns selbst am allerbesten zu nützen, sollten wir sparsam mit unserer Zeit, unserer Energie und unserem Geld umgehen. Dieses bestimmte Gesetz geht Hand in Hand mit dem Gesetz der Produktivität, denn wenn man mit Zeit, Energie und Geld sparsam umgeht, wird man immer produktiver. Ein täglicher Plan, was man will und beabsichtigt, ist für diese Zeit-/Energie-Steuerung sehr wichtig. Ein Budget hilft bei der Finanzverwaltung. Verschwendung und unbedachte Ausgaben widersprechen dem Universalgesetz: Sie blockieren karmisch den Strom des Wohlstands.

Ellen, eine Studentin, die zum ersten Mal in ihrem Leben allein lebte, hatte einen klugen Vater. Er wußte, daß seine Tochter grundsätzlich zuverlässig und zielstrebig war, und wollte ihr Verantwortungsgefühl festigen und ihr beibringen, mit ihren Mitteln sparsam umzugehen. Statt ihre Rechnungen zu bezahlen oder ihr jeden Monat eine bestimmte Summe als Taschengeld zu geben, eröffnete er ein Bankkonto in ihrem Namen und überwies ihr die Summe, die sie seiner Meinung nach pro Jahr brauchte. Dann sagte er: »Das Geld gehört dir. Benutze es für alles, was du brauchst, und wenn du nicht auskommst, sag mir Bescheid. Aber wenn es reicht und du hast am Jahresende noch etwas übrig, dann darfst du es behalten.« Man braucht wohl nicht zu erwähnen, daß Ellen ihre Mittel sparsam verwendete und am Ende des ersten Studienjahres noch etwas übrig hatte. Sie war klug genug, die Summe auf ein Sparkonto zu überweisen, und hatte so für einen langen Urlaub am Ende des zweiten Studienjahres eine Menge Geld zur Verfügung.

24. Das Gesetz des Überflusses

Dieses Gesetz basiert auf der Bedeutung, in Übereinstimmung mit Gott zu leben. Im Überfluß zu leben ist das göttliche Geburtsrecht eines jeden Menschen. Wenn man sich regelmäßig auf Gott einstimmt, auf die kreative Intelligenz, indem man seinen Glauben und eine positive Erwartung bewahrt – wird er alle Bedürfnisse erfüllen, und man erlebt nichts als Überfluß.

Jane war stolz auf ihre Unabhängigkeit und darauf, daß sie alle spirituellen Dinge im Leben ablehnte. Sie war eine erfolgreiche Jungunternehmerin und hatte für nichts anderes Zeit als ihre Karriere und wie sie ihr Gehalt für »die schönen Dinge des Lebens« ausgeben konnte. Doch als ihr Mentor starb, war es plötzlich, als würde ihr der Boden unter den Füßen weggezogen. Die ganze Welt schien leer und sinnlos. Eine enge Freundin aus Janes Kindheit, die entsetzt miterlebt hatte, wie Jane alle alten Gefährten links liegen gelassen hatte, überzeugte die junge Frau, sie müsse Gott schon um Hilfe bitten, damit er ihr beistand. Das war weder leicht, noch geschah es rasch, aber lange Monate nach dieser geduldigen Unterhaltung, mit viel Lesen und Beten entwickelte Jane eine Beziehung zu Gott und sah, wie sich ihre Welt veränderte. Sie war immer noch erfolgreich, aber sie fand nun neue Freude und Sinn darin. Sie entdeckte alte Freunde aus der Jugend »wieder« und neue, mit denen sie mehr gemein hatte als nur den Wunsch, so schnell wie möglich viel Geld zu verdienen. Ihre Beziehung zu Gott wächst weiter – und auch der Überfluß in ihrem Leben.

25. Das Gesetz von Ursache und Wirkung

Dieses Gesetz kann man auch das Gesetz des Karma nennen, des göttlichen Ausgleichs, von Geben und Nehmen. Es bedeutet, daß man dem Leben alles abgewinnt, was man hineinsteckt. Man erntet, was man sät.

Karma ist eine Grundidee des Hinduismus und Buddhismus. Es bedeutet, daß der Lebenszustand die Folge von physischen und geistigen Handlungen in vergangenen Inkarnationen ist und daß das, was man in diesem Leben tut, das Schicksal in künftigen Inkarnationen beeinflußt. Auch wenn man über dieses Karma-Gesetz nichts weiß, verhindert das nicht, daß man davon betroffen ist. Ihre Worte und Taten zählen in allem, was Sie tun.

Alles im Leben ist ein Prozeß. Jede Erfahrung ist die Folge dessen, was vorher geschah. Wir werden auf diese Erde gesetzt, um die Lektionen zu lernen, die wir vorher nicht begriffen haben. Und wenn wir weiterhin die Folgen unserer Taten ignorieren, dann müssen wir die Lektionen so lange wiederholen, bis wir es richtig hinbekommen.

Eine Frau, die einmal zu mir in die Beratung kam, beklagte sich, sie fühle sich stets von Männern angezogen, die zuviel trinken. Sie selbst trank kaum, daher lernte sie nicht nur Männer in Kneipen kennen. Außerdem hatte sie ein »Helfersyndrom« – sie war ständig in einer Position, in der sie die Männer in ihrem Leben versorgte. Eine Rückführung in ein früheres Leben ergab, daß sie Alkoholiker immer sehr grob behandelt hatte; sie war offensichtlich hier, um zu lernen, dieser Gruppe Menschen mitfühlender zu begegnen. Ich erklärte ihr, sie könne dies erreichen, indem sie freiwillig in einer Entzugsklinik oder einem Heim für Obdachlose arbeitete, von denen ja viele Alkoholiker sind, statt sich mit solchen Männern einzulassen.

Man kann nie genau bestimmen, wann oder wie jemand für vergangene Missetaten zahlt. (Das positive oder negative Karma ist nicht immer offensichtlich.) Denken Sie stets darüber nach, was Sie sagen und tun. Beten Sie um Rat und erkennen Sie, daß alles, was man dem Universum gibt, zurückkommt. Es ist nicht Ihre Aufgabe, an anderen Rache oder Vergeltung zu üben. Das Universum bemerkt alles und zieht alle Missetäter zur Rechenschaft. Das einzige, was man tun sollte, ist, Liebe und Vergebung auszusenden.

26. Das Gesetz der Vergebung

Propheten und spirituelle Lehrer aller Zeitalter haben uns gelehrt, daß wir unseren Mitmenschen verzeihen sollen – und das ist manchmal leichter gesagt als getan. Um gegen uns gerichtete Negativität zu neutralisieren, müssen wir aber das Gesetz der Vergebung beherrschen. Wenn wir nicht vergeben, lassen wir zu, daß die negative Energie der Umstände an uns »frißt« und wir deshalb in allen Lebensaspekten leiden.

Sie sind für alle Ihre Taten verantwortlich. Wenn Sie etwas Negatives aussenden, bekommen Sie Negatives zurück. Wenn Sie positive und verzeihende Gedanken aussenden, bekommen Sie positive Gedanken und Umstände zurück. Wenn Sie Verzeihung an jemanden senden, der Sie verletzt hat, können Sie die Negativität neutralisieren, die sonst zwischen Ihnen hin- und herwandern würde. Es ist vielleicht schwer, jenen zu verzeihen, die einen bewußt verletzt haben, doch das ist eine wichtige Vorbedingung für persönliches, emotionales und spirituelles Wachstum.

Denken Sie daran, auch sich selbst für alle negativen Taten zu verzeihen, die Ihnen aufrichtig leid tun – und bitten Sie darüber hinaus Gott um Vergebung. Dann lassen Sie Schuldgefühle und Reue los, denn wenn Sie weiter über diese negativen Emotionen nachdenken, die Ihre Gedanken, Taten oder Worte erzeugten, blendet das die guten Wünsche aus, die in Ihr Leben treten möchten.

Eine der rührendsten Geschichten, die ich je gehört habe, stammt von einer Frau, die sich mit ihrer Tochter zerstritten hatte. Dies folgte auf eine sehr häßliche Scheidung vom Vater. Jahrelang konnte die Mutter den beiden die Verletzungen und Ungerechtigkeiten nicht verzeihen, die sie erlitten hatte. Als sie vom Gesetz der Vergebung erfuhr, beschloß sie sogleich, es umzusetzen. Die Frau war völlig verblüfft, als ihre Tochter zwei Tage später anrief und sie zum ersten Mal seit Jahren zum Essen einlud. Sie beschlossen gemeinsam, die Vergangenheit zu vergessen. Ihre Beziehung entwickelt sich seitdem sehr positiv.

27. Das Gesetz der Verwandlung

Hier geht es um Wandlung und Wechsel. Das betrifft im holistischen Sinne den Geist, den Körper und die Seele. Mit anderen Worten: Man kann negative Energien in positive umwandeln. Erlauben Sie, daß alle negative Energie in Ihrem Leben positiv wird. Dann stellen Sie fest, daß man selbst durch unglückliche Erfahrungen Glück erlebt. Ich bezeichne dies oft auch als göttliche Unzufriedenheit.

Beispiele für dieses Gesetz tauchen fast jede Woche in Zeitungen wie dem Wall Street Journal auf, dessen Seiten voll sind von Geschichten über Top-Manager, die aus ihren hohen Posten herausfliegen und gezwungen sind, eine andere Arbeit zu finden. Immer wieder lesen wir Bemerkungen wie: »Ich dachte zuerst, es sei das Ende der Welt, aber dann war es das Beste, das mir je passiert ist.« Die folgende Geschichte habe ich gerade von Robert gehört, der vor kurzem noch eine Riesenfirma leitete. »Ich beschloß, einer Idee zu folgen und einem Traum, den ich schon jahrelang gehabt hatte. Ich gründete meine eigene Firma. Ich hatte keine Ahnung, ob ich etwas kaufen oder mieten würde, daher richtete ich mir zuerst ein Büro zu Hause ein, wo ich meine Frau und Kinder nun häufiger sehe und tatsächlich an deren Leben teilnehme. Meine kleine Firma gedeiht ziemlich gut. Ich bin mein eigener Herr, aber auch mein eigener Steuerberater und Lieferant. Ich verdiene längst nicht so viel wie früher, bin aber jetzt viel glücklicher.« Dieser Mann hat für sich entdeckt, was das Gesetz der Verwandlung leisten kann.

Eine enge Freundin hatte seit einiger Zeit einen Mieter im Haus und war ganz aufgebracht, als dieser kündigte. Da sie das Geld brauchte, dachten wir beide intensiv darüber nach, wie man die Situation zu etwas Positivem für sie ummünzen konnte. Innerhalb von drei Tagen hatte sie einen Anruf von einer Tante, die eine Frau kannte, die ein Zimmer suchte. In kürzester Zeit stellte sich diese Mieterbeziehung als Freundschaft heraus. So gewann meine Freundin nicht nur ein Einkommen, sondern auch eine wunderbare neue Freundin.

Eine schreckliche Sache, die sich in etwas Gutes verwandelte, war die Entführung des sechsjährigen Adam Walsh vor ein paar Jahren. Seine Eltern stellten fest, wie unzureichend das Suchsystem für verschwundene Kinder war – die verschiedenen Landesteile wurden nicht untereinander koordiniert. Nach der grausamen Entdeckung von Adams Leiche beschlossen die Eltern, das System zu verbessern. Sie gründeten eine Stiftung und machten der Nation klar, wie groß das Problem verschwundener Kinder war. Für den kleinen Adam war es zwar zu spät, aber die Tragödie hat ganz bestimmt das Leben vieler anderer Kinder gerettet. Die Eltern konnten ihren unendlichen Schmerz in etwas umwandeln, das das ganze Land positiv beeinflußte.

28. Das Gesetz der Vision

Vision ist kluge Voraussicht. Es ist die Fähigkeit, etwas anzuschauen und sämtliche Möglichkeiten zu erkennen. Sie brauchen stets ein Ziel. Dann sehen Sie sich selbst als integralen Bestandteil des Universalplans. Aufgrund von Forschung, Fakten, Erfahrung und Meditation kann man kluge Entscheidungen treffen, um die letztendlichen Ziele weiter zu bestärken. Der Glaube an sich selbst und seine Vision hilft, das zu verwirklichen, was man sein will.

Die besten Innenarchitekten und Immobilieninvestoren sind diejenigen, die die visionäre Kraft haben, sich beim Anblick eines zerfallenen Hauses lebhaft vorzustellen, wie man es renovieren könnte. Die meisten erfolgreichen Unternehmer haben die Vision, Beharrlichkeit und Intelligenz, eine Idee in ein gewinnträchtiges Unternehmen zu verwandeln.

Gewöhnlich bedeutet die Umsetzung einer Vision ein gewisses Risiko. Um eine Vision zur Realität zu machen, ist es nötig, Zeit, Energie und Geld in eine Sache zu stecken, ohne die Garantie, daß man etwas zurückbekommt. Aus diesem Grund hilft der Einsatz der intuitiven Kräfte, um zu bestimmen, ob die Vision ein Erfolg wird. Anschließend reduziert man das Risiko mit der Anwendung der entsprechenden Universalgesetze.

In dem Bereich von Miami Beach, der als das »Art-déco-Viertel« bekannt ist, waren die Gebäude, die in den 30ern und 40ern so beliebt waren, in einen schlechten Zustand geraten. Es war keine gute Wohngegend mehr. Doch aufgrund der Vision von Barbara Capitman und der Entschlußkraft von einer Gruppe von Bürgern, Spekulanten und Restaurateuren ist dieses Viertel wieder zu einer der beliebtesten Wohngegenden geworden. Heute ist es ein Mekka für Filmstars, Models und Feinschmecker. Die Menschen mit Vision konnten die Vorteile der zahlreichen Möglichkeiten dieses Stadtteils nutzen.

29. Das Gesetz des Wachstums

Um unsere Güter holistisch anwachsen zu lassen, müssen wir eine Haltung einnehmen, die den Reichtum anderer vermehrt. Die Grundlage schaffen wir, indem wir dem Schöpfer beweisen, daß wir es wert sind, bessere Dinge zu bekommen, indem wir das, was wir bereits haben, sorgfältig behandeln. Destruktive Kritik und Verurteilung vermindern dieses Potential. Wenn Sie daher jemanden in einem Rolls-Royce sehen, sollten Sie nicht neidisch sein. Segnen Sie ihn statt dessen in dem Wissen, daß Sie durch den Segen seines Wohlstandes selbst Wohlstand anziehen.

Ein Schriftsteller erzählte mir einmal von einem Anruf einer engen Freundin, die einen Bericht im Fernsehen gesehen hatte, daß die Taschenbuchrechte eines Buches, das bereits in acht Sprachen übersetzt worden war, für zwei

Millionen Dollar verkauft worden seien. Sie meinte, niemand sollte soviel Geld für ein Buch bezahlen. Mein Freund aber reagierte weder verärgert noch neidisch, sondern riet der Anruferin: »Ich finde es wunderbar, daß das Buch von der Frau so viele Leser in aller Welt interessiert. Ich hoffe, meinem ergeht es genauso.« Zweifelsohne sorgt mein Freund durch die Segnung des Wohlstandes der anderen Autorin auch für den eigenen.

30. Das Vakuum-Gesetz des Wohlstands oder Das Gesetz des Loslassens

Dieses Gesetz, das Catherine Ponder in ihrem Buch »The Dynamic Laws of Prosperity« beschreibt, ermöglicht es uns, unsere individuellen Bedürfnisse voll zu erfüllen. Ponder sagt: »Schaffen Sie ab, was Sie nicht wollen, und machen Sie Platz für das, was Sie wollen. Schaffen Sie Raum, ein Vakuum, und glauben Sie fest daran, daß es gefüllt wird. Dann trifft es mit Sicherheit ein.« Dazu gehört auch, unnötigen Ballast und negative emotionale Lasten loszuwerden. Wenn man neue Möbel braucht, sollte man diesem Gesetz folgend zuerst die alten abschaffen – dann wird das Vakuum-Gesetz des Wohlstandes in Kraft treten. Wohlstand stellt sich auch ein, wenn man unproduktive Ideen aufgibt.

Ich war immer ein Eichhörnchen und behielt immer alles, was ich einmal besaß, auch wenn ich es nicht brauchte. Inzwischen habe ich gelernt, daß ich um so mehr bekomme, je mehr ich freizügig wegschenke. Ich räume regelmäßig meine Schränke und Schubladen aus und gebe alles, was ich nicht mehr brauche oder will, an Menschen, die es wollen. Das schafft nicht nur ein gutes Gefühl, sondern auch Raum für Neues. Das gleiche gilt für Beziehungen. Wenn sie einem nicht guttun, sollte man sie aufgeben. Entweder klappen sie anschließend, oder etwas Besseres stellt sich ein.

Es ist aber schwer, jemanden oder etwas loszulassen, ehe etwas anderes ins Leben tritt. Dazu gehört ein sehr starker Glaube, aber ich habe immer wieder die positive Wirkung beobachtet, die es auf mein Leben und das Leben meiner Mitmenschen hat.

Denken Sie stets daran, daß der Glaube synergistisch ist. Je mehr man glaubt, um so mehr wird er zu einem kommen. Und je mehr zu einem kommt, um so stärker glaubt man.

Eine Klientin namens Shirley hatte eine Beziehung, die bei weitem nicht ideal war. Shirley war unglücklich. Aber sie wollte diesen unpassenden Gefährten nicht loslassen, bis sie jemand anderen fand, aber bisher hatte sich noch niemand für sie interessiert. Sie war eine attraktive Frau, aber ihre Angst, mal ein paar Wochenenden allein zu verbringen, war immer stärker als ihre Vernunft. Nach einer längeren Beratung erkannte sie, daß die Aufgabe ihrer schlechten Beziehung der erste Schritt bei der Erreichung eines holistischen Lebens sein mußte. Als sie das geschafft hatte, fühlte sie sich viel besser, und zwei Monate später, als ihr Leben wieder geordnet war, lernte sie einen neuen Mann kennen.

Wohlstandsdenken verleiht einem die Kraft, Träume Wirklichkeit werden zu lassen. Es erweitert das Konzept der geistigen Vorstellungen, so daß die Gedanken ins Universum abstrahlen. Wenn man alle negativen Gedanken aus seinem Kopf vertreibt und die positiven Bilder einläßt, schafft man genau wie in der materiellen Umgebung Überflüssiges ab und macht Platz für alle Schätze des Herzens und der Seele.

31. Das Gesetz des Wünschens

Fortschritt und Erfüllung beginnen mit dem Samenkorn des Wunsches. Stellen Sie eine Liste all Ihrer Wünsche auf und machen Sie sich klar, wie notwendig und von unschätzbarem Wert sie dafür sind, daß Sie Ihr Lebensziel erreichen. Schreiben Sie so viele auf, wie Sie nur wollen, und benutzen Sie kreative Visualisierungstechniken, um sie in Erfüllung gehen zu lassen. Achten Sie darauf, daß diese Wünsche positiv sind und ihre Erfüllung niemandem schadet.

Wenn es um Beschwerden geht, heißt die enthüllende Antwort auf die Frage: »Haben Sie ihm (ihr) gesagt, was Sie wollen?« – wie man sich denken kann – meistens: »Nein«, gefolgt von einem verdutzten Blick. Es fällt vielen Menschen einfach nicht ein, ihre Wünsche und Bedürfnisse deutlich auszudrücken. Manchen von uns ist von klein auf eingetrichtert worden, daß es nicht »gut« sei, um etwas zu bitten. Aber nichts könnte weiter von der Wahrheit entfernt sein. Wie kann man zu etwas gelangen, wenn man nicht einmal weiß, was man will? Das ist die Philosophie von Kundendienstabteilungen in größeren Firmen. Weil man weiß, daß man Geschäftseinbußen hinnehmen muß, wenn die Kunden unzufrieden sind, aber nichts sagen, sondern woandershin gehen, bieten einem viele Firmen nun die Gelegenheit zu sagen, was man sagen will. Wenn Sie an Ihre Lebensziele denken, denken Sie lange nach und formulieren Sie sie anschließend so deutlich und positiv wie möglich. Das ist kein Wunschdenken, denn Handlungen, die auf konkreten Wünschen basieren, bringen diese in Erfüllung.

Teil III

Die spirituelle und mediale Entwicklung

Gesegnet sind die, die nicht sehen, aber dennoch glauben.

Jesus

Der Mensch kann sein Leben verändern, indem er seine geistige Einstellung ändert.

William James

Jeder kann die Früchte der eigenen Taten ernten.

Bhagvata Purana 10.4.18

Es gibt nur eine einzige Religion – aber Hunderte von verschiedenen Versionen davon.

George Bernard Shaw

Alles ist voller Zeichen, und der ist ein weiser Mensch, der eines aus dem anderen lernen kann.

Plotinus

So sich einer unter euch läßt dünken, er diene Gott, und hält seine Zunge nicht im Zaum, sondern täuscht sein Herz, des Gottesdienst ist eitel.

Jakob 1,26

1. Kapitel

SPIRITUALITÄT UND GLAUBEN

Religion

Der Mensch hat im Verlauf der Jahrhunderte stets versucht, sich selbst und seinen Sinn auf dieser Welt zu verstehen. Unaufhörlich untersucht er seine Beziehung zu einer Höheren Intelligenz, mit der zu kommunizieren er irgendwie gelernt hat. Diese Kommunikation deutet er auf verschiedene Weise. Dieser Wunsch, Gott und das Universum zu begreifen, ist die Grundlage aller Religionen.

Nach der holistischen Religionsphilosophie wird das spirituelle Wohlbefinden als notwendiger Bestandteil des Ganzen betrachtet. Um wirklich holistisch zu leben, muß man auf den Schöpfer eingestimmt sein. Der Lebenssinn aller Menschen besteht darin, dieser Höheren Intelligenz näherzukommen.

Es gibt hinsichtlich unserer Spiritualität so viel zu erfahren, daß wir in unserem Leben kaum jemals alle Antworten erlangen können. Daher sind meine Überzeugungen nicht auf eine einzige religiöse Doktrin begrenzt. Meine Überzeugungen wachsen und verändern sich je nach meinem spirituellen Erwachensprozeß. Mein Ziel bei der Diskussion dieses Themas ist es nicht, irgend jemanden zu meinen Überzeugungen zu bekehren, sondern im Leser die Neugier und die Bereitschaft anzuregen, etwas über Spiritualität zu erfahren und darüber, welche Rolle sie in unserem Leben spielt. Es gibt viele wichtige religiöse Organisationen auf dieser Welt, die meiner Meinung nach alle ihren Sinn und ihren Platz haben.

Die Religionen entwickelten sich auf gleiche Weise, wie die Menschen sich im Verlauf der Jahrhunderte entwickelt haben: Kirchendoktrinen und -schriften haben sich in ständigen Revisionen stark verändert. Dazu sind die östlichen Religionen in den Westen vorgedrungen und werden stärker akzeptiert. Begriffe wie *Reinkarnation* und *Karma* sind nun fast überall bekannt. Daß die Religionen in bestimmten Aspekten nicht übereinstimmen, bedeutet nicht, daß die eine richtig ist und die andere nicht. Unterschiedliche Religionen sollten als verschiedene Wege zum gleichen Ziel betrachtet werden: zu spiritueller Perfektion.

Viele Religionen glauben an Gott und Jesus, aber geringe theologische Unterschiede haben unter ihnen zu größeren Konflikten geführt. Es ist aber nicht nötig, daß Religionen miteinander in Streit geraten: Kriege aus Religionsgründen stellen eine Beleidigung Gottes dar. Wir sind alle Kinder Gottes. Er liebt uns alle gleichermaßen und will, daß in Seinem Universum Harmonie herrscht. Jede Religion hat ihre eigene Version der »goldenen Regel«. Wenn wir uns alle getreu danach richten würden, gäbe es keine blutigen Kriege, wie wir sie in unserer gesamten Geschichte bis auf den heutigen Tag kennen. Die Religion sollte ihren Anhängern Trost und eine Richtung geben, statt Rivalität, Machtspielchen und Gebietsstreitigkeiten hervorzurufen.

Dem »Weltalmanach« zufolge gibt es heute etwa 760 Millionen Menschen auf der Welt, die sich als Christen bezeichnen (das umfaßt alle Richtungen). Es gibt fast eine Milliarde Anhänger des Islam (Muslime), 700 Millionen Hindus, 300 Millionen Buddhisten, 5 Millionen Konfuzianisten, 3 Millionen Shintoisten und 178 Millionen Juden. Jede Religion geht auf bestimmte Weise davon aus, daß man sich der Höheren Intelligenz nähert.

Eine große Gruppe von Menschen in der Welt gehört keiner organisierten Religion an, aber sie betrachten sich dennoch als spirituell. Eine neuere Gallup-Umfrage ergab, daß 86 Prozent der »kirchenlosen« und 76 Prozent der Kirchgänger damit einverstanden sind, daß Individuen ihren Glauben auch außerhalb der organisierten Religionen ausüben. Die Umfrage ergab auch, daß etwa 60 Prozent der Kirchgänger mit der Aussage übereinstimmten: »Die meisten Kirchen haben den wahren spirituellen Ansatz der Religion verloren.« Das spiegelt den desolaten Zustand der organisierten Kirchen und Religionen wider, von denen einige zeitgenössischen und politischen Themen mehr Raum widmen als der spirituellen Entwicklung ihrer Mitglieder.

Es ist interessant, daß einer der ältesten metaphysischen Texte seinen Ursprung im Judaismus hat. Die *Kabbala*, aus fast dreitausend Büchern bestehend, die die Autoren ihrer Inspiration und Botschaften aus anderen Dimensionen zuschreiben, befaßt sich mit vielen Themen, die als Bestandteil der modernen Metaphysik und Parapsychologie gelten: Reinkarnation, Meditation, astrale Projektion, Heilen, Astrologie, Magie, Karma und parapsychische Energien sind dafür nur ein paar Beispiele. (Man muß hier anmerken, daß unter den heutigen Juden nur die ultraorthodoxen Chassidim aktiv die kabbalistischen Prinzipen befolgen, obwohl sich immer mehr Juden dem Studium dieser faszinierenden Texte zuwenden. Das *Kabbala Learning Centre*, das 1922 in Jerusalem gegründet wurde, beschreibt die Bücher der *Kabbala* so: »... sie schenken uns das Wissen, wie wir unser verborgenes Potential freisetzen und verstärken können, um für uns und unsere Familien ein spirituell ausgeglichenes und lohnendes Leben zu erschaffen.«

Allgemein kann man sagen, daß es viele spirituelle Wege gibt, die alle zum gleichen Ziel führen. Jeder einzelne muß den finden, der für ihn richtig ist. Das Wichtigste ist, ihn zu finden und ihn auch zu gehen.

Übernatürliche Phänomene in der Bibel

In der Bibel finden sich alle möglichen übernatürlichen Phänomene, denn jede Religion beruht auf paranormalen Erfahrungen. Ohne diese außergewöhnlichen Phänomene gäbe es keine Religion: Der Geist könnte nicht mit einer Höheren Intelligenz kommunizieren. In sämtlichen Religionen wird diese Kommunikation durch Gebet und Meditation erreicht – Praktiken, die von allen spirituellen Menschen akzeptiert werden. Ohne eine solche Kommunikation gäbe es keine Prophezeiungen, keine Offenbarungen, keine Wunderheilungen, Hellseherei oder Hellhören. Maimonides (1135–1204), der jüdische Philosoph des Mittelalters, war der erste bekannte Gelehrte, der die Grundlage von Prophezeiungen als natürliche menschliche Fähigkeit beschrieb. Papst Benedikt XIV. (1675–1730), bekannt als der Vater der christlichen Parapsychologie, drückte ähnliche Überzeugungen aus. Der deutsche Priester Johannes Greber veröffentlichte, von Papst Benedikt beeinflußt, 1930 die »Kommunikation mit der Geisterwelt«.

Boyce M. Bennett, ein Theologieprofessor aus New York, schrieb in seinem Artikel »Vision and Audition in Biblical Prophecy« 1978: »Wenn wir beginnen, die Bibel nach paranormalen Kategorien zu untersuchen, stehen wir vor einer fast peinlichen Vielzahl parapsychologischer Schätze. Es wimmelt geradezu von Beispielen für Telepathie, Hellseherei, Vorhersagen, Medien, Psychokinese und außerkörperliche Erfahrungen ... es hat nie einen Zweifel gegeben, daß die antike Welt an das Paranormale glaubte, auch wenn man diesen Begriff nicht benutzt hätte.«

Mit anderen Worten, die Alten betrachteten solche Phänomene durchaus als normal! Man muß hier fragen, warum und wann wir die Bereitschaft verloren haben, solche Erfahrungen als üblich zu akzeptieren. Seit wann gelten diese Begebenheiten – die früher so leicht akzeptiert wurden – als seltsam und unnatürlich?

Betrachten wir einige Beispiele aus der Bibel:

Hellhören: »Als Paulus von einer übernatürlichen Stimme befohlen wurde, in Korinth zu bleiben und zu predigen, da blieb er.«

Trance oder Traumzustand: »Als Paulus in Trance fiel und angewiesen wurde, die Stadt Jerusalem zu verlassen, weil man sein Zeugnis nicht akzeptieren würde, ging er.«

Hellseherei: »Als Paulus von einem übernatürlichen Bild nach Mazedonien berufen wurde, ging er sofort dorthin.«

Prophezeiungen oder Vorhersagen: »Petrus sagte ihm: ›Herr, warum kann ich dir dorthin nicht folgen? Ich gäbe mein Leben für deines.‹ ›Wahrlich, wahrlich, ich sage dir, noch ehe der Hahn dreimal gekräht hat, wirst du mich verraten haben.‹« (Johannes 134,37–38)

Telepathie: »Da erhob sich ein Streit unter ihnen, wer von ihnen der größte sein sollte, und Jesus erkannte sie in ihrem Herzen ...« (Lukas 9,46–47)

Hellseherei: »Und als Jesus getauft war, stieg er alsbald

wieder herauf aus dem Wasser, und siehe, da tat sich der Himmel auf über ihm. Und er sah den Geist Gottes gleich als eine Taube herabfahren und über ihn kommen.« (Matthäus 3,16)

Hellhören: »Und siehe, eine Stimme vom Himmel herab sprach: ›Das ist mein lieber Sohn, an welchem ich Wohlgefallen habe.‹« (Matthäus 3,17)

Materialisierung des Geistes: »Und über acht Tage waren abermals seine Jünger drinnen, und Thomas mit ihnen. Kommt Jesus, da die Türen verschlossen waren, und tritt mitten ein und spricht: ›Reiche deinen Finger her und siehe meine Hände, und reiche deine Hand her und lege sie in meine Seite.‹« (Johannes 20,26–27, nach Jesu körperlichem Tod.)

»Aber in der vierten Nachtwache kam Jesus zu ihnen und ging auf dem Meer ... und da ihn die Jünger über dem Meer gehen sahen, erschraken sie und sprachen: ›Es ist ein Gespenst.‹« (Matthäus 14,25–26)

»Und er ward verklärt vor ihnen; und sein Angesicht leuchtete wie die Sonne, und seine Kleider waren weiß wie ein Licht.« (Matthäus 17,1-2)

Es gibt in der Bibel zahlreiche hellseherische Visionen und »das Reden in Zungen« (Glossolalie), wie auch in der heutigen Welt (obwohl viele dies als eine Form von Satanismus fürchten). Die Propheten in der Bibel hatten alle derartige Erlebnisse, die wahrhaftig von Gott inspiriert waren. Moses hatte eine ganze Reihe solcher Erfahrungen:

»Und da nun Moses vom Berge Sinai ging, ... wußte er nicht, daß die Haut seines Angesichts glänzte davon, daß er mit ihm geredet hatte.« (3. Mose, 34,29)

»Und der Herr kam herab in einer Wolke und sprach zu ihm.« (2. Mose, 11,25)

»Und der Engel des Herrn erschien ihm in einer feurigen Flamme aus dem Busch.« (2. Mose, 3,2)

Die Materialisierung von Geistern und Engeln kommt ebenfalls überall in der Bibel vor. Ein Engel materialisierte sich an Jesu Grab; Jesus erschien den Jüngern und Maria Magdalena; als Petrus im Gefängnis war, erschien ein Engel und schlug ihn. Und Jesus materialisiert natürlich in dem beeindruckendsten Akt die Fische und das Brot, um die Hunderttausend zu speisen.

Engel

Einer neueren Umfrage zufolge glauben 80 Prozent der Amerikaner an einen Schutzengel, der sie bewacht. Engel wurden von Gott erschaffen, um ihm bei der Leitung des Universums zu helfen. Man findet sie in fast allen Weltreligionen: Sie sind dazu da, Frieden, Harmonie und Liebe zu bringen und zu erhalten. Wenn man sie angemessen in Anspruch nimmt (denn wir müssen lernen, um ihre

Hilfe zu bitten), helfen sie uns, unsere Lasten zu tragen und unsere Ziele zu erreichen.

Jeder Mensch hat mindestens zwei Engel, die nur für ihn da sind. Manche Menschen, gewöhnlich die mit einem besonderen Auftrag, haben mehr als das. Sie sind stets in der Nähe, auch wenn man das überhaupt nicht merkt, und ihr Auftrag lautet, einen zu schützen und so rasch wie möglich auf eine höhere Existenzebene zu bringen. Wir müssen sie um Hilfe bitten und dann dafür auch offen sein, indem wir erkennen, daß Hilfe auf die verschiedenste Weise erfolgen kann. Wenn man sich dem öffnet, wird einem im täglichen Leben geholfen, ohne daß man sich dessen bewußt ist. Die verbreitetste Art der Kommunikation ist durch Eingebungen, »blitzartige« Gedanken. Wenn man zum Beispiel einen bestimmten Weg oder eine bestimmte Aufgabe plant, erfolgt ein Gedanke, etwas anderes vielleicht eher zu tun. Diese Änderung der Pläne kann einen vor etwas beschützen oder zu etwas Nützlicherem führen.

Sicher können wir das alles nicht gut beweisen, und viele Menschen betrachten solche Dinge als reinen Zufall. Aber man muß schon sehr viel Glück haben, um alle gefährlichen Situationen im Leben ohne göttliche Hilfe zu überstehen. Man hört häufig den Satz: »Ich muß einen Schutzengel haben«, oder: »Da oben paßt einer auf mich auf.«

Es liegt an Ihnen, mit den eigenen Schutzengeln in Verbindung zu treten und zuzulassen, daß sie Ihnen helfen. Doch man kann mehrere Dinge tun, um mit ihnen in Verbindung zu treten:

1. Sie brauchen den tiefen Wunsch, die Verbindung aufzunehmen.

2. Meditieren Sie.

3. Führen Sie ein Engel-Tagebuch. Schreiben Sie Ihre Ziele und Wünsche auf und bestimmen Sie bestimmte Bereiche für Ihre Engel. Wenn Sie Erfolg haben, schreiben Sie das auf. Bald schon merkt man, daß die Engel sich einschalten.

4. Haben Sie einen festen Glauben und benutzen Sie Visualisierungstechniken. Stellen Sie sich vor, einem Engel zu begegnen: wie der Engel aussieht, riecht und sich anfühlt. Stellen Sie sich vor, was Sie dem Engel versprechen und wie Sie in die ätherischen Reiche entschweben, mit anderen Engeln, durch die himmlischen Farben. Schreiben Sie alle Erfahrungen, Eindrücke, Gedanken und Gefühle dabei auf.

5. Entspannen Sie sich, und achten Sie auf die Engel, die Ihnen helfen.

6. Rufen Sie die Engel an, daß sie Sie unterstützen und alle Zweifel und Ängste von Ihnen nehmen.

7. Schreiben Sie an Ihre Engel. Sagen Sie ihnen, was Sie von ihnen wollen, was Sie verstehen müssen, wie Sie sich ihre Reaktion wünschen und was sie für Sie tun können. Nachdem Sie den Brief geschrieben haben, legen Sie ihn an eine besondere Stelle: in Ihre Bibel, ein besonderes Buch oder ein Schmuckkästchen etc.

Der nächste Schritt heißt, sich für die Kommunikation mit den Schutzengeln zu öffnen. Es nützt nichts, wenn jemand Ihnen Hilfe anbietet und Sie diese Unterstützung ignorieren. Denken Sie einmal daran, wie oft Ihnen ein Gedanke in den Sinn gekommen ist, den Sie anschließend ignoriert haben – nur um später festzustellen, daß das, was Sie gedacht haben, tatsächlich richtig gewesen wäre. Ich habe vor kurzem mein Auto in die Werkstatt gebracht und rechnete damit, eine Weile zu warten, bis ich abgeholt würde. Flüchtig kam mir der Gedanke, ich könnte ja ein Buch mitnehmen, tat es aber nicht. Ich ging nicht zu dem Buch, das ich ohnehin gerade lesen wollte, um es zu meiner Börse und den Schlüsseln in die Handtasche zu stecken. Also vergaß ich das Buch und saß über eine Stunde lang dort, ohne etwas zu tun.

Es war einmal ein Mann, der an einem Fluß lebte, der oft über die Ufer trat. Als einmal eine besonders starke Flut kam, wollte man ihn evakuieren, aber er meinte, er sorge sich nicht, denn Gott würde sich schon um ihn kümmern. Der Fluß stieg an, und eine Rettungsmannschaft wollte ihn abholen, aber wieder weigerte er sich und sagte, Gott würde ihn schützen. Der Fluß schwoll weiter an, und wiederum kam ein Rettungsteam, diesmal per Hubschrauber, und flehte ihn an, mitzukommen. Aber wie zuvor weigerte sich dieser Mann des Glaubens. Der Fluß überschwemmte sein Dach, und er ertrank. Da er ein gutes Leben geführt hatte, kam er in den Himmel. Dort fragte er Gott, wie er ihn in der Stunde der Not habe verlassen können. Gott antwortete: »Was meinst du mit verlassen? Ich habe dir doch dreimal Rettung geschickt.«

Es reicht nicht, bloß zu bitten. Wir müssen auch zuhören und nach den Antworten Ausschau halten. Die Reaktionen erfolgen auf verschiedenste Weise: als Intuition oder als eine Gelegenheit und manchmal als Gefühl, wie Zuversicht oder Seelenfrieden.

Wenn man es sich angewöhnt hat, mit den Engeln zu kommunizieren, führt man bald ständig Unterhaltungen mit ihnen. Sie brauchen niemals daran zu zweifeln, daß sie für Sie da sind. Denken Sie nur stets daran, sie für ihren Beistand zu loben und ihnen zu danken.

Geister als Begleiter

Solche Begleiter stehen auf einer niedrigeren Stufe als die Engel und haben daher andere Kräfte, aber sie wirken in jedem Fall mit ihnen zusammen zum Vorteil des einzelnen und der Menschheit. Manche Geister oder Vertraute sind Freunde, Angehörige oder geliebte Menschen, die bereits verstorben sind und ab und zu in unser Leben treten, um uns zu helfen. Auf der anderen Seite – wo sie ihre eigenen Engel, Begleiter und Lehrer haben – arbeiten sie wiederum daran, sich zu entwickeln, zu lernen und zu wachsen. Als Wesen, die schon einmal hier gelebt haben und einige unserer Probleme kennen, helfen sie uns, indem sie uns ihre Energien zur Verfügung stellen. Wenn man sie um Beistand bittet und sich ihrer Fähigkeit bedient, uns zu helfen, wird das Leben geordneter und weniger chaotisch. Sie sind die Stimme der Erfahrung, durch die wir unser eigenes Leben weniger belastet gestalten können.

Ich fuhr einmal auf einer recht breiten Straße, um bei der Wahl meine Stimme abzugeben. Ich dachte zwar zweifelsohne an die Wahlen, aber achtete auch wie gewöhnlich auf den Weg, besonders, weil es eine mir unvertraute Gegend war. Ich näherte mich einer Kreuzung mit einer schmaleren Straße als der, auf der ich fuhr, und merkte plötzlich, daß sich von links ein Auto näherte, das nicht langsamer zu werden schien. Unter normalen Umständen wäre ich auf die Bremse getreten, um einen Zusammenstoß zu vermeiden, aber »etwas« (jemand?) sagte mir, den Fuß aufs Gaspedal zu drücken und zu entwischen. Wenn ich gebremst hätte, wären wir mit Sicherheit mitten auf der Kreuzung zusammengestoßen, und einer von uns beiden, oder wir beide, wären verletzt worden. Ich habe noch nie vorher in einer solchen Situation beschleunigt, und rückblickend muß ich annehmen, daß es ein geistiger Begleiter war, der schon einmal in einer solchen Lage gewesen war und einfach wußte, was man am besten tat, und mir diese Botschaft zuschickte.

Warum sollte man eine Beziehung zu Gott, den Engeln und den geistigen Begleitern entwickeln? Weil man ein glücklicheres und erfüllteres Leben lebt und seine Ziele rascher erreicht. Alles, was man anstrebt, wird harmonischer erlebt. Das heißt nicht, daß man nun keinerlei Probleme oder Schwierigkeiten mehr hat, sondern daß man diese mit einer Zuversicht ins Leben und ihre Energie durch einen hindurchziehen läßt, daß einem ein Erfolg beschert wird, der ansonsten unmöglich wäre.

Es ist stets wichtig, sich zu entspannen und zu wissen, daß Rat zur Hand ist, statt sich damit zu befassen, ob man eine Sache durchsteht oder nicht. Schon in der Bibel heißt es: »Suchet, und ihr werdet finden.« Man braucht bloß aufrichtig und mit guten Absichten um etwas zu bitten und dann für die Antworten offen zu sein, die sich einstellen.

Kulte

Wenn man die Gesellschaft ähnlich gesonnener und wohlmeinender Individuen sucht, mit denen man sich über seine Erlebnisse austauschen kann, sollte man darauf achten, sich nicht von den zahlreichen Kulten anziehen zu lassen, die leider unsere Gesellschaft durchsetzen.

Ein Kult ist ein System religiöser Rituale oder besessener Hingabe an eine Person oder ein Prinzip. Nicht alle Kulte sind schlecht. Es hat immer religiöse Kulte gegeben, und viele der heutigen Religionen wurden anfangs als ein Kult betrachtet. Aber es gibt Kulte, die den Randfiguren unserer Gesellschaft helfen und diese auf positive Weise unterstützen, und solche, die vorher gut funktionierende Mitglieder aufnehmen und sie praktisch unfähig machen, weiterhin in der Gesellschaft zu leben.

Kulte sind gefährlich, wenn sie dem einzelnen verbieten, seinem freien Willen zu folgen. Mittels Gehirnwäsche und Programmierungstechniken leben sie von den Pflicht-»spenden« der Mitglieder, die sich immer fanatischer um einen Führer und die Kultgemeinde scharen. Viele dieser Führer behaupten, paranormale oder spirituelle Fähigkeiten zu besitzen, aber statt die Nachfolger aufzufordern, ihre eigenen Fähigkeiten auszubilden, setzen sie ihre beeindruckenden Führereigenschaften ein, um das Verhalten der Jünger zu manipulieren. In einigen Kulten werden die Namen der Anhänger gegen ungewöhnliche, aber außergewöhnlich klingende ausgetauscht. Das trifft mehr auf östlich orientierte Kulte zu.

Es ist in der heutigen Gesellschaft manchmal schwer, zwischen einer legitimen Religion und einem Kult zu unterscheiden. Kultangehörige tragen nicht unbedingt bestimmte Roben oder rasieren sich den Schädel, sie sehen kaum anders aus als die meisten anderen. Wer hätte ahnen können, daß neunhundert »normale« Menschen in Jonestown, Guayana, Massenselbstmord begehen?

Die Rekrutierungsmethoden können sehr subtil sein, aber sie sind immer manipulativ. Allgemein richtet man sich an die Benachteiligten, an Menschen ohne Ziel, die sich nicht an die Regeln der Gesellschaft anpassen können und die sich geistig wie finanziell einer stärkeren Person überantworten, die ihnen leichte Erlösung verspricht. Kulte verlangen gewöhnlich völlige, sklavische Unterwerfung unter die Gruppenregeln oder den Führer. Der Initiationsprozeß ist sehr intensiv. Die Mitglieder müssen lernen, sich bedingungslos den Regeln und Zielen des Kults zu unterwerfen. Wenn eine große Menschengruppe ihre Energien derart vereint, ist das kollektive Potential für Gutes oder Schlechtes ungeheuer. Leider geschieht in den meisten Fällen nur Negatives. Kinder werden von zu Hause fortgelockt oder gegen ihre Eltern aufgebracht, Eltern verlassen ihre Familien, Geschwister greifen einander an. Es gibt keinen Freiraum für Abweichungen; Argumente gegen den Kult werden nicht toleriert, egal, wie vernünftig sie sein mögen.

Man kann wahre religiöse Führer leicht von Kultführern unterscheiden, denn alle wahren Religionen beruhen darauf, Gottes Willen zu erfüllen, und wahre Führer werden uns auffordern, einander zu lieben und aufrichtig zueinander zu sein. Das bedeutet, daß unser freier Wille akzeptiert und gefördert wird, wir treffen weiterhin eigene Entscheidungen und sind für unsere Handlungen auch verantwortlich.

Das Leben nach dem Tod

Es ist eines der ewigen Geheimnisse des Lebens, was mit uns nach unserem Tod geschieht. Doch niemand kann das mit Sicherheit wissen, bis er selbst gestorben ist. Aber es gibt darüber zahlreiche interessante Theorien und Schilderungen. Ich glaube, daß es im Anschluß an unser Leben eine andere Existenz gibt. In den vergangenen Jahren wurde durch gut dokumentierte Berichte von »todesnahen Erfahrungen« mehr darüber bekannt, wie dieses Leben nach dem Tod aussehen mag. Verschiedene Menschen haben zwar unterschiedliche Erlebnisse, aber es gibt genügend Ähnlichkeiten, so daß die Wissenschaft die Zuverlässigkeit solcher Berichte kaum noch anzweifeln kann.

1981 ergab eine Gallup-Umfrage, daß zwei Drittel der erwachsenen Amerikaner – das entspricht etwa 100 Millionen Menschen – an ein Leben nach dem Tod glauben. An die 23 Millionen behaupten, am »Rand des Todes« gestanden zu haben oder »zeitweilig tot« gewesen zu sein. (Dies bezeichnet Zustände, in denen man kurz vor dem endgültigen Verscheiden wieder ins Leben zurückkommt. Von diesen 23 Millionen erlebten 8 Millionen angesichts des Todes eine Art mystische Begegnung.)

Die Mehrheit der Menschen, die eine todesnahe Erfahrung beschreiben, geben eine oder mehrere der folgenden Aspekte an:

– ein Gefühl von Ruhe und Gelassenheit
– ein außerkörperliches Gefühl, bei dem sie über dem eigenen Körper schwebten und manchmal die Bemühungen beobachteten, sie wieder zum Leben zu bringen
– ein Gefühl, durch einen langen, dunklen Tunnel zu gleiten, an dessen Ende ein strahlendes, weißes Licht leuchtete
– bei Erreichen dieses Lichts fanden sie eine Welt von unvergeßlicher und ungewöhnlicher Schönheit, oft mit

phantastischen Gärten und Landschaften, ätherischer Musik und dem Wiedersehen mit verstorbenen Verwandten oder Freunden

- die Gegenwart eines liebevollen Wesens oder einer liebevollen Energie
- die Gegenwart von geliebten Menschen, die bereits verstorben sind
- das Bewußtsein von Tätigkeiten außerhalb des Körpers im Zustand von Bewußtlosigkeit
- Vorahnungen zukünftiger Ereignisse
- Schmerzlosigkeit
- das Gefühl, das eigene Leben in einer kurzen, hochkomprimierten Abfolge zu betrachten und in allen Einzelheiten an sich vorbeiziehen zu sehen
- das Gefühl, sich in einer anderen Welt zu befinden.

Als Raymond Moody jr. in seinem Buch »Life after Life« *(Leben nach dem Tod)* fünfzig Berichte von solchen todesnahen Erfahrungen schilderte, stieß er auf großes Interesse an diesem Thema. Immer mehr Menschen aus allen Bereichen des Lebens berichteten von ähnlichen Erlebnissen. Die Berichte in Moodys Buch sind zwar anekdotisch und nicht wissenschaftlich, aber er behauptet, daß alle Angaben authentisch seien.

Seit der Veröffentlichung von Moodys Buch hat die Wissenschaft mit ihren Methoden begonnen, seine Behauptungen zu beweisen oder zu widerlegen, und dabei einige faszinierende Ergebnisse erzielt. Michael Sabom zum Beispiel wollte Moodys Behauptungen widerlegen, bestätigte aber schließlich in seinem Buch »Reflections on Death« viele der von Moody geschilderten Resultate. Sabom unterscheidet sich von Moody darin, daß er meint, die Todeserfahrung sei nicht unbedingt mit der Nahtoderfahrung identisch, und daß im Tod eine Trennung zwischen Geist und physikalischem Gehirn stattfände.

Es heißt, daß fast 35 Prozent aller Menschen, die auf der Schwelle zum Tod standen, eine todesnahe Erfahrung machten. Das geschieht häufig unter folgenden Umständen:

- wenn man dem Tode nah ist
- bei Unfällen, Verletzungen und Krankheiten
- beim Gebären
- bei Operationen
- bei Angriffen auf die körperliche Unversehrtheit
- bei extremem emotionalem Trauma.

Diese Erlebnisse geschehen spontan. Man kann sie nicht bewußt herbeiführen. Der flüchtige Blick aufs Nachleben und die damit verbundenen himmlischen Szenen sind so freudig und erhebend, daß die meisten Menschen, die dies erleben, nicht wieder in ihren irdischen Körper zurückkehren wollen. Eine Reihe von Menschen beschreiben einen inneren Diskurs, in dem sie diese attraktive Alternative gegen den Wunsch abwägen, Dinge auf der Erde »zu erledigen« oder bei einem bestimmten Anlaß dabeizusein.

Karma

Das Wort stammt vom Sanskritwort »kri« ab: »tun«. Karma bedeutet daher »tun« bzw. »Handlung«. Es ist unter vielen anderen Namen und Bezeichnungen bekannt, auch als »Ursache und Wirkung«, »Gesetz des Ausgleichs«, »Belohnung und Strafe«, »Gesetz des Gleichgewichts« und sogar als »Gerechtigkeit«. Es ist kein sonderlich kompliziertes Konzept – es bedeutet einfach, daß wir alles, was wir geben, auch zurückbekommen. Wenn wir Gutes tun, kommt Gutes zu uns zurück; wenn wir Schlechtes tun, bekommen wir Schlechtes zurück.

Menschen, denen Unrecht geschehen ist, wollen in der Regel, daß diejenigen dafür leiden, die ihnen das antaten. Die geschädigte Person erkennt aber in der Regel nicht, daß man den Vergeltungsprozeß beschleunigt, wenn man Liebe statt negativer Gefühle an den anderen aussendet. Die karmischen Kräfte werden durch Gebet, Lob, Liebe und Licht angeregt. Indem man positive Energien aussendet, wird alles, was der Täter lernen muß (sei es Liebe, Freundlichkeit, Rücksicht oder Ehrlichkeit), schneller erfaßt. Das ist der Grund für Jesu Rat, diejenigen zu lieben, die uns schaden, und die andere Wange hinzuhalten. Wenn wir das befolgen, muß der Übeltäter seine karmische Schuld schneller zurückzahlen. Manchmal erfolgt die Lektion durch die Höhere Intelligenz erst verzögert, und der Übeltäter wird weiterhin mit Gutem belohnt. Aber schließlich kommt die Waage zum Ausgleich, und die Schuld wird beglichen.

Sie kennen vielleicht jemanden (oder sind es sogar selbst!) mit einem Herz aus Gold, der aber ständig alle möglichen größeren Probleme hat. Es ist nur sehr schwer zu verstehen, warum der eine zu einem Leben der Schwierigkeiten geboren zu sein scheint, der andere aber mit einem goldenen Löffel im Mund auf die Welt kam. Es erscheint uns nicht gerecht. Die Antwort auf die Frage: »Warum hat dieser gute Mensch so viele Probleme?« kann hier auf der Erde vielleicht nie ausreichend beantwortet werden, aber denken Sie daran, daß es immer einen Grund dafür gibt und man gewöhnlich eine sehr wertvolle Lehre aus solchen Umständen ziehen kann. (Rabbi Harold Kushners ausgezeichnetes Buch »When Bad Things Happen to Good People« handelt von seiner eigenen Familie und stellt eine sensible Darlegung dieser Theorie dar.) Wenn man die Vergangenheit eines Menschen nicht kennt (und etwaige vergangene Leben), können wir nicht wissen, welche karmische Schuld er in diesem Leben vielleicht abzahlt. (Karma findet in diesem Leben Tag für Tag statt.) Aber unter diesen Umständen würde die freizügige Anwendung des Gesetzes des Lobes helfen, damit die Lektionen auch gelernt werden.

Menschen, die jung sterben, sollen ihre karmischen Schulden rascher abgezahlt haben als andere, daher haben sie ein kürzeres Leben.

Das Wesen der Seele

Bei der Abzahlung karmischer Schulden geht es um die Transformation der Seele, nicht des Körpers. Der Körper ist allerdings der Tempel der Seele und sollte immer im Bestzustand gehalten werden, aber von höchster Bedeutung ist die Seele. Die Seele ist formlos, raumlos und zeitlos. Sie existiert in einer anderen Dimension als der physische Körper des Menschen, dennoch reift und wächst sie in Verbindung mit ihm.

Sie kann nicht zerstört, sondern nur auf eine höhere Stufe gehoben werden – mit anderen Worten, sie ist derjenige Teil unserer Existenz, der unsterblich ist.

Die Kommunikation mit den Seelen Verstorbener

Es ist möglich, mit geliebten Verstorbenen zu kommunizieren, und sie können auch mit uns in Verbindung treten. Die beste Zeit für eine solche Kommunikation ist in einem entspannten, meditativen Zustand. Konzentrieren Sie sich auf den Kontakt mit den vertrauten Menschen, indem Sie mit ihnen sprechen wie mit Freunden. Wenn Ihnen ein Schauder den Rücken herabläuft oder Sie eine Gänsehaut bekommen, es Ihnen plötzlich heiß wird, Sie ein Klicken oder Tappen im Raum hören oder einen starken Eindruck der Präsenz haben, deutet das auf eine Reaktion hin. Aber auch wenn Sie keine spürbare Antwort erhalten, können Sie immer noch in Kontakt stehen – und umgekehrt. Genau wie bei der Entwicklung des parapsychischen Potentials, braucht man dazu Übung.

Meine Mutter und ich hatten einen Pakt geschlossen, daß derjenige von uns beiden, der zuerst stirbt, stets mit dem anderen in Verbindung treten würde. Sie war ein hochbegabtes Medium, konnte hellhören, wie ich, und hellsehen. Als sie im Krankenhaus lag, erinnerte ich sie: »Wenn du es nicht schaffst, vergiß nicht, mit mir in Kontakt zu treten.« Sie versprach es mir. Zwei Wochen später starb sie. Ich war bei ihr und hörte, wie sie klar und deutlich sagte: »Linda, ich habe dir versprochen, mit dir zu sprechen. Ich weiß, daß du mich vermißt, und ich vermisse euch alle auch sehr, aber es ist hier so schön ... die Berge, die Täler, die rosa und blauen Blumen. Ich bin sehr glücklich hier. Ich bin bei deinem Vater und meiner Familie. Ich kann euch von hier soviel besser helfen als dort und werde weiter mit dir reden und dir helfen.« Das Versprechen hat sie gehalten.

Meine Mutter bat mich, die folgenden Gedichte als Erinnerung an sie zu verbreiten und um anderen den Übergang zu erleichtern.

Unsterblichkeit

Weinet nicht an meinem Grab.
Ich bin nicht mehr da, auch nicht im Schlaf.
Ich bin der tausend Winde Brausen,
der Diamanten Schneegeglitzer,
werde in reifem Korn bald hausen
und im wilden Herbstgewitter.
Wenn ihr erwacht in der Morgenfrüh'
bin ich die weiche Schwingung kühl,
wie kleine Vögel in hoher Luft.
Steht ja nicht weinend an meiner Gruft –
bin nicht mehr dort, bin bei euch als Duft.

ANONYM

Jenseits

Wenn jemand, den wir lieben, geht,
wird die vertraute Form begraben,
doch er ist nicht fort, sondern er lebt
in einer höheren Welt ohne Klagen,
im lebendigen Licht, so wahr und traut
nur einen Schritt weit, ohn' einen Laut.

R. H. GRENVILLE

Eine andere Geschichte von einem ähnlichen Versprechen (»Wer von uns beiden zuerst stirbt …«) hatte ein anderes, aber ebenso bemerkenswertes Ende. Sir Laurens van der Post, der südafrikanische Schriftsteller, erinnert sich an eine Geschichte, die ihm Carl Jung erzählt hat, in der der amerikanische Philosoph William James und sein Freund Dr. Hyslop (ein späterer Kollege des bekannten Dr. J. B. Rhine von der Fakultät für Parapsychologie an der Duke-Universität) einander dieses Versprechen gaben. Als James starb und Hyslop nichts mehr von seinem Freund hörte, gab dieser verzweifelt die Kommunikationsversuche »durch den Schleier« auf. Aber sieben oder acht Jahre später erhielt er unerwartet einen Brief von einem Mann aus Irland, der sich erst einmal dafür entschuldigte, ihn zu belästigen, und dann erklärte, daß seine Frau und er ein Ouija-Brett benutzten und eine Botschaft von einem »sehr hartnäckigen Mr. James« für ihn bekommen hätten. Er habe ihnen sogar Hyslops Adresse verraten. Der Mann gestand, sie hätten diese Botschaften schon seit sieben oder acht Jahren ständig empfangen, sie aber ignoriert, weil sie sie für unwichtig hielten und fürchteten, den vielbeschäftigten Akademiker zu belästigen. Die Botschaft von James lautete einfach nur: »Denk an den roten Schlafanzug.« Da sich dies auf einen Vorfall bezog, von dem niemand anderer etwas wissen konnte, war Hyslop sicher, sein verstorbener Freund habe ihm diese Nachricht zukommen lassen. Die vollständige Geschichte findet sich in van der Posts »A Walk With the White Bushman« (S. 152 f.).

Wie man mit geliebten Verstorbenen kommuniziert

Als erstes muß man akzeptieren, daß sich die geliebten Menschen nicht mehr in ihrem Körper befinden. Bei Eintritt des Todes löst sich der Geist vom Körper und tritt rasch in die nächste Dimension ein. Die geliebten Menschen bleiben in unserer Nähe, jedoch frei von allen körperlichen Begrenzungen. Mit Hilfe ihrer »Lichtwesen« – ihrer Schutzengel und spirituellen Begleiter – können sie denjenigen, die sie lieben, mit der Energie und Kraft helfen, die ihnen nun zur Verfügung steht. Sie beten für uns, und wir sollten auch für sie beten.

Denken Sie daran, wie Sie sonst mit Ihren Schutzengeln kommunizieren – nur müssen Sie nun in Gedanken bei den geliebten Menschen sein. Denken Sie daran, daß sie nicht ständig bei Ihnen sein können. Sie haben, genau wie die spirituellen Begleiter, auf der anderen Seite zu tun, denn sie entwickeln sich weiterhin spirituell und können immer nur an einem Ort sein. Manchmal erhält man Botschaften von ihnen durch ihren oder den eigenen Schutzengel. Wenn sie sich in der nächsten Dimension weiterentwickeln und immer spiritueller werden, wird ihre Erscheinung immer strahlender. Wenn man sie darum bittet, geben sie einem ein Zeichen: Man spürt ihre Präsenz, es wird einem kalt, man hört ihre Stimme, Klicken oder Tappen; oder man erfährt in einigen Fällen durch »automatisches Schreiben« etwas. Dies ist ein Phänomen, bei dem die Hand des Empfängers »unfreiwillig« zu schreiben beginnt und Nachrichten von der anderen Seite aufnimmt. Eine ganze Reihe von bekannten Büchern wurde auf diese Art verfaßt.

Verlieren Sie nicht den Mut, wenn Ihre geliebten Freunde nicht so rasch mit Ihnen kommunizieren, wie es Ihnen lieb wäre. Es dauert eine gewisse Zeit, bis die höheren Kräfte all dies zwischen den beiden Welten arrangieren; außerdem muß man dafür bereit sein. Mit Lesen, Studieren, Meditieren, Beten und Lernen reifen Sie spirituell und bereiten sich besser darauf vor.

Im Gegensatz zu unseren Schutzengeln, die ständig bei uns sind, sind die geliebten Verstorbenen für uns »engelhafte Helfer«, die uns helfen und beistehen, während sie sich spirituell weiterentwickeln. Da sie reifen, sind sie in verschiedener Hinsicht auch begrenzt in ihrer Macht, uns zu helfen. Es hängt alles von der Stufe ihrer spirituellen Entwicklung auf der Erde vor der Verwandlung ab.

Reinkarnation

Reinkarnation bedeutet, »in einem anderen Körper wiedergeboren zu werden«. Dieser andere Körper kann physisch oder spirituell sein. Die meisten Religionen glauben an eine Reinkarnation, bezeichnen sie aber mit anderen Begriffen wie »Leben nach dem Tode« oder »ewiges Leben«. Der Glaube an eine höhere Intelligenz ist in jeder Religion vertreten, verbunden mit der Vorstellung, daß die Seele nicht zusammen mit dem Körper vergeht.

Das Konzept von Reinkarnation scheint von Jesus bestätigt zu werden, siehe Matthäus 17,12–13: »Doch ich sage euch, es ist Elias schon gekommen, und sie haben ihn nicht erkannt, sondern haben an ihm getan, was sie wollten ... da verstanden die Jünger, daß er von Johannes dem Täufer zu ihnen geredet hatte.«

Der Psychiater Brian Weiss erklärt in seinem zweiten Buch über Therapie in bezug auf vergangene Leben, »Through Time into Healing«, wie alle Erwähnungen von Reinkarnation in Christentum und Judaismus ausgemerzt wurden. »Ich entdeckte beim Studium der Geschichte des Christentums, daß es im Neuen Testament frühe Hinweise auf die Reinkarnation gab, die aber im vierten Jahrhundert von Kaiser Konstantin entfernt wurden, als das Christentum zur offiziellen Religion des Römischen Reiches wurde. Offensichtlich hatte der Kaiser das Gefühl, das Konzept der Reinkarnation würde die Stabilität des Reiches beeinträchtigen. Wenn die Bürger glaubten, sie hätten in einem anderen Leben eine weitere Chance, wären sie weniger gehorsam und gesetzestreu, als wenn sie an einen einzigen Tag des Jüngsten Gerichts glaubten. Im sechsten Jahrhundert bestätigte das zweite Konzil von Konstantinopel Konstantins Streichungen, indem sie offiziell die Reinkarnation zur Ketzerei erklärten.

Im Judaismus«, fährt Weiss fort, »ist die Reinkarnation ein fundamentaler Glaubenssatz, ein *gilgul*, das seit Tausenden von Jahren besteht. Diese Überzeugung blieb bis zum neunzehnten Jahrhundert ein Grundstein des jüdischen Glaubens, bis das Bedürfnis, ihn zu modernisieren, um von dem wissenschaftlich orientierten westlichen Establishment akzeptiert zu werden, die europäischen Juden des Ostens änderte ... in den orthodoxen und chassidischen Gemeinden hat sich der Glaube an Reinkarnation bis auf den heutigen Tag ungeschmälert erhalten. Die *Kabbala*, die mystische jüdische Literatur von vor Tausenden von Jahren, enthält viele Hinweise auf die Reinkarnation.«

Buddhisten und Anhänger anderer östlicher Religionen glauben, daß der Mensch in einer ewig menschlichen Reinkarnation lebt, je nachdem, wie gut er Gottes Gesetze in jedem Leben befolgt. Wenn wir gut sind und in diesem Leben Erleuchtung erlangen, kehren wir im nächsten Erdenleben zu einer besseren Existenz zurück. Wenn wir schlecht sind, kehren wir vermutlich auf eine viel niedrigere Stufe zurück. So zahlen wir für unsere irdischen Sünden und werden schließlich eins mit Gott.

Es gibt heute zahlreiche Gründe, an die Reinkarnation zu glauben, nicht zuletzt, weil sie die Tatsache des Todes akzeptabler macht. Das hat vermutlich mehr mit der Fähigkeit zu tun, mit Verstorbenen zu kommunizieren, als mit einem Glauben an ein künftiges Leben, aber diese beiden Aspekte sind eng miteinander verbunden.

Eine der interessantesten Antworten auf die Frage: »Warum glauben Sie an Reinkarnation?« lautet: »Mozart.« Derjenige, der diese Antwort gab, erläuterte, daß es keine andere Erklärung dafür gäbe, daß ein zweijähriger Junge auf eine Klavierbank kletterte und ohne eine einzige Unterrichtsstunde perfekte Musik spielte. Er muß einfach eine »alte Seele« gewesen sein. Andere erklären ihre Überzeugung damit, daß es keinen Sinn ergäbe, wenn die Menschen ihr ganzes Leben lang Wissen und Erfahrung zusammentragen, nur um zu sterben und sich in alle Winde zu zerstreuen. Der vielleicht zwingendste Grund ist das oft zitierte Gefühl des Déjà-vu, das einem die Sicherheit gibt, an einem Ort zu einer bestimmten Zeit schon einmal gewesen zu sein – auch wenn dies im gegenwärtigen Leben unmöglich ist. Fernsehprogramme und Bücher, die Menschen mit Kenntnissen beschreiben, die ihnen in ihrem gegenwärtigen Leben einfach nicht zur Verfügung standen, zeigen, wie verbreitet solche Erfahrungen sind, und machen die Überzeugung glaubwürdiger, daß diese Menschen tatsächlich schon einmal gelebt haben. Als das Buch »The Search for Bridey Murphy« in den Fünfzigern zuerst erschien – eines der ersten Bücher, in denen die Vorstellung verbreitet wurde, daß wir alle schon einmal gelebt haben –, war der Medizinerstand so entrüstet, daß man es als Fälschung bezeichnete. Der Autor soll später gestanden haben, es erfunden zu haben, aber Forscher, die andere, ähnliche Ereignisse bestätigten, glaubten dieses Geständnis nicht. Heute wäre das Buch bloß eins von vielen, das ähnliche Überzeugungen ausdrückt.

Wenn jemand zu mir kommt, um Erkenntnisse über ein früheres Leben zu erhalten, gelange ich auf mediale Weise an diese Informationen. Man kann durch einen hypnotischen Prozeß zu diesem Leben Zugang erlangen, durch eine »Rückführung«. Die *American Society of Psychical Research* belegt unter anderem gut, daß Menschen über Träume, Visionen und andere Erfahrungen in allen Einzelheiten verfügen, die mit einer Vergangenheit verbunden sind, von der sie in ihren gegenwärtigen Umständen aber nichts wissen können. Als ich meine Fähigkeiten weiterentwickelte, begann ich die Quellen dieser Informationen anzuzweifeln. Ich stieß bei meinen Forschungen auf die Schriften von C. G. Jung und seine Theorie vom »kollektiven Unbewußten«. Jung sagt in seinem Buch »Die Sinnsuche des modernen Menschen«, daß sich das Unbewußte weit hinaus in die Umwelt erstreckt und rückwärts in der Zeit, genau wie jeder die gesamte Entwicklung zum Menschen in seinem Körper trüge, mit Kiemen am Hals zum Beispiel, die uns mit den Fischen verbinden. So habe jeder Mensch die gesamte Geschichte der Menschheit in seinem Unbewußten. Diese erstaunliche Bemerkung meint, daß jeder Mensch buchstäblich Millionen von menschlichen Ahnen hat, die auf jedem bewohnbaren Flecken der Erde gelebt haben. Daher schließt die Ahnenerinnerung alle Erfahrungen aller dieser Vorfahren ein.

So völlig neuartig dieser Gedanke damals war, stellte der amerikanische Schriftsteller Jack London eine halbe Welt entfernt, aber praktisch zur gleichen Zeit wie Jung in seiner Kurzgeschichte »Vor Adam« eine fast identische Theorie auf.

Die Gesetze der Vererbung zeigen, daß ein Ahnenge-dächtnis wie alle anderen Charakteristika durch die Gene in der Spermienzelle des Vaters und der Eizelle der Mutter weitergegeben werden. So hat jedes neugeborene Wesen, ob menschlich oder nicht, die Ahnenerinnerung von zwei Eltern, vier Großeltern, acht Urgroßeltern – und so weiter durch alle Jahrhunderte.

Es ist möglich, eine Ahnenerinnerung mit den verschiedenen Methoden der Meditation, der Visualisierung und den geistigen Programmierungstechniken weiterzuentwickeln, wie sie in diesem Buch beschrieben sind. Man braucht weder unter Hypnose zu stehen, noch die Fähigkeiten eines Mediums zu haben, um dieses Gedächtnis zu nutzen. Ich erzählte einmal einem jungen Mann, der vor einer Prüfung in Russisch stand, in dem Bewußtsein, daß er zwei russische Urgroßväter hatte: »Wenn du eine Antwort nicht weißt, bediene dich einfach deines kollektiven Unbewußten und laß dir die Antwort von deinen Verwandten sagen.«

Ob die Informationen, die ich bei einer Deutung über vergangene Leben erhalte, nun mit dem tatsächlichen vergangenen Leben der jeweiligen Person zu tun haben oder dem der Ahnen – ich halte sie in jedem Fall für wichtig. Ich selbst befasse mich nicht viel mit meinen früheren Leben. Ich bitte Gott bloß, mir Ungerechtigkeiten zu vergeben, die ich vielleicht begangen habe, und mir zu erlauben, mein jetziges Leben so gut wie möglich zu gestalten.

Ob jemand in seinem Erdenleben gut oder schlecht gewesen ist, ändert nichts an der Tatsache, daß seine Seele weiterwandert. Aber wenn jemand die Gottesgesetze hier auf Erden verletzt, wird er länger auf dem Pfad der Erleuchtung weiterwandeln. Der Mensch erschafft sein eigenes Schicksal mit seinen Gedanken – seine Entscheidungen hier auf der Erde beeinflussen seine Entwicklung.

Viele Menschen glauben, daß die Erinnerung an frühere Leben mittels der verschiedenen Techniken eine Menge im gegenwärtigen Leben erklären kann, auch hinsichtlich körperlicher und emotionaler Probleme. Brian Weiss erklärt: »Die Regression in frühere Leben ist die Ausweitung des Repertoires bekannter Techniken, um Zugang zu dem zu gewinnen, was man in letzter Zeit als ›Körper-Seele-Einheit‹ bezeichnet.« Er bemerkt weiterhin, daß »Reinkarnations-Therapie besonders wirksam ist bei der Behandlung von Schmerzen in Muskeln und Knochen, Kopfschmerzen, die auf keine Medikamente reagieren, Allergien, Asthma und durch Streß oder Immunschwäche hervorgerufene Zustände ... sie löst außerdem tiefsitzende Themen, wie die Beziehung der Gefühle zu körperlichem Unbehagen und deren Ursache im vergangenen Leben.«

Was für eine weitreichende Aussage wir da einfach so hinnehmen, besonders in Anbetracht der Tatsache, daß vor nicht allzu vielen Jahren der gleiche Brian Weiss in seinem ersten Buch zu diesem Thema, »Many Lives, Many Masters«, gestand, daß es vier Jahre gedauert habe, dieses Buch zu schreiben, so sicher sei er gewesen, er würde von seinen Kollegen für diese Ketzerei verjagt. Nicht einen einzigen Augenblick lang habe er die anschließende Briefflut erwartet – von Kollegen, die vorher ebenso ängstlich vermieden hatten, ähnliche Entdeckungen zu veröffentlichen.

Die Erinnerung an ein früheres Leben

1. Seien Sie in der Meditation, in geleiteten Visualisierungen und geistigen Übungen offen für Gefühle und Wahrnehmungen. Eine Erinnerung an ein früheres Leben kann durch eine gegenwärtige Situation ausgelöst werden, die der vergangenen ähnelt. Man hat vielleicht ein Gefühl oder einen Sinneseindruck von der Erinnerung, ohne sie deutlich vor dem inneren Auge zu sehen. Man wird sich der Verbindungen zu früheren Leben, Symbolen oder Bildern bewußt, ohne sie genau zu erkennen.

2. Ziehen Sie einen erfahrenen Hypnotherapeuten zu Rate, der sich mit Rückführungen in frühere Leben auskennt.

3. Um eine Erinnerung an ein früheres Leben zu erlangen, muß man lernen, sich bewußt und vollständig zu entspannen, damit das Unbewußte offener wird.

4. Befolgen Sie die Meditationstechniken – die geistige, spirituelle und körperliche Vorbereitung zur Meditation. Man kann auch die Regenbogenmeditation anwenden, mit Atmen, Baden und dem Eintauchen in Farben.

5. Rufen Sie die höheren Kräfte und spirituellen Begleiter und Engel an, Ihnen zu helfen.

6. Wenn Sie eine Erinnerung an ein früheres Leben gewinnen, achten Sie auf die Einzelheiten: Ihre Kleidung, die Landschaft, das Wetter, die Menschen, Gerüche, Geräusche, Unterhaltungen und sogar darauf, ob Sie männlich oder weiblich sind, ein Kind oder erwachsen.

7. Vertrauen Sie Ihrer Intuition: Was hilft, einen Blick in ein früheres Leben weiter zu öffnen und mehr Informationen zu gewinnen? Wenn Sie auf Ihre Intuition achten, stehen Sie in Verbindung mit dem Unbewußten.

8. Ihre Phantasie ist eine gute Informationsquelle. Benutzen Sie sie, um die Möglichkeiten auszumalen, was gewesen sein könnte und was man in einem früheren Leben vielleicht getan hat. Lassen Sie sich von Ihrer Inspiration leiten.

9. Nehmen Sie sich eine Lebenssituation vor, die Ihnen zu schaffen macht oder ungerecht erscheint. Fragen Sie sich, was Sie getan haben, um das zu verdienen. Seien Sie ehrlich zu sich selbst. Lassen Sie vorgefaßte Meinungen fahren und neue Bilder, Gedanken und Gefühle aller Möglichkeiten dessen auf Sie zufließen, was Sie in einem früheren Leben vielleicht getan oder erlebt haben.

10. Führen Sie ein Tagebuch. Meditieren Sie über die Deutungen, um Bilder, Eindrücke und Ideen zu analysieren.

Freier Wille und Vorbestimmung – meine eigenen Überzeugungen

Etwa sieben Jahre lang glaubte ich fest an die klassische östliche Hindu-Theorie der Reinkarnation. Ich studierte die Lehren von Menschen wie Arthur Ford, Edgar Cayce, Gina Cerminara, Ruth Montgomery, Vera Stanley Alder, Jiddu Krishnamurti, Peter Ouspensky, Yogi Ramarcharaka, Djwal Khul, von Paramahansa Yoganandas Selbsterkenntnis-Bruderschaft und verschiedenen Swamis und Yogis mit der gleichen Grundeinstellung. Die Reinkarnation scheint die Antwort auf die Frage zu sein, warum wir in unsere bestimmte Lebenssituation hineingeboren wurden, ob die nun gut oder schlecht ist.

Ich glaube nicht mehr an die klassische Theorie. Ich meine nun, daß wir nach unserem Erdenleben sterben und nicht mehr hierher zurückkehren. Wenn das der Fall wäre, würde sich das Leben auf der Erde niemals vollständig entwickeln, wir könnten niemals unsere karmischen Schulden zurückzahlen, egal, wie oft wir lebten.

Statt aber über dieses Thema weiter nachzugrübeln, ziehe ich es vor, mich auf das Hier und Jetzt zu konzentrieren. Mir – und wohl auch den meisten anderen Menschen – ist das Leben selbst wichtig und seine Probleme und Möglichkeiten, wie ich sie gegenwärtig erlebe: Liebe, Gesundheit, Beruf, Geld. Das sind die vordringlichen Sorgen.

Ich muß aber schnell hinzufügen, daß ich nichts gegen

Menschen habe, die sich mit den Möglichkeiten der Reinkarnation befassen und daran glauben. Aber sie haben dafür keine Beweise (sehen wir unser früheres Leben oder bedienen wir uns Jungs kollektivem Unbewußten?). Als offener Mensch interessiere ich mich für die verschiedenen Theorien, aber meinen Klienten, Fernsehzuschauern und Lesern ist besser gedient, wenn ich ihnen helfe, dieses Leben zu bewältigen.

Ich glaube, daß unser Körper auf dieser Erde wiederaufbereitet wird, während unsere Seele, die sich durch verschiedene Erfahrungen und die hier getroffenen Entscheidungen entwickelt, überlebt. Unsere Persönlichkeit, die uns kennzeichnenden Charakteristika, überlebt den Tod ebenfalls. Nach dem Tod erfolgt eine Wartezeit, die vielleicht Millionen Jahre dauert, aber wie nichts erscheint, da alles Zeitgefühl verschwunden sein wird. Dann werden wir in einem einzigen Augenblick an einem Ort reinkarniert, den Jesus als »Haus des Herrn« bezeichnet. An diesem Ort ruht die Seele eine Weile aus, wird gebildet und von Geistern gereinigt, ehe sie auf eine höhere spirituelle Stufe aufsteigt. In der Welt dieser Häuser des Herrn haben wir keinen Körper, sind uns aber unserer Existenz bewußt. Unser spiritueller Körper ist ein leuchtendes Abbild unseres Körpers in der Blüte unseres Lebens. Auch wenn man damals krank war, befindet sich der spirituelle Körper in der nächsten Dimension im Bestzustand. Es gibt keine Krankheiten. Man sucht sich aus, wie man aussehen will: klein oder groß, blond oder brünett. Der Geist kann alle

Veränderungen vornehmen. Andere erkennen einen nicht am Körper, sondern an der Persönlichkeit.

In dieser Welt finden wir Schutz und lernen in großen Klassenräumen und Vorlesungssälen. Wir haben einen freien Willen, sind aber Gesetzen unterworfen. Es herrscht perfekte Gerechtigkeit, und jeder ist für seine Handlungen verantwortlich. Im Gegensatz zur Erde leben wir aufgrund unserer Schwingungen getrennt auf unterschiedlichen Ebenen: Diejenigen mit den gleichen Schwingungen existieren auf der gleichen Ebene. Wir sehen geliebte Menschen und helfen ihnen, und unsere Schutzengel stehen uns bei. Aus dieser Welt werden wir auf eine andere Existenzebene inkarniert, bis wir schließlich eins mit Gott werden. Das ist die endgültige Inkarnation für alle.

Diese Vorstellung beruht auf den Informationen aus dem *Urantias*-Buch, das mir eine gute Freundin vor etwa fünfzehn Jahren gab. Darin werden das Leben und die Lehren Jesu geschildert, die Geschichte des Planeten Erde und die verschiedenen Vorgänge im Universum erklärt.

Ich bin zwar katholisch erzogen, im Glauben, daß Jesus der Sohn Gottes war und daß alle religiösen Rituale nötig sind, um in den Himmel zu kommen. Ich habe mich bis zu dem Punkt fortentwickelt, daß ich mich heute als ungebundene Christin bezeichne. Ich glaube immer noch, daß Jesus der Sohn Gottes ist, aber auch an die Harmonie unter den verschiedenen Religionen. Die fernöstlichen Religionen, mit denen ich mich befaßte, lehren, daß Jesus nur ein Prophet unter anderen war, genau wie Mohammed,

Konfuzius, Moses und Buddha. Dennoch konzentriere ich mich bei der Meditation stets auf Jesus, weil ich mich mit ihm am wohlsten fühle. Das ändert aber nichts an meinem Glauben, daß Gott in allen Kirchen und Tempeln, allen Häusern und Herzen wohnt.

Ich gehe gern in Kirchen und Tempel, aber ich finde es nicht notwendig, an einem bestimmten Tag an einen bestimmten Ort zu gehen, um mit Gott zu kommunizieren. Ich bete vielmehr täglich in meinem »inneren Tempel«. Selbst Jesus drückte diesen Gedanken aus: »Es kommt die Zeit ... da ihr weder auf diesem Berge noch in Jerusalem werdet den Vater anbeten. Denn es zählt nicht, wo wir ihn anbeten, sondern wie wir ihn anbeten – und ob unsere Verehrung spirituell und echt ist.« (Johannes 4,21).

Ich glaube auch nicht, daß Taufen, Beichten oder die Kommunion wichtig sind. Für mich sind das bloße Zeremonien – schön und bewegend. Ich akzeptiere, daß sich manche Menschen spirituell und psychologisch gebundener fühlen, wenn sie eine Handlung ausüben, die ihre Bindung ausdrückt, aber ich glaube nicht, daß diese Zeremonien unbedingt etwas mit der Nähe zu Gott zu tun haben – und das ist meine einzige religiöse Sorge. Manche Menschen finden es nötig, durch einen Mittler zu kommunizieren, der sein Leben Gott geweiht hat, weil sie glauben, dies würde sie Ihm näher bringen. Aber ich glaube auch nicht, daß jemand auf eine Kanzel oder Bühne treten muß, um ihr Leben zu weihen und wie neugeboren zu werden. Diese Praktiken sind für manche Menschen wichtig und haben in vielen Fällen vielleicht sogar Leben gerettet.

Viele Menschen glauben auch, daß man, um »gerettet« zu werden, um in den Himmel zu kommen, Jesus als den Erlöser akzeptieren muß. Ich meine, daß man Gott besser kennenlernen kann, indem man sich direkt an die Quelle wendet. Durch Meditation, Gebet und Gottesdienst kommt man Ihm am nächsten. Die wahre Bedeutung von Jesus liegt in dem, was er in seinem Leben tat, und nicht in seinem Tod. Jesus ist nicht auf die Erde gekommen, um uns zu erlösen, sondern um uns zu lehren, wie wir uns selbst retten können, und um uns über den Vater Gott und die Bruderschaft der Menschen aufzuklären. Er hat wie Moses den Willen seines Vaters ausgeführt. Das ist die »goldene Regel«, daß man seinen Nächsten lieben soll – wie er sie verstand.

Menschen, die an eine Wiederkehr Jesu glauben, möchte ich sagen, daß er meiner Meinung nach nicht in menschlicher Gestalt erscheinen wird, sondern als ein spirituelles Erwachen und eine Erkenntnis seiner Prinzipien in jedem Menschen, in unseren Herzen und Seelen. Es ärgert mich, Menschen zu sehen, die vorgeben, Christen zu sein, aber ein Leben führen, das weit von Jesu Lehren entfernt ist und die manchmal sogar Verbrechen begehen. Sie glauben, Jesus sei ihr Erlöser, und daher können sie ihr schlechtes Leben weiterführen. Egal, was sie tun, Jesus wird sie schließlich retten. Dem stimme ich natürlich nicht zu.

Die Religion ist etwas, das wir für uns selbst und individuell, durch ein bewußtes spirituelles Erwachen und durch persönliche Verpflichtung entwickeln müssen. Alles, das uns hilft, zu besseren Menschen zu werden und Gott näherzukommen, finde ich in Ordnung. Wir brauchen unsere religiösen Überzeugungen mit niemandem zu diskutieren, und sicher ist es nicht nötig, sich vor einen Saal voll Leute zu stellen und ehrliche Absichten zu demonstrieren. Die Religion geht nur Gott und Sie etwas an. Sie allein entscheiden, was am besten für Sie ist.

Wie ich bereits gesagt habe, ist meine Vorstellung von Gott die einer höheren Macht, von einem vibrierenden Meer intellektueller Energie, von kosmischer Kraft, eine unendliche Intelligenz – allwissend, allgegenwärtig und allmächtig. Wir bestehen aus kosmischer Energie aus dieser zentralen Quelle, Energie, die nicht aufgebraucht werden kann, sondern in immer wieder andere Formen umgewandelt wird. Wenn man sich hier auf der Erde spirituell entwickelt, wird es leichter, beim körperlichen Tod den Übergang auf eine dieser wunderbaren neuen Ebenen der Existenz zu vollziehen.

Meine Überzeugungen sind zwar eher christlich ausgerichtet als an anderen Religionen, aber keine Religion ist perfekt oder kennt alle Antworten, je nach den eigenen Gefühlen und dem göttlichen Rat, den man erhält. Dann trifft man seine eigene Entscheidung, was für einen wichtig ist, in dem Wissen, daß man bei der Annäherung an Gott auch der Verwirklichung des eigenen höchsten Potentials näherkommt.

2. Kapitel

PARAPSYCHISCHE PHÄNOMENE UND IHRE ENTWICKLUNG

Schwingungen – Vibrationen

Damit wir begreifen, woher unsere parapsychischen Wahrnehmungen stammen, hilft es, ein Verständnis über Schwingungen oder Vibrationen zu gewinnen. Diese Begriffe wurden in den Sechzigern oft benutzt, um ein allgemeines Gefühl oder einen Eindruck von einem anderen Menschen, einer Situation oder auch von Orten zu beschreiben. Wenn man zum Beispiel sagte: »Irgendwie empfand ich bei ihm schlechte Schwingungen«, hieß das, daß man diesem Menschen nicht ganz traute. Man könnte diesen Ausdruck leicht als ein Modewort der Sechziger abtun, aber wir erhalten in der Tat bestimmte Schwingungen von Menschen, Orten und Dingen, und sie können wissenschaftlich erfaßt werden.

In den letzten Jahrzehnten hat sich die Forschung ausgiebig mit dem Atom, dessen Potential und Rolle in unserem Leben befaßt. Die Atombombe ist ein Beispiel dafür, wie Wissenschaftler die Schwingungen von Atomen in eine ungeheuer destruktive Kraft verwandeln können. Im positiveren Sinne ist das Atom das Grundelement aller Dinge in unserem Universum. Der Unterschied zwischen Lebewesen und Nichtlebewesen, zwischen Gasen und festen Körpern ist einfach ein Unterschied in der atomaren Schwingung. Unsere Sinne sagen uns vielleicht, wenn wir einen Stuhl anfassen, daß es sich um einen festen Körper handelt, aber in Wirklichkeit handelt es sich um ein Feld aus Elektronen- und Protonenenergie, die sich in einer bestimmten Schwingungsfrequenz bewegt.

Die ganze Welt befindet sich daher in einem ständigen Zustand des Werdens. Es gibt keinen Ruhepunkt in der atomaren Bewegung; alle Materie befindet sich in konstanter Veränderung, ob wir sie nun mit dem bloßen Auge wahrnehmen können oder nicht. Aus diesem Grund vertritt die Wissenschaft nun die Theorie, daß das Universum kein Ding ist, sondern eine Reihe von Prozessen. Da Prozesse aber für uns schwer zu erkennen sind (wir glauben immer nur das, was wir sehen), bleibt unsere Wahrnehmung von der Welt notwendigerweise verzerrt.

In unserer gesamten Geschichte haben immer wieder Menschen mit einer ungewöhnlich scharfen oder außersinnlichen Wahrnehmung behauptet, sie seien weder durch Zeit noch Raum begrenzt und könnten sowohl in die Zukunft wie in die Vergangenheit sehen. Sie haben in

Wahrheit gelernt, die atomaren Schwingungen zu erkennen und zu deuten und sich bewußt zwischen den unsichtbaren und sichtbaren Welten der Existenz zu bewegen.

Die Gelehrten des Altertums verstanden die Bedeutung dieser Vibrationen. Es ist interessant, daß ihre Untersuchungsmethoden sich zwar stark von den heutigen wissenschaftlichen Methoden unterschieden, sie aber vielfach zu den gleichen Schlüssen gelangten. Bisher hat noch niemand die Kraft entdeckt, die die Schwingung der Atome bewirkt, aber wir wissen, daß sich die Atome durch ihre Schwingungsrate voneinander unterscheiden, und zwar in der Anzahl und Bewegung der winzigen Partikelchen, Protonen und Neutronen genannt, die den Atomkern bilden. Schwingungen bewirken, daß die Atome sich in alle Richtungen bewegen und gegen andere Atome ihrer Umgebung prallen. Diese Kollisionen haben eine meßbare Wirkung auf andere Atome, zerstören diese aber nicht.

Um dieses Phänomen zu erklären, benutzen Wissenschaftler gern das Bild eines Steins, den man in einen stillen Teich wirft. Wenn der Stein auf die Oberfläche aufschlägt, schickt er Kreise in alle Richtungen und zwar in einer Frequenz, die proportional zur Kraft des aufschlagenden Steins steht. Wenn mehrere Steine in den Teich geworfen werden, bewegen sich die Wellen von jedem Aufschlagpunkt aus nach außen, überlappen einander manchmal, zerstören sich aber nicht gegenseitig. Der Abstand zwischen den Kräuseln wird »Wellenlänge« genannt. Dieses Bild dient auch der Veranschaulichung, wenn Wellen aus Licht, Schall, Hitze oder sogar Gedanken die Atmosphäre durchdringen.

Ein Beispiel, um die Bandbreite der Schwingungen zu verdeutlichen: Feste Körper schicken Störwellen von bis zu sechzehn Schwingungen pro Sekunde aus, während weißes Licht bis zu 500 Milliarden Schwingungen aussendet. Die Schwingungsrate von ätherischen, astralen, mentalen und spirituellen Vibrationen ist bislang unbekannt.

Wir können mit unseren fünf Sinnen zwar nur eine kleine Bandbreite von Schwingungen wahrnehmen, aber zahlreiche Fakten deuten darauf hin, daß wir mit der Entwicklung anderer, latenter Sinne viel mehr solcher Schwingungen erfassen könnten. (Denken Sie einmal daran, wie oft jemand ein intuitives Gefühl als einen »sechsten Sinn« bezeichnet!)

Die höchsten Schwingungen benutzen den Äther als Übertragungsmittel. Äther, nicht zu verwechseln mit dem Narkosemittel, ist die Substanz, die alle Atome an ihrem Platz hält. Diese höchste Schwingungsrate liegt außerhalb der Vorstellungskraft des menschlichen Geistes und wird parapsychische Schwingung genannt. Die Aura, das Energiefeld, das alle Lebewesen umgibt, ist ebenfalls Bestandteil des Äthers.

Die Hirnanhangs- und die Zirbeldrüse (vorn im Gehirn etwa zwischen den Augenbrauen angesiedelt und manchmal als »drittes Auge« bezeichnet) soll ebenfalls eine wichtige Rolle bei der Eröffnung parapsychischer Kanäle spielen. Offensichtlich reagieren diese beiden Organe – über die noch sehr wenig bekannt ist – sensibel auf parapsychische Schwingungen. Wenn sie angemessen stimuliert werden, fungieren sie als Übersetzer dieser höheren Schwingungen. (Fassen Sie sich auch an die Stirn, wenn Sie versuchen, sich zu konzentrieren, oder scharf nachdenken?) Manche Menschen haben die angeborene Fähigkeit, die feineren magnetischen oder elektrischen Schwingungen im Äther wahrzunehmen, Schwingungen, die eine ganz andere Welt von Gedanken, Formen, Einheiten und deren Aktivitäten bilden. Diese überempfindlichen Menschen werden als Hellseher bezeichnet.

Während erst wenig über die Hirnanhangs- und die Zirbeldrüse bekannt ist und darüber, wie sie diese höheren Schwingungen empfangen und verarbeiten, hat man in den letzten Jahren mehr darüber herausgefunden, wie das Gehirn funktioniert. Ich habe bereits über positives Denken gesprochen, das heißt, wie man positive Schwingungen aussendet und wie diese das Leben beeinflussen können. Schauen wir uns nun ein paar der physiologischen Beweise für diese Theorien an, die in direktem Zusammenhang mit den Gehirnfunktionen stehen.

Das menschliche Gehirn produziert elektrische Energie, die mittels eines EEGs, eines Enzephalogramms, erfaßt und gemessen werden kann, indem man Elektroden am Schädel befestigt. Man kann verschiedene Muster identifizieren, etwa die vorwiegende Beta-Frequenz mit 14 bis 21 Perioden pro Sekunde. Die Beta-Wellen werden im wa-

chen Zustand ausgestrahlt, der durch die Fähigkeit ge-
kennzeichnet ist, körperliche Vorgänge zu steuern und Vorstellungen logisch ablaufen zu lassen. Die Alpha-Rhyth-
men mit 7 bis 14 Perioden pro Sekunde kennzeichnen den
entspannten, kreativen, intuitiven Zustand. Die Alpha-
Wellen kommen ins Spiel, wenn wir unsere paranormalen
Fähigkeiten in der Schlaftherapie oder bei der Meditation
entwickeln. In Meditation oder leichtem Schlaf operiert
das Gehirn gewöhnlich auf der Alpha-Ebene. (Diese Ebene wird auch von der Silva-Mind-Gedankenkontrolle benutzt. Anfangs benutzten die Anhänger der Silva-Mind-
Methode den Ausdruck: »Wir sind auf Alpha« als Kürzel
für den »intuitiven Zustand«.) Die Theta-Ebene mit 4 bis 7
Musterperioden pro Sekunde wird mit tiefem Schlaf oder
Bewußtlosigkeit gleichgesetzt.

Es ist bekannt und wird oft beklagt, daß wir im täglichen Leben nur zehn Prozent unseres Gehirnpotentials
nutzen. Was ist aber mit den anderen neunzig Prozent?
Die Antwort, auch mit Blick auf die Entwicklung unserer
latenten parapsychischen Fähigkeiten, liegt in dem großen
übrigen Teil des Gehirns. Offensichtlich ist dieses Potential
ungeheuer groß. Wenn man lernt, die Gehirnwellen zu
steuern, kann man den Verstand bewußt auf die Gehirn-
teile lenken, wo der Psi-Faktor, der sogenannte »sechste
Sinn« funktioniert, ein Sinn, den jeder Mensch hat und
entwickeln kann.

Die Messung der Gehirnwellen

Ich habe bereits erwähnt, daß Gedankenprozesse Energie haben und faßbare Dinge mit direkter Wirkung auf unsere Welt sind.

Es gibt aber auch Beweise dafür, daß die Energie, die unsere Gedanken freisetzen, eine gewisse Dauerhaftigkeit hat. Dr. Oskar Brunler, ein Experte für Gehirnstrahlungen, vertritt die folgende Theorie:

»Abgesehen davon, daß man die Strahlungen des Gehirns direkt am Kopf messen kann, kann man sie in der Unterschrift eines Menschen erkennen, in seiner Handschrift, seinen Gemälden und Zeichnungen. Die Augen, die die Buchstaben sehen, wenn sie aufgeschrieben werden, strahlen eine Kraft auf das Papier oder die Leinwand aus. Wenn wir die Strahlen in der Handschrift erfassen und sie mit den Gehirnstrahlen des Autors vergleichen, stellen wir fest, daß sie identisch sind. Es ist sogar noch Jahrhunderte später möglich, die Gehirnstrahlungen von Menschen zu messen. Die Strahlungen von Leonardo da Vinci zum Beispiel, dem größten Universalgenie, das die Welt je gekannt hat, und von den Manuskripten dieses großen Mannes ergeben eine identische Wellenlänge, und zwar in der höchsten Strahlung, die mir bisher begegnet ist: 725 Biometrische Grad, was einer Wellenlänge entspricht, die kürzer ist als die kürzesten unsichtbaren ultravioletten Strahlen.«

Da die Steuerung unserer Gehirnstrahlungen also in unserer Macht liegt, folgt daraus logisch, daß wir die Fähigkeit besitzen, unsere intellektuellen und spirituellen Möglichkeiten zu entwickeln.

Das Denken mit der rechten und linken Gehirnhälfte

Zu Beginn unserer Untersuchung, wie wir unser Gehirn besser kontrollieren können, schauen wir uns den durchschnittlichen Intelligenztest und dessen Grenzen an. Der normale IQ-Test befaßt sich nur mit der linken, der Vernunftseite des Gehirns. Die rechte Gehirnhälfte, die nonverbale Intelligenz, Kreativität und Intuition steuert, wird ignoriert. In der gesamten Geschichte hat es immer wieder Menschen gegeben, die man für brillant hielt, die aber in der Schule schlecht abgeschnitten hatten: Winston Churchill, Albert Einstein und Thomas Edison sind dafür nur drei Beispiele. Es kann sehr gut sein, daß sie in der Schule schlecht waren, weil bei ihnen die rechte Gehirnhälfte dominant war. Die rechte Gehirnhälfte operiert anders als die logische linke Hälfte. In der rechten Hälfte reifen Ideen gewöhnlich mehrere Tage lang im Unbewußten – manchmal sogar Monate oder Jahre –, ehe sie an die Oberfläche treten. Nach dieser Inkubationszeit, wenn die Zeit (und der Gedanke) reif ist, kommt es einem plötzlich in den Sinn (»Heureka!«), ohne daß wir bewußt einen Gedanken entwickelt haben. Mißachten Sie solche Gedanken nie: Sie stammen aus der rechten, intuitiven Seite des Gehirns, und man sollte ihnen alle Aufmerksamkeit schenken. Die rechte Gehirnhälfte versucht ständig, uns durch solche Gedanken, Intuitionen, Gefühle und manchmal auch Träume Botschaften zukommen zu lassen. Die meisten Menschen ignorieren solche Signale und tun sie als »bloße Ideen« ab. Aber kreative Menschen nennen sie Inspirationen und wissen, wie sie diesen zu folgen haben. Auf diese Weise finden sie erstaunlich schnell Lösungen für komplexe Probleme, weil sie die logischen Schlußfolgerungen der linken Gehirnhälfte übergehen und die Antwort auf direktem Weg finden. Bestimmte Menschen sind zweifelsohne empfänglicher für Gedanken der rechten Gehirnhälfte als andere. Die Forschung weist darauf hin, daß Menschen, die »offen« eingestellt, sensibel und vorurteilslos sind, viel eher solche Intuitionen oder außersinnliche Wahrnehmungen erleben. Menschen, die zurückgezogen, depressiv, besorgt oder negativ eingestellt sind, sind gewöhnlich kaum für außersinnliche Wahrnehmung empfänglich. Das heißt aber nicht, daß sie es nicht empfinden können, sondern nur, daß ihre unterschwellige Furcht und ihr Mißtrauen den Übertragungsfluß hemmen. Daher stammt auch der Ausdruck, »offen« für etwas zu sein.

Das holistische Konzept kann bei der Erreichung unseres Ziels, diese rechten Gehirnschwingungen zu spüren und zu nutzen, kaum überbetont werden. Man kann in der Tat nicht mit diesen Schwingungen in Kontakt geraten, wenn Körper und Geist voll instabiler, ungesunder und disharmonischer Schwingungen sind. Um dieses Ziel zu erreichen, muß man zuerst einmal in Geist, Seele und Körper so stark und gelassen wie möglich werden.

Außersinnliche Wahrnehmung

Es gibt viele verschiedene Methoden, physische wie geistige, mit denen wir an spirituelle und parapsychische Informationen gelangen können. Die spirituellen Wissenschaften befassen sich mit einem inneren Bewußtsein, bei dem spirituelle Kommunikation stattfindet, oft »parapsychische oder paranormale Fähigkeit« genannt. Diese drückt sich auf verschiedene Weisen aus:

Apport (Telekinese)
Eine seltene paranormale Kraft, bei der man materielle Objekte durch übernatürliche Mittel herbeischafft und aus einer anderen Dimension oder aus dem Geist heraus materialisiert. Zum Beispiel kann ein wichtiger Brief, der sonst in einem Safe liegt, ohne ersichtliche Hilfe auf einem Tisch auftauchen.

Astralreisen
Wenn der astrale, der spirituelle Körper den tatsächlichen Körper verläßt, was gewöhnlich in einem veränderten Bewußtseinszustand passiert, kann er durch irdische wie an-

dere Dimensionen reisen und anschließend in den tatsächlichen Körper zurückkehren.

Auralesen
Wenn man die Farben einer Aura sieht oder fühlt und deuten kann.

Automatisches Sprechen
Die Fähigkeit eines parapsychisch veranlagten Menschen, mit der Stimme eines anderen zu sprechen oder zu singen. Das ist auch unter dem Namen Glossolalie bekannt, »mit Zungen reden«.

Einige Medien können sogar in einer Sprache reden, die sie bei vollem Bewußtsein gar nicht sprechen können. In einer Gruppe von Studenten zum Beispiel, die parapsychische Entwicklung betrieben, wurde meditiert, und einer von ihnen sagte mit einer veränderten Stimme zu einem anderen Studenten, er brauche sich keine Sorgen um seine Tante zu machen, denn es würde ihr bald wieder besser gehen. Solche Stimmen verschwinden ebenso schnell wieder, wie sie auftauchen.

Automatisches Schreiben
Die Fähigkeit, tatsächlich zu schreiben, aber in Kontakt mit der Göttlichen Intelligenz oder einem ihrer Engelshelfer. Eine spirituelle Kraft bemächtigt sich der Hand und schreibt mühelos für den eigentlichen Autor. Viele Schriftsteller erhalten diese göttliche Hilfe. Wenn Sie zum Bei-

spiel an eine bevorstehende Gerichtsverhandlung denken und dabei unbewußt etwas auf ein Blatt Papier kritzeln, erkennt man plötzlich die Worte: »Alles wird gut werden.«

Channeling

Ein Medium ist ein Mensch, der sich in die Welt des Paranormalen einschalten und Botschaften empfangen kann. Der Ausdruck des sogenannten New Age dafür ist »Channeler«. Es gibt heute überall Channeler, die alle behaupten, Medien zu sein, aber ein bestimmter Prozentsatz von ihnen sind Schwindler, die andere Menschen emotional und finanziell ausnutzen. Aber auch diejenigen, die wirklich channeln können, arbeiten nicht immer hundertprozentig genau. Die meisten geben einem sehr allgemeine, universelle, spirituelle Botschaften. Ein echter Channeler kann einem aber bestimmte Informationen zukommen lassen. Jeder Mensch kann in gewissem Sinne channeln. Es kann sich um einfache Dinge handeln, wie wenn man eine Antwort von Gott oder einem höheren Wesen erhält. Einige Channeler »verlassen« ihren Körper und lassen ihn vollständig von jemand anderem übernehmen. Der Channeler fällt in einen leichten Trancezustand, und die Energie der Person oder des Geistes tritt in den Channeler und spricht durch ihn.

Eingebungen

Die Fähigkeit, Ideen wahrzunehmen, die einem von der Gotteskraft durch deren spirituelle Vertreter eingegeben wurden. Diese Eingebungen, die grundsätzlich unbegrenzt sind, ähneln typischerweise Ideen, die einem wie ein flüchtiges Gefühl oder eine Ahnung in den Sinn kommen. Man ist zum Beispiel zu spät auf dem Weg zur Arbeit und beeilt sich, um pünktlich zu kommen. Man hat das Gefühl, eine Abkürzung nehmen zu müssen, statt die Hauptstraße. Später erfährt man, daß auf der Hauptstraße, die man sonst immer nimmt, ein schwerer Unfall passiert ist.

Hellfühlen
Die Fähigkeit, verschiedene sensorische Phänomene auf übernatürliche Weise zu empfinden. Es gibt vier Typen: taktil, thermal, kinästhetisch und Schmerz/Lust. Wenn man zum Beispiel mit einem bestimmten Menschen spricht, empfindet man einen Schmerz in den Fingergelenken, aber nur kurz – bis man erfährt, daß der andere arthritische Schmerzen in den Händen hat.

Hellhören
Die Fähigkeit, Geräusche zu hören, aber nicht im üblichen körperlichen Sinne, sondern auf paranormale Weise. Eine Frau und ihr Sohn Jerry standen einander sehr nahe, und er hatte sie getreulich jeden Abend angerufen – bis zu dem Tag, an dem er bei einem Unfall ums Leben kam. Monate später rief sie einmal von Schmerz überwältigt: »Warum rufst du mich nicht mehr an?« In diesem Augenblick klingelte das Telefon. Als sie den Hörer abnahm, sagte die Stimme am anderen Ende: »Mama!« Sie erkannte die Stimme ihres Sohnes und antwortete: »Jerry!« Die Stimme wie-

derholte leiser werdend: »Mama.« Sie ging ins Schlafzimmer, und als ihr Mann sie fragte, wer angerufen habe, sagte sie, es sei Jerry gewesen. Ihr Mann meinte verwirrt: »Das muß jemand gewesen sein, der sich ähnlich anhörte.« »Nein«, sagte sie. »Ich kenne seine Stimme. Er hat mich angerufen und ist dann wieder gegangen.«

Das sogenannte Hellhören kann wie ein Flüstern im Kopf klingen. Die Lautstärken sind zwar unterschiedlich, aber die Stimmen sind eher leiser als eine normale Stimme und können oft nur auf einer Seite gehört werden.

Hellriechen I
Die Fähigkeit, Gerüche auf übernatürliche Weise wahrzunehmen, wenn keine Ursache für den Geruch vorhanden ist.

Hellriechen II
Die Fähigkeit, Geruch übernatürlich wahrzunehmen, aber nicht rein körperlich: Wenn man etwa Brandgeruch wahrnimmt, aber nichts in der Nähe brennt, und man später erfährt, daß das Haus eines Freundes niedergebrannt ist. Ein weiteres Beispiel ist, wenn das Lieblingsparfüm der Mutter im Haus schwebt, aber nichts davon tatsächlich vorhanden ist. Man kann dann vielleicht ihren Geist in der Nähe spüren.

Hellsehen
Die Fähigkeit, Visionen von paranormalen Wesen zu »se-

hen« oder wahrzunehmen (die außerhalb des normalen Erfahrungsbereiches liegen und wissenschaftlich nicht erklärbar sind). Es gibt verschiedene Formen der Hellseherei, wie mediales Hellsehen (wenn man Bilder und Auren sieht, die uns die Göttliche Intelligenz und ihre Engelshelfer in der anderen Dimension zeigen) und Projektionen (wenn man entfernte Objekte und Orte sieht). Man könnte zum Beispiel gerade telefonieren und sieht ein blitzartiges Bild von sich vor Augen, wie man auf einem weißen Sandstrand sitzt und ein tropisches Getränk in der Hand hält. Später erfährt man, daß man eine Reise nach Hawaii gewonnen hat.

Inneres Sprechen/Inspiration

Spirituelle Wesen sprechen mit hörbaren Stimmen aus dem Nichts oder aus einem belebten oder unbelebten Objekt. Viele Menschen sind schon einmal am Steuer fast eingeschlafen, als eine Stimme wie aus dem Nichts sehr laut sagte: »Wach auf!« Richard Bach meint, er habe Informationen für sein inspirierendes Buch »Die Möwe Jonathan« von einer Möwe empfangen, die ihm in einer Vision erschien und ihm das Buch verbal diktierte.

Materialisierung

Eine seltene Fähigkeit, bei der scheinbar materielle Objekte erschaffen werden. Eine spirituelle Gestalt erscheint in körperlicher Form und kann von anderen leicht gesehen werden. Es gibt viele Beispiele dafür in der Bibel, unter anderem die, wo Engel den Stein wegrollen, der Jesu Grab verschloß. Zu einer Materialisierung braucht man erhebliche spirituelle Energie (Ektoplasma), und sie kommt nur selten vor. Eine Materialisierung braucht sich jedoch nicht unbedingt in menschlicher Gestalt zu vollziehen: Auch Objekte können sich materialisieren, wie ein Ring, der wie aus dem Nichts auf einem Toilettentisch auftaucht.

Mediales und telepathisches Hellfühlen

Die Fähigkeit, verschiedene emotionale Zustände zu empfinden, die einem durch andere Personen auf übernatürlichem Weg eingegeben werden. Ein Medium kann etwa das Gefühl oder die Schwingung des Bruders eines Klienten und der brüderlichen Liebe aufnehmen. Dann könnte er dem Klienten dieses Gefühl und damit die Botschaft des Bruders übermitteln.

Parapsychische Geräusche

Hier handelt es sich um eine Art Codesystem zwischen unserer Welt und der »Anderswelt«. Man vernimmt mit dem normalen Gehör ein Knacken, Klopfen, Klappern oder Kratzen. Wenn einem diese Kommunikationsform vertraut ist, bemerkt man diese Geräusche und deutet sie als Bestätigung dessen, was man zu diesem Zeitpunkt denkt.

Parapsychische Träume

Die Fähigkeit, Informationen aus parapsychischen Quellen

im Schlafzustand aufzunehmen. Nicht alle Träume sind übernatürlich – nur diejenigen, die eine Wahrheit mitteilen, etwas über die Zukunft oder eine Information, die dem Empfänger sonst verwehrt ist. Diese Information wird später durch tatsächliche Ereignisse bestätigt. Eine Klientin, Sue, erzählte mir beispielsweise diese Geschichte: Eines Morgens war ihre Schwester aufgebracht, weil sie ihr Hochzeitsfoto verlegt hatte. Sue meditierte den ganzen Tag über das Problem der Schwester und betete vor dem Einschlafen, daß ihr im Schlaf eine Antwort gegeben würde. In der Nacht träumte sie, das Hochzeitsfoto sei unter den Autositz der Schwester gerutscht. Als sie am nächsten Morgen aufwachte, rief sie sie an und teilte es ihr mit. Ihre Schwester ging zum Auto und fand das Foto genau dort unter dem Sitz.

Psychometrie

Die Fähigkeit, ein Objekt in die Hand zu nehmen und seine Geschichte, seinen Ursprung und bestimmte andere Faktoren zu erspüren. Ein Sensitiver kann etwa einen Schlüsselbund in die Hand nehmen, der einem anderen gehört, und diese Person in allen Einzelheiten beschreiben – auch, wo sie sich aufhält und was er oder sie fühlt. Diese Eindrücke können als Ideen und Emotionen im parapsychischen Sinne gespürt werden. Sensitive helfen häufig der Polizei, vermißte Personen aufzuspüren oder um Opfer oder Verdächtige zu beschreiben. Die Schwingungen werden tatsächlich von dem Objekt empfangen, das dem Subjekt gehört oder gehörte. Psychometrie wird stets an unbelebten Dingen ausgeübt, niemals an Lebewesen.

Psychokinese

Die Fähigkeit, Objekte ohne körperlichen Kontakt zu bewegen. Die Objekte können sich bewegen, aufsteigen oder in der Luft schweben. Ich habe zum Beispiel miterlebt, wie Olof Jonsson mittels seiner paranormalen Kraft bewirkte, daß ein Kerzenleuchter über einen Tisch glitt, ohne daß er ihn berührte.

Seherei

Die Fähigkeit, über entfernt stattfindende Ereignisse oder Orte auf übernatürliche Weise Bescheid zu wissen. Der Seher sieht, hört, fühlt oder riecht möglicherweise etwas, das irgendwo anders oder in der Zukunft passiert. Der Seher hat vielleicht eine Vision, etwa, wie ein paar Bergleute in einer Grube in England verschüttet werden – und hört die entsprechende Nachricht eine Woche später im Radio.

Telepathie

Die Fähigkeit, Gedanken und Emotionen zu übertragen oder zu empfangen – mit anderen Worten, die Gedankenschwingungen einer anderen Person zu erspüren. Man schickt zum Beispiel einen Freund mit einer Einkaufsliste in den Supermarkt. Da fällt einem ein, daß man vergessen hat, Butter aufzuschreiben. Man schickt ihm eine geistige Botschaft, und er kommt tatsächlich mit der Butter zurück und sagt, er habe das Gefühl gehabt, man brauche sie, auch wenn sie nicht auf der Liste stand.

Trance

Ein Bewußtseinszustand, den man durch Meditation erreicht. Man gewinnt über das Unbewußte des Mediums, das sich in Trance befindet, Informationen aus der Anderswelt. Ein Beispiel für einen solchen Menschen ist Edgar Cayce, den man den »Schlafenden Propheten« nannte. Er konnte Krankheiten ohne eine ärztliche Ausbildung mittels Informationen diagnostizieren, die er im Trancezustand erlangte.

Wünschelrutengehen

Die Methode, mit einem Instrument, wie etwa einem gegabelten Stock, einem L-förmigen Stab oder einem Pendel, eine Energiequelle zu orten. Das Wünschelrutengehen beruht auf dem Unbewußten oder Überbewußten, das sich Gefühlen, geistiger Energie, der Bewegung und Schwerkraft bedient. Man kauft etwa ein Stück Land und will den besten Platz für einen Brunnen bestimmen. Dazu folgt man einer Wünschelrute in der Richtung, die die Stockspitze nimmt.

Anzeichen für beginnende außersinnliche Wahrnehmung

Die meisten Zustände und Fähigkeiten, die wir im vorherigen Teil besprochen haben, können die ersten Anzeichen einer Entwicklung der außersinnlichen Wahrnehmung sein. Anzeichen, die häufig von Anfängern bemerkt werden, sind eine verminderte oder gesteigerte Herzfrequenz, das Gefühl zu sinken, herumzuwirbeln oder zu schweben, starkes Schwitzen, Übelkeit, ungewöhnliche Schläfrigkeit, verlangsamte Atmung und/oder ein Kribbeln, besonders in den Händen, am Kopf und im Gesicht.

Eine ganze Reihe von übernatürlichen Zeichen sind mit bestimmten parapsychischen Fähigkeiten verbunden, etwa leichte Abweichungen des körperlichen Zustands bis zu komplexen Veränderungen in der psychologischen Ausrichtung. Hier ein paar Beispiele:

Automatisches Schreiben
Ein Gefühl, daß Energie durch die Hand oder den Arm fließt, Kälte, Schwere oder Kribbeln in der Hand oder im Arm.

Automatisches Sprechen
Würgen, ein Gefühl der Verengung, Brennen oder ein Reiz in der Kehle oder im Kehlkopf.

Eingebung
Es kommen einem ständig ungewöhnliche, wichtige Ideen in den Sinn.

Hellfühlen
Temperaturveränderungen in verschiedenen Körperteilen, ein Kribbeln am ganzen Körper.

Hellhören
Jucken im Ohr, Summen, Klingeln, flüsternde Stimmen, Musik, die aber schwer zu beschreiben ist.

Hellriechen
Ein Reiz oder Kitzeln in der Nase, Wahrnehmung von verschiedenen Gerüchen.

Hellschmecken
Empfindlichkeit auf der Zunge (Schwellung oder Druckempfindlichkeit), verschiedene Geschmäcker werden wahrgenommen.

Hellsehen
Brennen und Reizung der Augen, Lichter sehen (verschiedene Farben und Größen).

Inspiration
Schmerz oder Druck an einer Stelle mitten auf der Stirn oder knapp über dem Zwerchfell.

Psychokinese

Ein schweres, taubes Gefühl im Körper oder nur in den Armen und Beinen, Druck im Nacken, ein Gefühl, als würde etwas aus dem Solarplexus oder den natürlichen Körperöffnungen gezogen.

Genau wie keine zwei Menschen identisch sind, werden keine zwei Menschen außersinnliche Wahrnehmung auf die gleiche Weise entwickeln. Der eine reagiert vielleicht stärker auf visuelle Zeichen, der andere mehr auf hörbare und so weiter.

Eine Warnung: Hüten Sie sich, alle »seltsamen« oder »ungewöhnlichen« Ereignisse in Ihrem Leben der sich entwickelnden außersinnlichen Wahrnehmung zuzuschreiben. Das meiste, was einem zustößt, hat einen natürlichen Grund, keinen »paranormalen«. Ein Anzeichen für außersinnliche Wahrnehmung wie etwa das Klingeln in den Ohren könnte mit einer beginnenden Krankheit zu tun haben. Lassen Sie solche Symptome stets von Ihrem Hausarzt überprüfen.

Andere Methoden, eine göttliche Antwort zu bekommen

Einige der parapsychischen Fähigkeiten, die wir bislang beschrieben haben, können aber auch mit erlernbaren paranormalen Wissenschaften verbunden werden, wie dem Handlesen oder dem Tarotkartenlegen. Damit kann fast jeder bestimmte Dinge über sich selbst und andere Menschen erfahren. Wenn sich zum Beispiel ein Wahrsager Ihre Handlinien ansieht und vorhersagt, jemand namens Joe würde in Ihr Leben treten, benutzt er seine parapsychische Fähigkeit (der Name kann nicht allein aus der Hand gelesen werden). Aber es sind keine parapsychischen Fähigkeiten notwendig, um mit diesen eher »mechanischen« Mitteln mehr über die Gegenwart oder die Zukunft zu erfahren. Die verschiedenen Methoden können von jedem gelernt werden, der bereit ist, sich dafür die Zeit zu nehmen. Durch die Jahrhunderte hindurch haben Menschen stets versucht, sich die mysteriösen Kräfte des Universums zunutze zu machen, um die Zukunft zu deuten.

Astrologie ist die drei- bis fünftausend Jahre alte Erforschung der Beziehung der Erde zum Universum innerhalb des Rahmens von Zeit und Raum. Man hat die Astrologie auch die »Psychologie der Alten« genannt. Sie setzt die Ereignisse auf der Erde in Beziehung zu den anderen Himmelskörpern im Sonnensystem. Eine der verbreitetsten Anwendungen der Astrologie ist als persönlicher Ratgeber in allen Lebensbereichen: Beziehungen, Karriere, Geschäft, Entscheidungsfindung, Reisen, selbst für die Bestimmung des besten Wohnorts, ob in der Stadt oder auf dem Land. Sonne, Mond und alle anderen Planeten unseres Sonnensystems mit Ausnahme der Erde werden als astrologische Symbole benutzt und stehen für bestimmte Werte und Eigenschaften.

Ein astrologisches Diagramm besteht aus zwölf Kreissegmenten, den sogenannten Häusern. Jedes Haus deckt etwa dreißig Grad ab und steht für einen bestimmten Lebensbereich, wie etwa Beziehungen, Beruf, Kommunikation, Geld. Ein »Geburtshoroskop« – das am häufigsten gestellt wird – zeigt die genaue Position der Planeten zum Zeitpunkt der Geburt eines Menschen und die mathematisch exakt berechneten Beziehungen dieser Planetenkonstellationen zueinander. Das bezeichnen wir als Horoskop. Die Position der Planeten entnimmt man einem Buch, dem Ephemerus; daher kann ein Horoskop von jedem aufgestellt werden, der gelernt hat, dieses Nachschlagewerk zu benutzen – auch mit dem Computer. Von größter Wichtigkeit sind hingegen die Deutungen dieser Beziehungen, wenn das Horoskop aufgestellt ist, und das kann man nur nach längerem Studium. Die fähigsten Astrologen sind diejenigen, die dieses Wissen mit parapsychischen Kräften verbinden, denn so können sie all ihre Talente vereint einsetzen. Solche Experten sind seltener, doch es ist die Sache wert, solche Menschen aufzusuchen. Die kompetentesten stellen ihre Berechnungen schon im Gespräch mit Ihnen an und brauchen keine Bücher. Wenn das Geburtshoroskop steht, können progressive Horoskope angelegt werden, die die Planeten in der gegenwärtigen Position zeigen.

Wenn die Leute einen nach dem Sternzeichen fragen, meinen sie damit meist das »Sonnenzeichen«, das heißt, in welcher Position sich die Sonne zum Zeitpunkt der Geburt befand. Davon gehen auch die Horoskope in Zeitungen und Magazinen aus. Dieses Sonnenzeichen ist zwar wichtig und bedeutsam, aber die verschiedenen Aspekte und Einflüsse der anderen Himmelskörper haben ebenfalls einen bestimmten Einfluß und ihre Wirkung. Einige Astrologen erspüren Ihren Aszendenten, der für den ersten Eindruck steht, den Sie auf andere haben, und meinen, er sei von ähnlich großer Bedeutung.

Handlesen ist die Wissenschaft, aus den Linien der Hand zu erkennen, wo ein Mensch war, wo er hingeht und welche Änderungen ihm bevorstehen. Das Handlesen ist viel mehr als einfaches »Wahrsagen«. Es ist eine Kunst, die älter ist als die uns bekannte Zeit. Die Handlinien ändern sich, wenn man im Leben Härten und Triumphen begegnet. Eine Untersuchung der Hand kann einem Dinge über die körperliche und emotionale Gesundheit verraten, über die Persönlichkeit, die Erfolgschancen in einem gewählten Beruf und was man braucht, um Erfüllung in den Bereichen der Kreativität, der Liebe und spirituellen Entwicklung zu finden. Ohne auf die Einzelheiten einzugehen, die man mit einer Reihe guter Bücher erlernen kann, sollte man im Auge behalten, daß die linke Hand das angeborene Potential zeigt, mit dem man auf die Welt kam, und die Rechte, wie man dieses Potential nutzt. Abgesehen von den Handlinien beachtet der Handleser Zeichen in der Form der Hand und der allgemeinen Erscheinung.

Spirituell gesehen stellt der Mensch einen Mikrokosmos des Universums dar, einen fünfzackigen Stern, mit dem Kopf, den zwei Armen und Beinen als den Spitzen. Beim Handlesen steht die Hand für den Mikrokosmos, mit den vier Fingern und dem Daumen als den fünf Zacken. Ein Blick auf die Handfläche gibt einem wertvolle Einsichten über das Leben eines Menschen im Kleinen.

Knochenwerfen ist eine Art des Wahrsagens, die von den Medizinmännern und Hexen Afrikas praktiziert wird. Man nimmt tatsächlich eine Reihe von Tierknochen, Muscheln, Münzen und Stückchen aus Elfenbein und Holz, die jeder eine bestimmte Person oder einen Umstand symbolisieren, wirft die Objekte auf eine Strohmatte und deutet sie, um eine Reihe von Problemen zu diagnostizieren und zu beschreiben. Medizinmänner unterziehen sich einem intensiven zehnjährigen Training und vergleichen sich oft mit den Psychologen und Psychiatern des Westens. Es gibt zwei Bücher, in denen diese Praktik in allen Einzelheiten beschrieben wird: »White Woman Witchdoctor« und »African Divination Systems«.

Numerologie gibt es schon seit Jahrhunderten. Einige behaupten, sie habe bei den Kabbalisten des alten Ägyptens ihren Ursprung, andere meinen, er läge bei dem griechischen Philosophen Pythagoras (6. Jh. v. Chr.), der als »Vater der Zahlen« bekannt ist. In der Numerologie werden die Buchstaben von Namen mit den Geburtsdaten kombiniert, um andere Zahlen zu bilden, die verschiedene

Aspekte im Leben eines Menschen erklären und deuten. Die Numerologie kann nicht durch traditionelle wissenschaftliche Methoden erklärt werden; sie operiert mit dem universellen Wert der Zahlen, parapsychischer Energie, den Schwingungen von Zahlen und Gotteskraft. Die Kenntnisse der Zahlen ermöglichen einem, besser mit bevorstehenden Ereignissen fertig zu werden. Der Numerologie zufolge kann das Ändern des Namens das Schicksal beeinflussen. (Mehrere berühmte Unterhaltungskünstler behaupten, sich der Numerologie bedient zu haben, als sie sich für eine neue Schreibweise ihres Namens entschieden.)

Tarotkarten werden benutzt, um die Vergangenheit, die Gegenwart und die Zukunft zu deuten und um Fragen zu beantworten, indem sie jemand deutet, der die Symbolik jeder einzelnen Karte richtig versteht. Zu sagen, daß sie genau und zuverlässig die Zukunft vorhersagen könnten, hieße, ihnen zu hohe Kräfte zuzugestehen. Sie vermitteln einem oft psychologische Einsichten und können wie das Handlesen benutzt werden, um mehr über sich selbst zu erfahren. Tarot ist weniger kompliziert als die Astrologie, die eine bewiesene und komplexe Wissenschaft ist und auf konkreten Fakten und Zahlen beruht. Die subtilen uralten Botschaften des Tarot bieten gewöhnlich mehr als nur eine Deutung. Der Ursprung des Tarotspiels kann bis ins zwölfte Jahrhundert zurückverfolgt werden. Viele Gelehrte glauben, unsere normalen Kartenspiele seien direkt mit dem Tarot verwandt.

Kristalle und Edelsteine

Der Mensch hat in seiner gesamten Geschichte stets kostbare Edelsteine und Metalle benutzt, um seinen Körper zu schmücken, um zu heilen und noch zu verschiedenen anderen Zwecken. Alle Kristalle enthalten einen gewissen Anteil an Metallen, deren Schwingungen den Körper beeinflussen. Kristallinsen, die man in Ruinen aus der Antike fand, sollen benutzt worden sein, um Wunden zu verätzen. Kristallenergie ist heutzutage überwiegend in elektronischen Produkten zu finden: Da Kristalle elektromagnetische Energie verstärken und übertragen, werden sie in Radios, Fernsehern und beim Radar verwendet und sind einzigartig in ihrer Funktion als mikroelektronische Schaltkreise in Computern.

Man beachte bei der Auswahl eines Kristalls bzw. Edelsteins, daß sie sich strukturell voneinander unterscheiden und auch unterschiedliche Funktionen erfüllen. Wählen Sie sie nach Intuition und ihrer Anziehungskraft aus, wie auch nach dem erwünschten spirituellen und funktionalen Zweck.

Einige der beliebtesten Kristalle und Edelsteine sind:
Amethyst: Für inneren Frieden, Schutz, spirituelle Einstimmung. Gibt Visionen und öffnet spirituelle und psychische Zentren; reduziert geistige Spannung; führt zu angenehmen, heilenden Träumen; verhindert Ausschweifungen und fördert Transformationen und das Abgewöhnen schlechter Angewohnheiten; unterstützt Weisheit und

Demut; stärkt die Willenskraft; hilft bei niedriger Selbstachtung.

Aventurin (oder Glimmerquarz): Für Überfluß, Heilung und spirituelles Wachstum; reinigt den ätherischen, emotionalen und geistigen Körper; mildert Furcht und verborgene Ängste; bringt einem Abenteuer in der Liebe und Glück.

Blauer Quarz: Hilft gegen Depressionen und die Angst vor dem Altern; verlängert das Leben, verstärkt kreative Fähigkeiten; richtet feinstoffliche Körper aufeinander aus.

Hämatit: Der Kreislauf-Stein; gut bei Blutstörungen und Verbrennungen, heilt gefährliche Wunden; gut für die Lungen, das Rückgrat, bei geringer Vitalität, Kopfschmerzen, hohem Blutdruck, Blutungen im Auge, Muskelkrämpfen, Geschwüren; gibt einem Mut und Ausdauer; beruhigt, entspannt und lindert emotionale Aufregung.

Karneol: Verleiht einem ein Gefühl von Wohlbefinden und überschüssiger Energie; gut für die Leber, das Atmungssystem, wundes Zahnfleisch; bei Rebirthing oder der Rückführung in vergangene Leben auf den Nabel gelegt, fördert er das Auftauchen früherer Erfahrungen; verbessert den Tastsinn.

Lapislazuli: Ein geistiger und spiritueller Reiniger, bringt einem Weisheit; ist gut für das Blut, bei Fieber, Melancholie, Neuralgien, für Mandeln und Rachen, Bronchien, reguliert die Menstruation; regt zur geistigen Klarheit und Disziplin an; aktiviert die Thymusdrüse.

Malachit: Bringt einem Reichtum, behandelt Augen und

anomalen Blutzuckerspiegel; ist gut bei Kreislaufbe-
schwerden, erweckt und regeneriert Heiler; bewegt festsit-
zende Gefühle; fördert den Schlaf; verbessert Störungen
der linken oder rechten Hirnhälfte; wird bei Geisteskrankheiten eingesetzt, gut für das Herz; spiegelt die Seele.

Milchquarz: Bringt uns in Kontakt mit dem Verborgenen,
Unsichtbaren, Mysteriösen und Flüchtigen innerhalb wie
außerhalb.

Mondstein: Ein beruhigender Stein; gut zum Meditieren;
gibt einem spirituellen Rat und Schutz auf Reisen; ein Lie-
besanreger; bringt einem Glück, wenn man dafür offen ist;
ein parapsychischer »Öffner« für Prophezeiungen; ver-
wirklicht Hoffnungen und emotionales Loslassen; am besten als Schmuck oder in Zauberstäben; lehrt einen, mit
dem Leben zu fließen; verstärkt die Weisheit aufgrund von
Erfahrung; ausgezeichnet für alle weiblichen Probleme.

Quarzkristall (klar und weiß): Verstärkt die Schwingungen
seines Trägers; verbindet die materielle Welt mit den
höheren Ebenen; hält, speichert, verstärkt und überträgt
Energie; ausgezeichnet für Heilarbeit und Meditation; gibt
einem verstärkte Sensibilität für feinstoffliche Energien;
für bessere Einstimmung auf die Mutter Erde und den
Schutz ihrer Ressourcen; Einstimmung auf heilige Stätten
und das planetarische Kristallsystem; für den Universal-
geist und Gottesbewußtsein, Kontakt mit anderen Dimensionen und spirituellen und kosmischen Wesen; beschleunigt den evolutionären Prozeß; fördert Klarheit und Weisheit; verbessert das Gedächtnis; unterstützt Transforma-

tionen, Erwachen, Reinigung; verstärkt positive Gedanken und Gebete; bringt emotionales, körperliches, geistiges und spirituelles Gleichgewicht.

Rosenquarz: Bringt mehr Liebe ins Leben; fördert die Verjüngung der Haut; unterstützt den Filterprozeß der Nieren; öffnet das Herzchakra, um Liebe zu empfangen und zu teilen; hilft gegen Einsamkeit, Kummer, Depressionen, Verlust; bei Mißbrauch von Kindern; bringt einem Freude und Glück.

Rauchquarz: Hilft einem, in Kontakt mit der Natur zu kommen; ausgezeichnet zum Meditieren und Heilen auf den geistigen und ätherischen Ebenen; hat eine Ultraschallfrequenz, die einem ermöglicht, hellzuhören und medial zu arbeiten.

Tigerauge: Reinigt den Körper nach Ausschweifungen, behandelt Augenkrankheiten; ein schützender Stein.

Turmalin: Ein sehr starker Heilstein mit Schwingungen zu allen Chakren gleichzeitig; grüner Turmalin lindert chronische Erschöpfung, zieht Reichtum an; rosafarbener Turmalin sendet Liebe in die Welt und sagt, es sei sicher, zu lieben; löst destruktive Gefühle auf; schwarzer Turmalin strahlt negative Energie ab und neutralisiert die eigene Negativität; hilft einem, spirituell zu bleiben, wenn man von unsensiblen Menschen umgeben ist; Wassermelonen-Turmalin ist für diejenigen, die als Therapeuten arbeiten, und für heilende Beziehungen; er gleicht die Emotionen und den Stoffwechsel aus.

Türkis: Erinnert uns an unser spirituelles Wesen; er hat mit der Erdatmosphäre zu tun; gibt Schutz, ist gut für Herz, Brust, Nacken, Lungen, Atmungssystem und die Augen; ein »Master Healer«, ein Stein des Friedens und der Gelassenheit, von Wohlstand und Glück, zur Erinnerung an vergangene Leben und zur Förderung von langfristiger Freundschaft.

Zitrin: Für Fröhlichkeit, Beherrschung der Emotionen, klare Gedanken; überwindet geistige Blockaden; fördert die Verdauung; bringt Lichtkräfte auf die körperliche Ebene; fördert Mitgefühl, geistige Disziplin; hilft gegen Depressionen und selbstzerstörerische Neigungen (besonders bei Selbstmordgefahr); es ist ein fröhlicher, glücklicher Stein, der einem die besten Dinge des Lebens bringt; gut für Magen, Darm, Nieren, Leber, Muskeln und um das Blut von Giftstoffen und Schlacken zu reinigen.

Die Reinigung von Kristallen und Edelsteinen

Da Kristalle bzw. Edelsteine mit den positiven und negativen Energien ihrer Umgebung interagieren, muß man neue Steine erst einmal reinigen. Ultraviolettes Licht befreit sie von negativen Energien, daher wird empfohlen, sie ein paar Stunden in die Sonne zu legen. Für eine leichte Reinigung empfiehlt sich milde Seife und warmes Wasser. Für eine intensivere Säuberung benutzt man Meersalz und destilliertes Wasser. Getrocknet werden sie in der Sonne. Von Sonnen- und Mondlicht können sie jederzeit energetisiert werden.

Der Einsatz von Kristallen und Edelsteinen bei Meditation und Heilung

Beim Meditieren hält man den Kristall oder Edelstein in der linken Hand oder legt ihn auf den Körper. Wenn er geschliffen ist, sollte die Spitze auf einen gerichtet sein.

Kristalle bzw. Edelsteine können aufgrund ihrer elektromagnetischen Eigenschaften heilen, weil sie den richtigen Energiefluß durch den Körper fördern. Halten Sie den Stein eine halbe Stunde lang in der linken Hand über den Bereich, der geheilt werden soll, und sprechen Sie vor und nach jeder Heilsitzung ein Dankgebet.

In jedem Fall sollten Sie sich entspannen und erst einmal Ihren Geist beruhigen, um sich besser auf die vorliegende Frage oder Sorge konzentrieren zu können. Lassen Sie die Energie des Kristalls zu dem Bereich fließen, den Sie behandeln wollen, und stellen Sie sich die Stelle vor dem inneren Auge geheilt und erneuert vor.

Die Entwicklung von paranormalen Fähigkeiten

Sie haben nun gelernt, wie man höhere, parapsychische Schwingungen entwickeln kann. Nun wollen wir uns mit den Methoden der parapsychischen Entfaltung befassen. Dazu gehört unter anderem, wie man eine Aura sieht und deutet, wie man telepathische Bilder oder Botschaften sendet und empfängt, wie man meditiert, heilt, Träume deutet, intuitiv Entscheidungen trifft und ein Tagebuch der außersinnlichen Wahrnehmung führt.

Paranormale und spirituelle Fähigkeiten sind zwei ganz verschiedene Dinge. Paranormale Entfaltung ist das Erwachen eines parapsychischen Bewußtseins jenseits der fünf körperlichen Sinne. Die spirituelle Entfaltung ist das Erwachen der Seele für die Realität der Existenz – mit anderen Worten, wie man seinen Mitmenschen helfen und dienen kann.

Paranormal bezieht sich auf parapsychische Fähigkeiten, die sich auf konstruktive Weise vom Normalzustand aus entwickeln. *Übernatürlich* bezieht sich auf Ausnahmen zu den Naturgesetzen. In den Naturwissenschaften werden Dinge als übernatürlich bezeichnet, die man nicht mit wissenschaftlichen Begriffen erklären kann. In der Parapsychologie gibt es keine übernatürlichen Ereignisse. Alle parapsychischen Phänomene sind natürlich und normal und stehen daher nicht über den Naturgesetzen: Sie sind nicht übernatürlich.

Ich habe schon oft gehört, wie Menschen über ein parapsychisches Phänomen sagten: »Das glaube ich erst, wenn ich es sehe.« Im Licht moderner wissenschaftlicher Erkenntnisse ist das allerdings eine lächerliche Aussage. Das menschliche Auge ist gegenüber 98 Prozent der Lichtwellen blind, die immerhin wissenschaftlich genau erfaßt sind. Wie wir auf einen anderen Menschen wirken, ist eine Sache des physikalischen Lichts, in dem wir gesehen werden. Wenn ein Schauspieler etwa Weiß trägt und ein blauer Scheinwerfer auf ihn gerichtet wird, sieht er für uns blau aus. Aber werden wir dann zu der irrigen Annahme verleitet, er habe eine seltene Hautkrankheit, durch die er blau wirkt? Natürlich könnte man dem entgegenhalten, daß Vorkenntnisse und Erfahrung uns sagen, daß ein Schauspieler in blauem Licht nur die Farbe Blau wiedergibt und seine Haut in Wirklichkeit weiß oder schwarz ist wie unsere. Ich möchte mit diesen Beispielen nur klarmachen, daß die Dinge nicht unbedingt das sind, was unsere fünf Sinne uns mitteilen. Die Wissenschaft beweist uns immer stichhaltiger, daß alle Realität subjektiv ist.

Wenn man erst lernt, die Welt offener zu betrachten, werden solche Wahrnehmungen und Konzepte, die einem jetzt noch unvertraut und seltsam erscheinen, völlig natürlich.

Ehe Sie sich an die Ausweitung Ihrer parapsychischen Kräfte begeben, denken Sie daran, stets geduldig zu sein und nicht zu versuchen, alles auf einmal zu begreifen. Menschen, die intensiv und aufrichtig an etwas arbeiten, wird mit der Zeit alles klar – und Ihr Studium der para-normalen und spirituellen Wissenschaften fällt sicherlich in diese Kategorie.

Das ASW-Tagebuch

Mit einem Tagebuch über außersinnliche Wahrnehmungen kann man seinen eigenen Fortschritt besser einschätzen. Dieser tägliche Bericht über parapsychische Erfahrungen schließt Meditationen wie auch spontan auftretende Ereignisse ein. Nach den parapsychischen Gesetzen der Symbolik und der Phantasie empfängt man paranormale Botschaften vielleicht im Traum. Nach einer Weile lernt man, auf die vielen Dinge im Unbewußten zu achten, denen man vorher nur wenig Aufmerksamkeit geschenkt hat.

Ein gutes, sorgfältig geführtes Tagebuch sollte die folgenden Punkte enthalten:

1. alle übernatürlichen und parapsychischen Erfahrungen
2. das genaue Datum
3. Ort und Umstände zum Zeitpunkt der Erfahrung
4. Platz auf jeder Seite, um später nachzutragen, ob die Erfahrung oder die Botschaft bestätigt wurde.

Eine Eintragung sieht dann etwa so aus:

5. Juni 1995, 14.15 Uhr
Saß am Schreibtisch und fühlte mich plötzlich schrecklich unwohl und ängstlich. Schien nicht mit der Arbeit zusammenzuhängen.
(Später) Erfuhr, daß Sally um 14.00 Uhr eine Blinddarmreizung hatte und ins Krankenhaus eingeliefert wurde.

Zufälle, Intuitionen und sinnliche Wahrnehmungen

Manche Menschen fragen sich, ob ihre gelegentlichen paranormalen Erlebnisse einfach auf Zufall beruhen und keine echten parapsychischen Erfahrungen darstellen. Immer wieder sagen Leute, sie hätten eine »Ahnung«, ein »Bauchgefühl«, »weibliche Eingebung«; andere sagen: »Mir wurde einfach klar ...« Menschen, die solchen Ahnungen nachgehen, stellen fast immer fest, daß ihre Gefühle richtig waren. All diese Erfahrungen sind Beispiele für außersinnliche Wahrnehmungen, zu denen jeder fähig ist und die man bloß zu entwickeln braucht.

Es gibt allerdings keine einfache Methode, um zwischen einer Intuition und Wunschdenken zu unterscheiden. Man braucht viel Vertrauen, Geduld und Übung, um die Intuitionsgabe zu entwickeln. Wenn man zuerst seine parapsychischen Fähigkeiten kultiviert, ist es eher ein Prozeß der Selbsterkenntnis. Man muß sich selbst und seine Fähigkeit zunächst einmal gut kennenlernen, um den Unterschied festzustellen. Anfangs geht das nur durch Probieren. Schließlich aber weiß man einfach, ob eine empfangene Botschaft paranormal ist oder nicht. Schließlich wird die Unterscheidung ganz leicht. Man sollte sich nicht schämen oder unfähig fühlen, wenn diese Fähigkeiten sich nicht sofort voll entwickeln. Vielleicht hat man seinen Geist noch nie auf diese Weise eingesetzt, und wie bei verkümmerten Muskeln muß man ihn kräftigen und üben, um schließlich Erfolg zu haben.

Manchmal werde ich nach dem Ursprung der Informationen gefragt, die ich empfange. Viele Menschen sind nicht an dem Unterschied zwischen Wunschdenken und Intuition interessiert, sondern vielmehr daran, ob eine Intuition aus einer guten oder schlechten Quelle stammt.

Vom biblischen Standpunkt aus nennt man dieses Verständnis »Eingebung«.

Man könnte an der »Göttlichkeit« der Informationen zweifeln, die die heutigen religiösen Führer wie Oral Roberts und Billy Graham empfangen. Diese Männer behaupten, daß Gott zu ihnen spräche, und da sie aber der Allgemeinheit predigen, zweifelt niemand an dieser Behauptung. In Wirklichkeit kann niemand sagen, woher ihre transzendentalen Informationen stammen. Für mich war Gott immer allmächtig und Beten ein wichtiger Bestandteil meines Lebens. Ich habe mich immer für einen positiven, spirituellen Menschen gehalten, eine rationale und ausgeglichene Person ohne Phasen geistiger oder emotionaler Instabilität. Ich habe um spirituelle und paranormale Erfahrungen gebeten, weil ich keinerlei Erfahrung mit solchen Dingen hatte. Parapsychische/spirituelle Erfahrungen ereigneten sich dann einfach von selber.

Die parapsychischen, spirituellen Informationen, die ich empfange, waren stets positiv, wiesen mich in die richtige Richtung und beeinflußten mich ständig, auf dem rechten Weg zu bleiben. 1969, nach dem Besuch der Kirche des Meisters Jesu, wo Jewell Williams predigte, gewann ich durch Meditation und religiöse Studien ein besseres Verständnis dessen, was ich erlebte. Erst danach entwickelte ich mein übernatürliches Hörvermögen, wie ich bereits beschrieben habe. Das ermöglichte mir, tatsächlich spirituelle Stimmen zu vernehmen.

Da ich mit meinen spirituellen Offenbarungen und Erfahrungen glücklich war und mich wohl fühlte, hielt ich sie für ein Geschenk Gottes, das es mir ermöglichen würde, anderen zu helfen. Der Gedanke, sie könnten vielleicht satanischen Ursprungs sein, wie einige Fundamentalisten glauben, ist mir nie in den Sinn gekommen.

Die Informationen, die ich durch mein Hellhören gewann, waren die gleichen wie die durch Eingebungen gewonnenen. Wie viele andere Menschen empfange ich meine Informationen normalerweise durch solche Eindrücke. Bis heute hatte ich noch nie ein Gefühl oder eine Stimme, die mir aufgetragen hätte, etwas Schlechtes oder Seltsames zu tun. Ich hatte aufgrund dessen, was ich paranormal/spirituell und intuitiv erfuhr, noch nie eine schlechte Erfahrung. Das ist für mich genügend Beweis, daß meine Fähigkeiten gut und von Gott gegeben sind.

Stimmen

Ich finde mich nicht ungewöhnlich, nur weil ich Stimmen höre. Viele Philosophen, Schriftsteller, Heilige, Dichter, militärische Führer, Sportler und Wissenschaftler haben Stimmen gehört. Gestalten der Geschichte, wie die heilige Therese, Sokrates, Carl Jung und Johanna von Orleans haben alle behauptet, spirituelle Stimmen zu hören. In neuerer Zeit haben einer Gallup-Umfrage zufolge mehr als 16 Millionen Amerikaner Stimmen gehört.

Manche Leute zögern, solche Erfahrungen weiterzuerzählen, weil sie Angst davor haben, was andere darüber denken mögen. In Anbetracht der Tatsache, daß Stimmenhören als Zeichen für Geisteskrankheit gilt, ist diese Furcht auch berechtigt. Aber die Stimmen bei Geisteskrankheiten drängen sich auf, sind verdammend und tyrannisch und schimpfen mit einem. Psychiater nennen dieses Phänomen »auditive Halluzinationen«, und sie gelten weithin als Anzeichen für Schizophrenie. Diese bestimmte Geisteskrankheit befällt etwa ein Prozent der Bevölkerung.

Dem Psychiater Richard Maulion zufolge ist das Stimmenhören nur ein Symptom, das an sich noch nicht die Diagnose einer Psychose rechtfertigt. Man braucht noch andere Symptome, etwa Gedankenstörungen, Wahnvorstellungen und/oder Verzerrungen in der Realitätswahrnehmung. Psychosen reichen in vielen Abstufungen von mild bis schwer. Häufig wird die Abkehr von der Realität von Stimmen begleitet, und solche Stimmen sind oft negativ. Sie setzen den Menschen herab, sagen ihm, er sei schlecht, befehlen ihm, über Scherben zu gehen oder aus dem Fenster zu springen. Wenn keine Denkstörung oder Realitätsverzerrung besteht und ein »normaler« Mensch Stimmen hört, bewegt sich die Diagnose in einer Grauzone. Hier muß die Psychiatrie sich der eigenen Unsicherheit stellen, denn es gibt noch vieles, das wir nicht wissen oder verstehen. Es ist sehr wichtig, bei diesem Thema so offen wie möglich zu bleiben.

Es steht fest, daß absolut vernünftige, gesunde Menschen Stimmen hören und diese Stimmen ihnen spirituelle

Leitung geben. Sie mischen sich nicht in das Leben eines Menschen ein, sondern geben ihm vielmehr eine weitere, spirituelle Dimension, ein höheres und schärferes Bewußtsein. Die Bibel und andere religiöse Schriften sind voll von Berichten über fromme Menschen, die Stimmen hören.

Die Psychologin Mary Watkins, Verfasserin von »Invisible Guests«, sagt: »Woher eine Stimme stammt, ist nicht so wichtig wie das, was sie sagt. Wenn man auf sie hört, kann man Dinge lernen, für die man sonst nicht so empfänglich ist.« Alfred Alschuler, ein klinischer Psychologe und Professor für Pädagoik an der Universität von Massachusetts, gehört zu denjenigen, die Stimmen hören. Es ist nicht seine eigene Stimme, sagt er, sondern er kann sich in sie einschalten, wann immer er das möchte. »Zuerst war es wie ein Vortrag«, erklärte er. »Ich habe einfach zugehört und aufgeschrieben, was ich hörte.« Er hat Informationen über eine ganze Reihe von spirituellen Themen gehört, von der Liebe bis zum Leben nach dem Tode, und sagt, daß er aufgrund dieser Erfahrungen weniger materialistisch, geduldiger und liebevoller geworden sei. Er ist zwar nicht sicher, woher diese Stimme stammt, aber er meint, sie befasse sich sicherlich mit »hohen Idealen und der Beziehung zu Gott«.

Die menschliche Aura

Denken Sie einmal an die Ausdrücke »gelb vor Neid« oder »ich sah rot«. Es ist kein Zufall, daß wir unsere Stimmungen mit Farben beschreiben. Meine Fähigkeit, die menschliche Aura zu sehen (die Energieschwingungen, die einen Menschen umgeben), hat mich zu der Erkenntnis geführt, daß es eine unbewußte parapsychische Grundlage für solche und andere Ausdrücke gibt.

Es gibt umfassende Untersuchungen über die Wirkung von Farben auf den Menschen, und wir wissen nun, daß das Tragen von bestimmten Farben unsere Stimmung oder unsere Persönlichkeit spiegelt. Die Farben, mit denen wir unser Haus oder Büro ausgestalten, können unseren seelischen Zustand beeinflussen, genau wie bestimmte Farben schon lange die Wände von Krankenhäusern und Schulen beherrschen. Sichtbare Farben werden vom Auge nach ihrer bestimmten Wellenlänge wahrgenommen, und jede hat eine eigene Schwingung.

Eine Untersuchung der Universität von Nord-Colorado brachte das Ergebnis, daß Rot die Kraft hat, uns anzuregen und aggressiver zu machen. Man geht davon aus, daß rote Kleidung oder Rottöne im Büro einem helfen, selbstbewußter und dynamischer aufzutreten. Gelb regt die Kreativität an; Blau hat eine beruhigende Wirkung; Grün fördert die Vernunft, und Lila reflektiert die spirituellen Eigenschaften. Bei der Polizei hat man ausprobiert, die Wände der Haftzellen blau zu streichen, um potentiell gewaltsame Täter zu beruhigen; bei anderen Experimenten geht man davon aus, daß Krankenhäuser mit rosa oder hellorangen Wänden die Heilung anregen. Wir sollten uns der individuellen Wirkungen bewußt sein, die Farben auf uns haben, und sie klug einsetzen.

Violett, das man schon immer als eine sehr spirituelle und intuitive Farbe betrachtet hat, wird zur Meditation empfohlen, weil es beruhigt und die Nerven entspannt, ebenso wie die Muskeln, die das Herz steuern. Leonardo da Vinci sagte, die Meditation wirke zehnmal stärker unter den violetten Strahlen der Buntglasfenster einer stillen Kirche.

Farben können auch auf andere Lebewesen wirken. Dr. Camille Flammarion, eine französische Parapsychologin, fand heraus, daß Salat unter einer roten Glasscheibe viermal so schnell wächst wie bei direkter Sonneneinstrahlung. Unter grünem Glas nahm die Oxidation zu, und unter blauem war das Wachstum der Pflanzen verkümmert.

Noch wichtiger als diese für das menschliche Auge leicht erkennbaren Farben sind die Farben in der Aura eines Menschen. Manchmal bezeichnet man die Aura als die »den Menschen umgebende Atmosphäre«. Es handelt sich hier um ein elektromagnetisches Energiefeld, das aus Schwingungen und Energiestrahlen besteht, die von der Oberfläche des Körpers stammen und in alle Richtungen abstrahlen. Albert Roy Davis und Walter C. Rawls jr. sagen in ihrem Buch »Magnetism and Its Effects on the Living System«: »Wir haben Körperoberflächen, die in gewisser

Weise in einer Abstrahlung von elektromagnetischen Energien bestehen. Diese Bemerkung ist so umfassend gehalten, weil diese Energien aus verschiedenen Formen, Frequenzen, Mikrovolt und Strömungen zusammengesetzt sind. Das ändert aber nichts an der Tatsache, daß sie vorhanden sind und an allen Punkten vom Körper abstrahlen.«

Man kann mit ein wenig Übung die Aura anderer Menschen erkennen, und diese Fähigkeit ist sehr wertvoll beim Einschätzen ihres Geisteszustandes, ihrer Absichten und ihrer allgemeinen Gesundheit. Die Aura ist durch die Jahrhunderte hinweg von vielen Heiligen und Weisen erwähnt worden. Man weiß aus ihren Schriften, daß sie sie als »Heiligenschein«, »Aureole« oder »Glanz« beschrieben haben. Religiöse Gemälde zeigen oft einen Kranz aus Licht um die Madonna mit dem Kind, um den Kopf Buddhas oder Moses (der dadurch »unmöglich anzuschauen« war), wie auch in den Darstellungen Jesu, als sein Gewand so hell strahlte, daß keiner auf Erden es hätte heller machen können. All das sind Beschreibungen der Aura.

Wieder einmal hat die moderne Wissenschaft bewiesen, was die Mystiker schon seit Jahrhunderten wissen. Walter Kilner vom St.-Thomas-Krankenhaus in London schrieb kurz nach dem Ersten Weltkrieg das erste wissenschaftliche Buch über die Aura. Er war es, der sie als die »Atmosphäre um den Menschen« bezeichnete und mit mechanischen Mitteln versuchte, sie zu sehen. Er entwickelte einen »Auraschirm«, indem er Glasscheiben zu einem Kasten zusammenklebte und diesen Behälter mit einer Lösung aus Pechkohle füllte. Er behauptete, wenn er einen Moment durch diesen »Bildschirm« blickte, könnte er die Aura eines Menschen mit dem bloßen Auge erkennen.

Kilner teilte die Aura in drei deutlich abgegrenzte Teile auf. Der erste ist das ätherische Doppel, ein schmales schwarzes Band, das den Umriß eines Menschen eng umgibt. Unmittelbar darüber läge die innere Aura, ein durchscheinendes Band, das in etwa zehn Zentimetern Abstand den Körper umgibt, und schließlich weiter außen die äußere Aura, eine ovale Linie um das Individuum herum. Kilner glaubte, daß Auren sich in Größe, Form und Helligkeit je nach Geschlecht, Alter und dem Gesundheitszustand eines Menschen unterscheiden.

Ein weiterer Teil der Aura außer denen, die Kilner beschrieb, kann für die Deutungen des emotionalen und körperlichen Zustandes benutzt werden. Es handelt sich hier um einen pulsierenden Regenbogen um den Kopf und die Schultern. Die Farben entsprechen direkt der körperlichen und geistigen Gesundheit und dem emotionalen Zustand. Dies zu »sehen« bezieht sich auf die paranormale Fähigkeit mit dem »dritten« Auge, nicht mit der Normalsicht.

Alles hat eine permanente Aura. Sebst unbelebte Objekte wie Steine haben eine stabile, permanente Aura. Lebewesen haben sowohl eine permanente wie auch eine temporäre Aura. Die permanente sagt einem etwas über die Grundeigenschaften und Fähigkeiten, während die temporäre Aura die Farben je nach Stimmung, Emotionen, körperlicher Gesundheit und Umgebungseinflüssen ändert.

Die Kirlianfotografie

Wissenschaftliche Untersuchungen haben ergeben, daß Auren existieren. Heute kann man auch Fotos von einer Aura aufnehmen, gewöhnlich mit bestimmten, hochsensiblen Geräten und einer Technik, die man als Kirlianfotografie bezeichnet, nach dem russischen Paar, das sie 1939 entwickelte. (Die Russen haben eine lange Geschichte in der Untersuchung aller Bereiche der Parapsychologie. Das Buch »Psychic Discoveries Behind the Iron Curtain«, das in den Fünfzigern und Sechzigern in den USA als Sensation galt, zeigte uns zum ersten Mal das Ausmaß und die Ernsthaftigkeit dieser Forschung.)

Kirlianfotografie ist auch unter dem Begriff *Abstrahlungsfeldfotografie* bekannt, als *Farbenelektronemission* und Elektronfotografie. Schon seit Jahren ist der Wissenschaft klar, daß alle Lebewesen von einem Energiefeld umgeben sind; die Kirlians entwickelten eine neue Fotografiemethode ohne optisches System, ohne Licht, ohne Balg. Dabei werden tatsächlich Bilder des Strahlungsfeldes um ein Lebewesen aufgenommen. Semjon und Valentina Kirlian untersuchten Objekte und stellten fest, daß das Schwingungsfeld um jeden einzelnen sich eindeutig von anderen unterschied.

Aber der größte Unterschied bestand zwischen lebendigen und unbelebten Dingen.

Die Kirlians stellten fest, daß verschiedene Pflanzenarten verschiedene Strahlungsmuster aufwiesen, die von ihnen ausgingen, und noch wichtiger, daß kranke Blätter im Vergleich zu gesunden von der gleichen Pflanze ein deutlich anderes Muster hatten. Die Krankheit zeigte sich in der Aura lange ehe die Pflanze deutliche Symptome für eine Krankheit aufwies. Man hat herausgefunden, daß dies auch auf Menschen und Tiere zutrifft.

Den Kirlians gelang es schließlich, ein optisches Gerät zu entwickeln, das die Krankheit und die Stimmungsveränderungen eines Subjekts, den seelischen Zustand, Erschöpfung und andere körperliche Faktoren reflektierte. Hellseher haben schon seit Jahrhunderten Auren wahrgenommen, aber noch nie fotografiert, ehe die Kirlians ihre Technik entwickelten. Heute ist es klar, daß Hellseher viel wirksamer und harmloser in einen menschlichen Körper sehen können als mit Röntgenstrahlen.

Bei der heutigen Kirlianfotografie wird ein Stück Film auf ein elektrisch aufgeladenes, flaches Metallstück gelegt. Dann preßt man die Fingerspitzen direkt auf den Film und die Platte mit der negativen Ladung (AC, niedriger Widerstand). Die Aura um die Fingerspitze soll den Film entwickeln. Das Ergebnis ist eine Aura, die aussieht wie eine Reihe von Energielinien in einem bestimmten Muster. Dieses Muster spiegelt die abgestrahlte Energie und den Zustand des Objekts.

Wenn die Ausstrahlungen stark und gerade sind, deutet das auf einen guten Gesundheitszustand hin. Wenn die Abstrahlung bruchstückhaft oder schwach erscheint, ist das Objekt nicht bei bester Gesundheit. Helle, klare Linien deuten ebenfalls auf Gesundheit hin – im Gegensatz zu dunklen, ungeraden oder gezackten, die Krankheit bedeuten. Stärke und Form der Linien geben auch Auskunft über den emotionalen Zustand der Person.

Leider gibt es immer noch keine standardisierten Kirliangeräte, mit der Folge, daß jedes Aurabild anders ausfällt und eine Analyse schwierig und für alle möglichen Deutungen offen ist. Es handelt sich hier um ein Gebiet, auf dem eine Computeranalyse vielleicht bessere Lösungen liefert.

Die möglichen praktischen Anwendungen der Kirlianfotografie sind zahlreich, sowohl für den Menschen als auch für das Pflanzenreich. Da die emotionalen Interaktionen zwischen einzelnen Menschen gemessen werden können, bestehen Möglichkeiten für die Anwendung in der Psychoanalyse, während man in der Landwirtschaft damit Saatgut entwickeln könnte, das resistent gegen bestimmte Krankheiten ist. In der Medizin und Zahnmedizin und allen anderen Bereichen, in denen die Diagnose einen wichtigen Bestandteil der Heilung darstellt, sind die Möglichkeiten sogar noch weitreichender.

Ein weiterer Bereich, in dem die Kirlianfotografie einen Platz gefunden hat, ist die Akupunkturbehandlung. Die Akupunkturmeridiane in den Fingern und Zehen enden in den Spitzen und korrespondieren mit den von Kirlianfotos beleuchteten Stellen. Diese Verbindung stellt sich vielleicht einmal als die produktivste Forschungsrichtung bei der wissenschaftlichen Auraanalyse und -diagnose heraus.

Auradiagnose

Im folgenden sind die allgemein akzeptierten Deutungen von Aurafarben aufgeführt:

Blau: Spirituelles Akzeptieren je nach Blauton; Loyalität, frommes Wesen, kontemplativ, positiv, hingegeben

Braun: Leidenschaft, Aggression und intensive Gefühle

Gelb: Optimistisch, intelligent, erfolgreich, positiv, begünstigt, ehrlich, fröhlich, Zeichen für Wachstum, positiv, mächtig, verwandelnd

Grau: Depression, Unglücklichsein, kränklich, passive Negativität, Angst und Unzufriedenheit

Grün: Heilen, finanzielle Vorteile, Dienst an anderen, friedlich, veränderungsfähig, kreativ, hilfsbereit

Lila: spirituell, beschützend, Führerschaft, positiv, mächtig, verwandelnd

Rosa: Zuneigung, Liebe, Mütterlichkeit, Sensibilität, Fürsorglichkeit, Mitgefühl

Rot: Ängstlichkeit, Spannung, Lebenskraft, Energie, Durchsetzungsvermögen, unnötiger Streß, Kommunikationsmangel, Leidenschaft, Frustration

Schwarz: Katastrophe, Unglück, extreme Depression und/oder Unglücklichsein, körperlicher Tod oder Verluste auf anderer Ebene, intensive Negativität, Krankheit
Weiß: Spirituell, aufgeklärt, rein, Integrität, Vertrauenswürdigkeit, Harmonie, kosmische Einstimmung, positive Einstellung, erfolgreiche, göttliche Liebe (die höchste Farbe, die man erreichen und behalten kann)

Es gibt bei jeder Aurafarbe unterschiedlich intensive Abstufungen, die auf die verschiedenen Schattierungen der emotionalen, spirituellen und körperliichen Gesundheit hinweisen. Ein stumpfer oder dunklerer Farbton ist negativer als ein heller.

Es hat natürlich zahlreiche Vorteile, wenn man die Aura anderer Menschen lesen kann. Wenn man jemanden ansieht und rasch und zuverlässig entscheiden kann, ob er oder sie verborgene Wut empfindet oder nur begrenzte intellektuelle Fähigkeiten hat, würde es wenig nützen, einen solchen Menschen zu einem Vorstellungsgespräch einzuladen oder eine Beziehung mit ihm zu beginnen. Menschen können mit Worten lügen, aber nicht die Aurazeichen für ihr emotionales und körperliches Unbehagen verstecken. Natürlich muß man im Auge behalten, daß die Aura eines Menschen sich jeden Moment verändert, weil seine Emotionen abkühlen oder sich aufheizen, und tatsächliche Gedanken kann man mit den Auradeutungstechniken auch nicht lesen.

Als ein Mensch, der seit Jahren schon Auren lesen

kann, finde ich es sehr nützlich, Menschen damit auszu-
schließen, die mir nicht liegen oder die mir in meinem
Leben und bei meinem Auftrag nichts nützen. Ich setze
diese Fähigkeit auch ein, um die körperlichen Probleme
eines Menschen zu begreifen, indem ich die Farben seiner
Aura deute.

Wir wissen nun, daß es bessere und leichtere Methoden der Auradeutung gibt als Kilners »Aurabildschirm«.
Man stellt zum Beispiel eine Lampe mit niedriger Wattzahl
auf den Boden hinter jemanden und betrachtet ihn entspannt. Eine andere Methode ist es, sich selbst im Spiegel
zu betrachten und dabei zu versuchen, die drei Schichten
der Aura zu sehen und die Farben zu spüren. Eine weitere Technik, die besonders gut wirkt, ist die folgende:

1. Seien Sie so entspannt und seelisch gelassen wie möglich.
2. Suchen Sie sich ein Objekt.
3. Fordern Sie diese Person auf, sich vor einen hellen Hintergrund zu setzen.
4. Beobachten Sie sie, ohne zu starren, und achten Sie auf
   das sie umgebende Energiefeld.
5. Erwarten Sie keine einheitlichen Farbenblöcke, sondern
   viele Farben von unterschiedlicher Intensität und
   Schattierung. Vergleichen Sie das Sehen mit Ihren Gefühlen.

Was der Geist wahrnimmt, wird vom Auge gesehen. Wenn
Ihnen der Verstand daher sagt, die Farben seien Rot oder

Grün, übersetzen Sie das mit der angemessenen Deutung. Die Deutungen Ihrer Gefühle oder dessen, was Sie sehen, ergeben sich intuitiv und spirituell aus der Gotteskraft in Ihnen. Denken Sie daran, daß Sie ein offener Kanal sind, durch den diese Intelligenz funktioniert, solange man es nur zuläßt. Die so gewonnenen Informationen stehen gewöhnlich mit dem komplexen Seinszustand der Person in Verbindung. Diese Komplexität kann in verschiedene Kategorien unterteilt werden, wie Beruf, Finanzen, Gesundheit der Familie, psychische und spirituelle Entwicklung, negative Einflüsse in der Umgebung, Beziehungen, Reisen und persönliche Sorgen.

Wenn ich zum Beispiel um einen Menschen her Rot wahrnehme, bekomme ich häufig den Eindruck einer bestimmten Kategorie, mit der diese Farbe in Verbindung steht. Die Interpretationen erfolgen mit einiger Übung immer schneller. Anfangs hilft es vielleicht, die oben aufgeführten Kategorien innerlich durchzugehen und die Farben mit den bestimmten Bereichen und den entsprechenden Interpretationen in Beziehung zu setzen.

Mit einiger Erfahrung kann man bald die permanenten Farben von den temporären unterscheiden, wenn körperliche, emotionale und spirituelle Umstände sich ändern. Man sollte sich aber nicht auf das Üben in einer kontrollierten Umgebung beschränken. Versuchen Sie es überall und jederzeit: im Einkaufszentrum, im Park oder beim Spazierengehen auf der Straße. Seien Sie sich bewußt, daß jeder Mensch eine Aura hat. Versuchen Sie, sie mit Ihrem

Geist zu »erfühlen« und dann sie tatsächlich auch zu sehen.

Um die Genauigkeit der Wahrnehmungen zu überprüfen, hilft es, eine Art Tagebuch über die Versuche zu führen und die Namen der Person und den jeweiligen Zustand an diesem Tag festzuhalten. Schreiben Sie stichwortartig, aber so ausführlich wie möglich Ihre Eindrücke auf, und befragen Sie die Person, um Ihre Eindrücke zu bestätigen. Wenn ein Freund zu Besuch kommt, um mit Ihnen eine Tasse Kaffee zu trinken, beobachten und deuten Sie seine Aura (stumm) und bestätigen dann, was Sie über seinen Zustand und die Umstände in den verschiedenen Lebensbereichen gesehen und empfunden haben.

Erwarten Sie nicht, hundertprozentig genau zu arbeiten. Selbst die berühmtesten Medien arbeiten nicht immer zuverlässig. Wie bei allem anderen im Leben braucht man Übung und Disziplin, um diese parapsychischen und spirituellen Fähigkeiten zu entwickeln. Aber die Vorteile sind ungeheuer. Paranormale Fähigkeiten bedeuten nicht unbedingt, daß man auch spirituell wird, aber jeder Mensch hat Ahnungen und Gefühle, die durch Übung zu echten Fähigkeiten entwickelt werden können. Spirituell veranlagte Menschen haben allerdings in der Regel eine viel größere natürliche Begabung für außersinnliche Wahrnehmungen, weil sie sensibler sind und leichter mit der Höheren Intelligenz (Gott) durch Gebete, Inspiration, Stimmenkontakt, Visionen und ähnlichem kommunizieren als Menschen, die nur an parapsychischen Aspekten interes-

siert sind. Die Entwicklung der spirituellen und parapsychischen Teile des holistischen Wesens hilft einem, anderen
zu helfen, denn wenn man die Aura anderer erkennt, wird
man sich deren emotionalen, spirituellen und körperlichen
Eigenschaften und Bedürfnissen viel besser bewußt.

Telepathie und Eingebung

Die Gedanken und Gefühle anderer werden am häufigsten
durch Telepathie aufgespürt. Da es sich dabei um die üb-
lichste Form der außersinnlichen Wahrnehmung handelt,
ist sie am leichtesten zu verstehen und zu akzeptieren. Telepathische Gedankenübertragung wird von allen Bereichen der parapsychologischen Forschung anerkannt. Sie
wird als »Übertragung des Geisteszustands ohne physika-
lische Mittel von einem Individuum direkt zu einem anderen Individuum« bezeichnet.

Wir haben bereits erfahren, daß »Gedanken Dinge sind«,
die – sobald sie entstanden sind – ein Eigenleben und eine
ganz konkrete Wirkung auf Menschen und die physikali-
sche Welt haben. Denken Sie an die Verantwortung, die man
trägt, wenn man lernt, tatsächlich die bewußten oder unbewußten Gedanken anderer zu erkennen. Wenn man diese
Fähigkeit richtig anwendet, wird sie zu einer neuen Form
der Kommunikation mit aufregenden Möglichkeiten.

Es gibt viele verschiedene Arten der Telepathie, die
man aber allgemein in drei größere Bereiche einteilt:

1. *Individuelle Telepathie* – findet innerhalb einer Person als Kommunikation zwischen dem Höheren Selbst und dem Gehirn statt.
2. *Gegenseitige Telepathie* – findet zwischen zwei Individuen statt.
3. *Gruppentelepathie* – findet zwischen Gruppen oder einem Individuum und einer Gruppe statt.

Individuelle Telepathie ist vermutlich die wichtigste der drei. Dabei bahnt man Kanäle der Kommunikation zwischen dem Ich und dem Unbewußten. Dies erreicht man durch Meditation, wie ich später in diesem Abschnitt ausführlicher diskutieren werde.

Gegenseitige Telepathie kann eine von vier Möglichkeiten sein: emotionale, geistige oder Seelentelepathie oder eine Kombination von zwei oder dreien.

Vermutlich hat jeder schon einmal geistige Telepathie erlebt – bei der man tatsächlich fühlt, was ein anderer, nahestehender Mensch fühlt. Dieses Phänomen ereignet sich nur selten über eine große Entfernung hinweg. Zu dieser Form der Telepathie gehören keine verbalen Gedanken, nur Gefühle von Liebe, Haß, Angst etcetera.

Geistige Telepathie ist eine Technik, zu der man gewöhnlich viel Übung braucht, aber sie erweist sich auch als sehr zuverlässig. Es ist schwer, die Fähigkeit zu entwickeln, tatsächlich die Gedanken eines anderen zu lesen, während Bilder sich viel leichter übertragen lassen. Sie haben vermutlich schon viele telepathische Erfahrungen dieser Art erlebt, sie aber nicht als solche erkannt. Man hat sich etwa spätabends auf jemanden konzentriert, der dann am nächsten Morgen anrief und sagte, er habe gerade an Sie gedacht und mußte einfach anrufen. Oder man saß mit einer Freundin zusammen und hatte das Gefühl, daß sie weit entfernt sei, und erfährt ein paar Minuten später, daß sie eine Reise nach Amerika plant.

Mit einem Lehrer oder in einem Kursus zu diesem Thema kann man die Telepathie bald bewußter einsetzen. Man findet vermutlich die folgenden Schritte als Vorbereitung dazu nützlich:

1. Der Kanal zwischen Sender und Empfänger muß vollständig offen sein. Alle negativen Gedanken und Emotionen wie Ungeduld, Mißtrauen oder Groll behindern den Empfang.

2. Der andere muß sich sehr stark auf die Botschaft konzentrieren. Gedanken haben die Neigung, abzuschweifen. Schon das zu starke Denken an den Empfänger verursacht einen Abbruch des Kontakts.

3. Der Sender denkt nur kurz an den Empfänger und schiebt ihn und seine Persönlichkeit dann nach einer starken Botschaft der Liebe vollständig aus seinen Gedanken. Er muß entspannt und offen sein, aber vollständig gleichgültig bleiben.

4. Der Empfänger sollte einen Zustand völliger geistiger Gelassenheit erlangen, eine Beruhigung des »inneren Dialogs«, der ständig in unseren Gedanken stattfindet.

Solche Gedanken blocken nämlich sämtliche ankommenden Gedankenenergien ab.

Seelentelepathie ist eine fortgeschrittene Form der Telepathie, zu der die Kommunikation des Überbewußten oder Höheren Selbst zwischen Individuen oder mit Gott gehört.

Die verbreitetste Form, an psychische oder spirituelle Informationen zu gelangen, ist durch telepathisch übertragene Eindrücke. Eine parapsychische Eingebung ist eine Ahnung, ein Gedanke, eine Idee oder ein Gefühl, das eine Vision oder eine empfundene Schwingung erklärt oder deutet.

Eingebungen werden oft durch einen telepathischen Prozeß empfangen, der durch ein spirituelles Wesen oder einen Schutzengel angeregt wird. Manchmal entstehen die Eingebungen durch Einstimmung auf das Höhere Selbst (individuelle Telepathie). Man braucht Zeit, Gebete, Meditation, metaphysische Studien und die Anwendung der holistischen Prinzipien, um alles klarer zu gestalten, damit man genauere, detailliertere Informationen gewinnt.

Man muß unbedingt lernen, zwischen einer parapsychischen Eingebung und einem normalen, alltäglichen Eindruck zu unterscheiden. Verwechseln Sie Wünsche nicht mit Eingebungen. Nur weil man um neun Uhr morgens an eine Tasse Kaffee und ein Stück Kuchen denkt, will einem der Schutzengel nicht sagen, man solle Kaffee trinken und Kuchen essen. Das sind Bedürfnisse des Körpers, keine

spirituellen Vorschläge. Seien Sie realistisch. Wenden Sie
Ihren gesunden Menschenverstand an. Mit den Meditationstechniken im nächsten Abschnitt lernen Sie außerdem,
wie man Eingebungen und andere paranormale Erfahrungen erkennt.

Meditation

Wie bereits erwähnt, kommen bei der Meditation die Alpha-
Wellen des Gehirns ins Spiel, die viel langsamer sind als
die Gehirnwellen im Wachzustand. Man kann die Meditation nicht oft genug als Methode empfehlen, die latenten
paranormalen Potentiale in einem zu wecken. Sie ist
tatsächlich der Grundstein, auf den sich der Kontakt zu
den höheren Schwingungen aufbaut. Es gibt heute wissenschaftliche Beweise, daß Meditation das Leben verlängert. Forscher von der Harvard-Universität berichteten,
daß bei älteren Menschen der Blutdruck sank und ihre
geistigen Fähigkeiten sich verbesserten, als sie Transzendentale Meditation lernten; außerdem lebten sie länger als
ihre Altersgenossen.

Meditation ist ein »Lauschen« – auf die leise, allwissende Stimme in uns. Man könnte sie auch Lauschen auf Gott
nennen. Das Beten – das Sprechen zu Gott – ist das Gegenteil der Meditation. Wenn man im richtigen Geist (in
einem positiven, empfänglichen Geisteszustand) und mit
angemessener Vorbereitung meditiert, öffnet man sich den

spirituellen Kräften, die in der ätherischen Welt existieren. Zur Meditation sind keine bestimmten Hilfsmittel wie Mantras, Kerzen, Räucherstäbchen oder Musik nötig, aber manche Menschen fühlen sich damit wohler. Man sollte dabei keinerlei Drogen nehmen, ob halluzinogen oder nicht. Alles, was das Bewußtsein unnatürlich beeinflußt, hat eine schlechte, selbstzerstörerische Wirkung auf das Gesamtwesen und stört den Prozeß der spirituellen Erleuchtung – das erwünschte Resultat der Meditation. Die Benutzung von Drogen ist dem holistischen Prinzip darüber hinaus völlig fremd, weil Drogen die Körperzellen schädigen und das Immunsystem schwächen. Das beste Körperinstrument für den Empfang höherer Kommunikation ist ein starker, reiner Körper. Wenn man holistisch gesund sein will, kann man Körper und Seele nicht voneinander trennen.

Vor der Meditation ist eine Überprüfung der Motivation nötig. Die spirituellen Grundlagen Ehrlichkeit, Ausdauer und Glaube müssen vorhanden sein, ehe man versucht, ein höheres Bewußtsein zu erlangen.

Ehrlichkeit

Fragen Sie sich: »Will ich wirklich die Unendliche Intelligenz (Gott) und meine Verbindung zu ihr kennenlernen? Bin ich bereit, die erlangten Informationen zum Vorteil anderer zu channeln? Bin ich ehrlich, wenn ich mich selbst und meine Rolle in der Verbundenheit mit der Liebe akzeptiere, die das Universum durchfließt?

Ausdauer

Geistige und körperliche Ausdauer ist ein weiterer, wichtiger Schlüssel zur Meditation. Man muß dem Geist und dem Körper befehlen, still zu sein. Es ist ungeheuer wichtig, alle nebensächlichen Gedanken zu verbannen und sich auf die kreative Intelligenz zu konzentrieren. Das ist nicht leicht. Nur Beharrlichkeit und tägliche Übung, am besten immer in der gleichen Umgebung, beweisen Gott, daß man es ernst meint.

Glaube

Glaube ist der dritte Schlüsselfaktor zur erfolgreichen Meditation. Man muß an den schließlichen Erfolg einer Kommunikation mit dem Höheren Wesen glauben. Dazu braucht man innere Hingabe, muß sich aber auch auf den tiefen Glauben berufen, wie ihn die spirituellen Meister der Antike und Propheten wie Moses, Jesus, Mohammed, Buddha und andere aufwiesen.

Die körperliche Vorbereitung auf die Meditation

1. Die Haltung beim Meditieren ist nicht übermäßig wichtig, aber man sollte sich keine Position aussuchen, bei der man leicht einschläft. Vielleicht sitzt man gerade aufgerichtet auf einem Stuhl mit dem Kopf an der Stuhllehne oder legt sich auf den Rücken. Wenn Sie sich in der klassischen »Lotus«-Position mit gekreuzten Beinen wohl

fühlen, ist das auch sehr gut. In jedem Fall sollte die Wirbelsäule gerade ausgerichtet sein, damit man richtig atmen kann. Man wählt eine Position, in der man sich für unbestimmte Zeit konzentrieren kann, ohne daß die Aufmerksamkeit zu verschiedenen Körperteilen abschweift.

2. Tiefes Atmen ist ein weiterer wichtiger Punkt, denn das lädt den Körper mit elektromagnetischer Energie auf, die in den Yogaschulen *prana* heißt, Lebenskraft. Diese Energie regt die paranormalen und spirituellen Zentren im Körper an. Man holt fünf- bis zehnmal langsam und tief Luft und zählt bei jedem Atemzug bis zehn. Dadurch wird man sofort ruhiger, fühlt sich frischer und stimmt sich auf Gott ein. (Es ist eine ausgezeichnete Methode, sich zu entspannen und in Zeiten von Streß und Verwirrung zu »zentrieren«.)

3. Um die Konzentration zu erleichtern, ist es wichtig, daß der Körper sich in einem ausgewogenen Zustand befindet. Das betrifft in erster Linie die Ernährung. Nach dem holistischen Konzept wird die Verbindung zwischen Körper, Geist und Seele schon in der Vorbereitung auf die Meditation offenkundig. Magenbeschwerden, die von unangemessener Ernährung herrühren, erzeugen körperliche Unausgewogenheit, die den Meditationsprozeß stört. Daher ist das Studium der Ernährungslehre sehr wichtig, um der Meditation das Beste abzugewinnen.

Die geistige Vorbereitung zur Meditation

1. Klären Sie Ihren Geist von allen überflüssigen Gedanken. Jedesmal, wenn ein Gedanke, ob angenehm oder nicht, ins Bewußtsein dringt, lenkt er ab. Geben Sie diese eindringenden Gedanken ganz bewußt auf. Stellen Sie sich eine geschlossene Tür vor. Es mag zwar jemand draußen anklopfen, aber man weigert sich, zu öffnen. Wenn man gelernt hat, alle Störungen auszublenden, fühlt man sich drinnen zufrieden und friedfertig. Diese Methode hilft einem in allen Lebensbereichen, besonders in Zeiten widriger Umstände. Doch für Menschen, die noch nie zuvor ihre Gedankenprozesse gesteuert haben (oder sich der Möglichkeit nicht bewußt waren), ist das Klären und Leeren des Verstandes nicht einfach. Mit Ausdauer und Übung kann jedoch jeder diese Fähigkeit meistern.

2. Wenn Sie gegen jemanden Groll hegen, egal aus welchem Grund und ob gerechtfertigt oder nicht, müssen Sie diese Vorwürfe der Universalen Intelligenz überantworten. Eine solche Negativität verhindert die geistige Passivität, die man für die seelische Einstimmung braucht. Wenden Sie das Gesetz der Verwandlung an und lösen Sie sich von allem Groll. Denken Sie daran, daß die Waage immer im Gleichgewicht sein muß (Karma) und jeder seine gerechte Belohnung oder Strafe bekommt.

3. Benutzen Sie Affirmationen wie: »Ich bin offen für geistige Passivität« – »Ich fühle mich entspannt, gelassen und friedlich« – »Nichts kann meine innere Gelassenheit

stören« oder »Ich bin emotional und geistig bereit.« Sie können sich auch etwas anderes ausdenken. Alles, was sich für Sie gut anfühlt und klappt, ist angemessen.

4. Programmieren Sie Ergebnisse ein. Prägen Sie Ihr Unbewußtes mit zielorientierten Bitten, wie zum Beispiel: »Ich möchte in meiner unmittelbaren Zukunft das folgende erreichen: 1. Ich möchte fähig sein, unter allen Umständen, besonders bei der Meditation, gelassen zu bleiben. 2. Ich möchte in den Bereichen des Heilens und der Hellseherei eindeutige paranormale Fähigkeiten entwickeln. 3. Ich werde mit meiner inneren und äußeren Gelassenheit den Menschen dienen und helfen.«

Die spirituelle Vorbereitung zur Meditation

1. Eröffnen Sie Ihre Meditationssitzung spirituell mit einer schützenden Affirmation wie: »Möge das große weiße Licht Gottes mich umgeben und mir nur die Dinge bringen, die für mich gut und richtig sind.« Wiederholen Sie dies so oft wie möglich, bis Sie sich tatsächlich von dem weißen Licht umhüllt und friedlich, gelassen und ruhig fühlen.

2. Suchen Sie ein Gebet oder einen spirituellen Text aus, der Ihnen besonders zusagt. Denken Sie über dessen Sinn nach, statt ihn bloß Wort für Wort zu wiederholen. Es ist egal, welches Gebet Sie wählen; nur Ehrlichkeit spielt eine Rolle. Hier ein Text zur spirituellen Vorbereitung, der Ihnen vielleicht zusagt:

Lieber Gott,

ich komme heute mit tiefer Liebe und Ergebenheit im Herzen zu Dir, um Deinen Willen zu tun und Dir immer näher zu kommen, um mich durch die Disziplinierung meines niederen Selbst Deinen Universalgesetzen zu unterwerfen. Ich bitte darum, daß meine Engel und all Deine spirituellen Helfer mir beistehen und für mich da sind. Ich bin empfänglich für ihre Energie. Vergib mir meine Übertretungen und auch jenen, die gegen mich etwas begangen haben. Benutze mich als Kanal für Deine immerwährende Liebe und Dein Licht. Öffne meinen Körper, meinen Geist und meine Seele Deiner Weisheit, so daß ich mich besser verstehe und Deine Absichten für mich erkenne. Da ich weiß, daß ich Dich für alle Dinge loben und Dir danken muß, egal wie gering oder großartig, danke ich Dir jetzt und preise Dich für alles, was mir zustößt – meine Schwierigkeiten, meine Probleme und meine Ärgernisse. Ich weiß, daß sie für mein spirituelles Wachstum nötig sind. Ich lerne aus ihnen. Wenn ich Dich preise, sehe ich meine Sorgen, Probleme und Kummer als von Deinem strahlenden weißen Licht umgeben, dem Licht von Liebe, Schutz und Heilung.

Führe mich weiterhin und rate mir, sage das Rechte, wähle die richtigen Freunde für mich aus, das richtige Essen und Trinken, daß ich gute Bücher lese, saubere Luft atme und nur positive Gedanken denke.

Ich werde lernen, zu denken, ehe ich handele. Ich weiß,

daß Meditation gefolgt von Handlung der Schlüssel zu einem ausgewogenen Leben der spirituellen Kommunion und dem aktiven Dienst an meinen Mitmenschen ist. Amen.

Als Affirmation kann man vielleicht eine oder mehrere der folgenden auswählen:

- Ich bin nun offen für eine Heilung.
- Ich bin nun offen für Liebe.
- Ich bin nun offen für Wohlstand.
- Ich bin nun offen für spirituellen Segen.
- Ich bin nun offen für positive Gedanken.
- Ich kenne nun Gesundheit, Vitalität, Energie und Kraft.
- Ich ziehe nur noch Gutes im Leben an.

3. Stellen Sie sich sich selbst als einen Kanal für klare Intuition vor, die man durch Meditation erlangt. Sie sind voll Liebe und Verständnis, weil Sie die Universalgesetze anwenden. Dieses Wissen hilft nicht nur einem selbst, sondern auch jenen, die mit einem Kontakt haben, und macht Sie zu einem integrierten Glied in der Kette der universalen Schöpfung.

4. Bitten Sie Gott, die allwissende Intelligenz, Ihnen die Wahrheit über Sie selbst in jeder Situation und mit jedem Individuum zu enthüllen, mit dem Sie zu tun haben. Bitten Sie darum, Ihnen Zeichen zu geben, die auf den Pfad in der richtigen Richtung weisen. Diese kosmischen Zeichen können von praktisch jedem Menschen stammen, jedem Ort, Ding oder Gefühl. Wenn Sie merken, daß Sie in

einer bestimmten Situation oder Beziehung unglücklicher und gereizter werden, können Sie sicher sein, daß Ihnen das Universum rät, die Umstände neu einzuschätzen. Vielleicht ist es an der Zeit, eine bestimmte Sache nicht weiterzuverfolgen; vielleicht sind ein Stellenwechsel oder die Beendigung einer Beziehung angebracht. Wie zufällig tauchen dann vielleicht Antworten aus einer höheren Quelle auf. Sie nehmen etwa im Wartezimmer des Zahnarztes eine Psychologiezeitschrift in die Hand und finden dort die Lösung. Den Rat eines Freundes zu befolgen kann auch helfen. Bereiten Sie sich emotional darauf vor, die Wahrheit zu akzeptieren und zu bewältigen. Sollte diese Wahrheit ärgerlich oder unangenehm sein, loben Sie Gott und danken ihm dafür. Durch dieses Gesetz des Lobes bestätigen Sie Ihre Loyalität und Ihren Glauben. Mit solchen Erfahrungen werden Sie bereiter, zum Kanal für Gottes immerwährende spirituelle Erleuchtung zu werden. Die Vorteile, die man durch Loben und Danken und durch das Akzeptieren dieser Erleuchtung gewinnt, beweisen, daß es für jeden Umstand einen kosmischen Grund gibt und daß sich immer etwas Besseres einstellt, wenn man es bloß erwartet.

5. Erkennen Sie, daß Sie sich der Kommunikation mit Gott und seinen Engeln und spirituellen Vertretern öffnen müssen. Wie versprochen, wird Er Legionen von Engeln schicken, die uns helfen, daher sollten wir diese mächtige Unterstützung nutzen und diese Wesen anrufen. Man kann die Gegenwart von Engelshelfern und spirituellen

Lehrern sehen und spüren, wenn sie uns in unserer spirituellen Entwicklung unterstützen. Man empfindet die Präsenz von vertrauten Wesen, die schon in die nächste Dimension übergegangen sind (Angehörige oder andere geliebte Menschen).

6. Dieser Zustand von Bereitschaft sollte nicht mit Trance verwechselt werden, weil man sich seiner Umgebung vollständig bewußt bleibt. Haben Sie keine Angst vor spirituellen Kontakten in der Meditation. Sie wissen, daß Ihre Einstimmung auf Gott alle negativen Schwingungen abstößt und daher nur etwas herbeiführt, das in Ihrem eigenen, besten Interesse ist. Diese Gotteskraft ist ein vibrierendes Meer der Energie, ein pulsierendes, strahlend weißes Licht. Gott manifestiert sich in diesem weißen Licht, das so oft in spirituellen Büchern beschrieben wird. Visualisieren, empfangen und akzeptieren Sie diese Energie als eine schützende Kraft, die Ihr Wesen durchdringt und Sie wie ein Schutzschild umgibt – überall und jederzeit.

Die passive Phase der Meditation

Sie haben nun die aktive Phase der Vorbereitung auf die Meditation beendet. Was jetzt folgt, ist die passive Phase – für die meisten Menschen der schwierigere Teil. In dieser Phase, wenn man alles sorgfältig vorbereitet hat, kann man nur noch passiv auf die tatsächliche psychische und spirituelle Kommunikation warten. Werden Sie nicht mutlos, wenn Sie nach all den beschriebenen Vorbereitungen nicht sofort Erleuchtung gewinnen. Wie bereits erwähnt, sind diese nicht nur anfangs nötig, sondern ständig, um der göttlichen Intelligenz zu zeigen, daß wir die angemessene Entschiedenheit zur Kommunikation haben.

Das klare Bewußtsein dessen, was wir in dieser passiven Wartephase zu erwarten haben, wird zum wichtigen Bestandteil des Meditationsprozesses. Vergleichen Sie sich mit einer Telefonzentrale. Es kommen viele Anrufe an, aber wie eine unerfahrene Telefonistin können Sie die Verbindungen noch nicht rasch herstellen. Am Anfang denkt man vielleicht, man stellt eine gewisse psychisch-spirituelle Verbindung her, verliert sie aber aufgrund von Unerfahrenheit wieder oder deutet sie falsch. Wenn man eine spirituelle Botschaft, eine Vision oder Eingebung erhält, eine Stimme hört oder eine Aura sieht, achtet man gelassen darauf und hält die kosmischen Kanäle offen. Wenn eine solche Verbindung abbricht, sollte man nicht versuchen, sich wieder darauf einzustimmen. Bleiben Sie passiv, und Gott oder Ihre Engelshelfer bringen sie erneut zu Ihnen. Seien Sie geduldig.

Anfänger in der Meditation können ein Bewußtsein von der Gotteskraft in sich erlangen, die man manchmal auch das Höhere Selbst nennt, ohne sich der Energien der verschiedenen spirituellen Wesen zu bedienen. Das höhere Bewußtsein in einem ist immer da, um uns zu leiten und Antworten zu geben, genau wie die spirituellen Helfer

stets bereit sind, uns bei der Erreichung unserer holistischen Ziele zu helfen.

Ich schlage in der Regel vor, daß Anfänger in der Metaphysik zweimal täglich zwischen fünfzehn und dreißig
Minuten meditieren, am besten früh morgens und vor
dem Schlafengehen.

Sagen Sie sich, daß paranormale Fähigkeiten keine besondere Gabe von nur ein paar Auserwählten sind, sondern vielmehr Teil Ihres Erbes als Kind des Universums.

Meditationssymbole

Die Meditation hat ihre eigene Sprache. Reden wir aber
zunächst über persönliche Symbole.

Wenn Sie während der Meditation auf ein Symbol
stoßen, das nicht sofort gedeutet wird, bitten Sie die göttliche Intelligenz (geistig) um die Erklärung. Sie wird Ihnen
als Eingebung oder als Gefühl gegeben. Merken Sie es
sich und speichern Sie es im Unbewußten. Sehr wahr-
scheinlich werden Sie bald dieses Symbol und seine Deutung erkennen. Mit der Zeit entwickeln Sie Ihr eigenes
persönliches Repertoire an Symbolen.

Sie werden vermutlich unmittelbare psychische Einsichten in die Bedeutung dieser Symbole erlangen, aber es
gibt auch bestimmte universelle Symbole, wie das Kreuz,
ein Baby oder den Schmetterling, die allgemein akzeptier-
te Bedeutungen haben. Die Kenntnis solcher Symbole hilft

einem, bei der Meditation schnell und effizient mit der Höheren Intelligenz zu kommunizieren. Hier ein paar solcher Universalsymbole, aber denken Sie auch daran, daß alle Symbole offen für Deutungen sind:

Freiheitsstatue – Freiheit

Sensenmann – Tod

Schule – Erziehung

Nahrungsmittel – Nahrung

Bett – Schlafen

Wasser – Reinigung

Offene Hand – Freundschaft

Vogel – Bote

Brief – Nachrichten

Boot – Reisen

Ein Symbol oder Bild wird stets von Gedanken oder Ideen begleitet, die erklären, was es bedeutet. Erwarten Sie keine hundertprozentige Perfektion bei der Deutung von Träumen oder meditativen Eingebungen. Übung und Erfahrung werden Ihren Erfolg allmählich steigern.

Gegen Ende der passiven Phase der Meditation spricht man ein abschließendes Dankgebet für Gottes Beistand als Unendliche Intelligenz und für die Unterstützung durch seine spirituellen Helfer.

Durch die hier geschilderten Schritte beim Meditationsprozeß gewinnt man neue Kenntnisse und baut eine Brücke zwischen östlicher und westlicher Philosophie. Es heißt, daß die Religionen des Westens zwar voller Tatkraft und Energie sind, aber nur wenig Zeit darauf verwenden, das tiefe, spirituelle Wissen zu erlangen, das so notwendig ist, um in Harmonie mit anderen Menschen im Universum zu leben. Idealerweise sollten die Resultate eine Mischung aus beidem sein, mit anderen Worten, auf die Meditation folgt die Aktion. Das entspricht auch der holistischen Lebensweise.

Atmen

Das richtige Atmen bei der Meditation und in allen wachen Augenblicken hilft einem, sich in die parapsychischen Schwingungen einzustimmen. Die ungeheure Bedeutung der Atmung wird sogar schon in der Bibel erwähnt, wo man uns sagt, der Schöpfer »hauchte über die Wasser«, um Leben zu schaffen. Alle lebenden Dinge atmen – Pflanzen, Tiere und der Mensch.

Die Menschen atmen etwa sechzehnmal pro Minute und nehmen dabei jedesmal im Durchschnitt dreißig Kubikzoll Luft in sich auf. Die Atmung besteht aus Einatmen, Ausatmen und einer Pause. Der gesamte Prozeß sollte in etwa vier Herzschlägen beendet sein. Die meisten Menschen atmen jedoch nicht vernünftig. Das Zwerchfell, ein großer Muskel unterhalb der Lungen, sollte beim Einatmen den gesamten Brustkorb anheben und beim Ausatmen die verbrauchte Luft hinauspressen.

Der Rhythmus beim Atmen ist noch wichtiger. Die

fernöstlichen Religionen haben aus der richtigen Atmung eine Wissenschaft gemacht und behaupten, daß das richtige Atmen direkt mit Langlebigkeit und geistiger und spiritueller Gesundheit verbunden sei. Wir wissen, daß wir im aufgeregten Zustand schneller atmen, und wenn wir uns beruhigen wollen, ist die beste Methode, einfach langsamer zu atmen. Wenn wir die Atemfrequenz auf zehn bis zwölf Züge pro Minute senken, kann uns nichts mehr aufregen. Versuchen Sie das einmal zehn Minuten lang, und Sie stellen fest, daß Sie sich ruhiger und stabiler fühlen und klarere Gedanken fassen können. Kontrolliertes Atmen hat eine heilende Wirkung auf die gesamte Gesundheit. Es kann beim Abbau von Streß helfen, bei Schlaflosigkeit und einer Reihe von Krankheiten, die Streß als Ursache haben. Um die körperliche Gesundheit besser zu steuern, macht es Sinn, bei diesem Grundaspekt unseres Lebens anzusetzen.

Heilen

Ganz egal, wie sehr wir versuchen, völlig gesund und lebensfroh zu sein, irgendwann funktioniert etwas nicht mehr in unserem Körper. Die meisten Krankheiten können jedoch geheilt werden, wenn man sie früh genug erkennt. Seit Jahren schon rätselt die Wissenschaft an der alten Heilmethode des Handauflegens herum. Als Ärzte an der New Yorker Universität die Praktiken chinesischer Heiler untersuchten, stellten sie fest, wie wirksam deren Arbeit war. Man fand heraus, daß die Heilerfolge von der elektromagnetischen Ladung der Hand herrühren, wenn sie sich mit der elektromagnetischen Ladung des betroffenen Körperteils vereint. Verschiedene Körperteile strahlen entweder eine negative oder positive Ladung aus. Manche Zonen sind auch neutral.

Man benutzt auch Magneten zur Heilung. Dem Albert Roy Davis Forschungslabor in Florida zufolge haben ausführliche Tests ergeben, daß der Nordpol eines Magneten bakterielles Wachstum verlangsamt, Schmerzen lindert, Streß und Muskelspannung reduziert, während der Südpol Wachstum anregt und Heilung fördert. Die magnetische Energie kann auch bei der Behandlung von Krankheiten eingesetzt werden.

Nehmen wir uns einen Moment Zeit, um das Wort Krankheit zu betrachten. Das englische Wort *disease* besteht zum Beispiel aus den Silben *dis* und *ease* – Un-behagen. Es handelt sich also um einen Zustand des Mißbehagens, vielleicht als körperliche Manifestierung eines geistigen Streßzustandes. Sogenannte Wunderheilungen geschehen meines Erachtens durch spirituelle Energien, die durch den physischen Körper geleitet werden und den Befehl erteilen, zu heilen. Der Schlüssel dazu ist die Fähigkeit, diesen Heilprozeß zu visualisieren. Ich habe in jahrelanger Erfahrung mit Heilungen meine Fähigkeit dazu verbessert, indem ich mit der inneren Gotteskraft im Einklang arbeite. Damit kann ich geringere Beschwerden meiner Klienten gut heilen, wie etwa Kopfweh, emotionale Störungen und leichte Schmerzen. Diese Klienten fühlen sich anschließend erleichtert und getröstet, als sei ihnen eine Last abgenommen worden. Eine solche Heilung kann tagelang oder sogar Wochen und Monate andauern.

Wie man heilt

Bei der Vorbereitung auf die Meditation unternehmen Sie die ersten Schritte zur Öffnung der spirituellen Heilkanäle. Um die Heilfähigkeit zu verstärken, befolgen Sie die nächsten Schritte:

1. Entspannen Sie sich körperlich mit sanfter Musik, um sich in die rechte Stimmung zu versetzen, und atmen Sie acht- oder zehnmal tief ein und aus.

2. Mit den Schritten, wie ich sie in dem Abschnitt »Geistige Vorbereitung zur Meditation« beschrieben habe, verbannt man alle äußerlichen Gedanken.

3. Konzentrieren Sie sich auf die innere Gotteskraft – die Heilenergie, die sich als strahlend weißes Licht zu erkennen gibt. Umgeben Sie sich mit diesem Licht und visualisieren und empfinden Sie es als positive, elektrisierende Energie.

4. Bitten Sie darum, daß diese Energie Ihr gesamtes Wesen durchdringt und durchströmt. Bei diesem Prozeß erlebt man vielleicht verschiedene Empfindungen, Visionen, ein Kribbeln in den Gliedmaßen, Hitze- oder Kälte-

gefühle. Sie spüren vielleicht einen Druck oder eine Enge im Nacken oder der Stirn. Diese Empfindungen sind Zeichen dafür, daß die elektrischen Schaltkreise aktiviert werden. Sie erleben vielleicht alle diese Anzeichen – oder keines, aber Sie fühlen sich vollständig entspannt und friedlich.

5. Wie bei der individuellen Meditation beginnen Sie, indem Sie Gott für alle Probleme und Gaben danken. Sie bestätigen, daß Sie gegen nichts und niemanden Groll hegen, denn eine vorwurfsvolle Haltung blockiert den Fluß der Heilenergie. Lob und Dank beschleunigen diesen Strom.

6. Um diese Heilenergie zu nutzen, stellen Sie sie sich als einen geistigen Strahl vor, den Sie auf die zu heilende Stelle richten.

Während des gesamten Heilprozesses sollte man gelegentlich Gott preisen und ihm für die Heilung danken. Bitten Sie Gott und seine spirituellen Vertreter, den Heilprozeß weiterzuführen, auch wenn Sie ihn schon abgeschlossen haben.

8. Beenden Sie jede Heilsitzung mit einem Gebet, danken Sie Gott und seinen Engeln und spirituellen Vertretern (Ihren Schutzengeln) für ihre Heilenergie.

Die Heilung anderer

Wenn man Heilenergie auf andere richten möchte, beginnt man, indem man selbstlose Liebe auf das zu heilende Wesen richtet und sich wie ein Teil von ihm fühlt. Dies setzt man während des gesamten Heilprozesses fort. Es ist nicht nötig, dazu körperlichen Kontakt zu haben. Man kann auch aus der Ferne heilen und jemandem Heilenergie senden, der nicht körperlich anwesend ist. Zur Fernheilung braucht man intensive Konzentration, daher ist es leichter und wirksamer, Heilenergien auf jemanden zu richten, der anwesend ist. Der körperliche Kontakt unterstützt auch eine bessere geistige und spirituelle Verbindung.

Hier nun die einzelnen Schritte bei der Heilung anderer:

1. Fordern Sie den Patienten auf, sich auf einen Stuhl zu setzen. Stellen Sie sich hinter ihn, und fordern Sie ihn auf, sich für die Heilung zu öffnen.

2. Legen Sie ihm die Hände auf die Schultern. Spüren Sie, wie sich Ihre Auren miteinander vermischen. Entspannen Sie sich mit acht bis zehn Atemzügen und fordern Sie den Patienten auf, das gleiche zu tun.

3. Klären Sie Ihren Geist von allen äußerlichen Gedanken.

4. Umgeben Sie sich und das Heilobjekt mit dem strahlenden, blendendweißen Licht. Bitten Sie darum, daß diese Energie Ihr Heilobjekt durchfließt und durchdringt.

5. Preisen Sie Gott für die Krankheiten des Patienten

und Seine Wohltaten. Auch wenn Sie das nicht genau wissen, danken Sie dafür. Gott weiß es und richtet Seine Energie auf die richtige Stelle. Denken Sie stets daran, daß Lob die Heilenergie verstärkt. Sorgen Sie deswegen dafür, daß Sie während des gesamten Heilprozesses danken und loben.

6. Heben Sie die Hände von seinen Schultern und bewegen Sie sie um die Aura des Patienten, nur wenige Zentimeter vom Körper entfernt. Erlauben Sie Ihrer inneren Gotteskraft und Ihrem Schutzengel, Ihre Hände zu führen. Das fühlt sich vielleicht unangenehm oder ungewöhnlich an, wenn man nicht entspannt ist. Spannungen blockieren den Energiefluß, daher beginnt man in diesem Fall erneut mit dem ersten Schritt und geht alles noch einmal durch. Wenn Sie das Gefühl haben, daß Ihre Hände von einer bestimmten Stelle angezogen werden, bewegen Sie sie gezielt dorthin und gehen dann erst langsam zu einem anderen Bereich über. Schließlich erkennen Sie, wie die Energie zu fließen beginnt. Wenn Sie zum Beispiel das Gefühl haben, daß der Betroffene Probleme mit den Füßen hat, ist es nicht nötig, die Hände dorthin zu führen; man richtet einfach visuell und geistig die Heilenergie auf diese Stelle.

7. Machen Sie auf diese Weise zehn bis fünfzehn Minuten weiter oder bis die Heilung abgeschlossen ist. Wenn sich die Heilung dem Ende nähert, werden sich Ihre Hände wie von selbst auf die Schultern des Betroffenen zurückziehen.

8. Danken Sie wieder Gott, seinen Engeln und spirituellen Helfern, wie auch Ihren Schutzengeln. Bitten Sie Gott, den Heilprozeß weiterzuführen.

Es ist sogar möglich, jemanden zu heilen, den man nicht kennt und der nicht anwesend ist. Diese Art Heilung kann man allein oder in einer Gruppe vornehmen. Viele meinen, daß die kombinierte Energie einer Gruppenheilung mehr ist »als die Summe der einzelnen«. Entspannen Sie sich zunächst mit dem Namen oder nur den Initialen der Person, der Sie helfen wollen. Visualisieren Sie jeden einzelnen Körperteil, vom Oberkopf bis nach unten, äußerlich wie innerlich. Die innere »Untersuchung« dauert gewiß länger, aber Sie müssen sich jedes Organ, die Nerven, Muskeln und Blutgefäße genau vorstellen und alles »korrigieren«, was Ihnen nicht gesund erscheint. Wenn Sie den genauen Bereich kennen, der Probleme verursacht, konzentrieren Sie sich darauf besonders, aber schicken Sie dem Patienten auch für die allgemeine Genesung weißes Licht und Heilenergie. Am Ende einer jeden Sitzung stellen Sie sich das Individuum in strahlender, robuster Gesundheit vor und schicken ihm Liebe und den Segen Gottes für eine rasche Genesung.

Sie erleben bei diesem Heilprozeß vielleicht das gleiche Gefühl wie bei der Meditation, etwa ein Zittern in den Armen und Händen. Aber auch ohne körperliche Empfindungen übertragen Sie heilende Energie. Ihr »Patient« spürt entweder sofortige Linderung, ein Nachlassen der

Schmerzen oder ein friedliches Gefühl. Nach der Heilung spüren viele Heiler ein Zunehmen ihrer Lebenskraft.

Die Heilung braucht nicht sofort und spontan zu erfolgen, um zu helfen. Heilenergie ist niemals verloren. Spontane Heilung ist eigentlich sehr selten, und bei der großen Mehrheit tritt sie erst allmählich ein. Außerdem geschieht eine Heilung nicht unbedingt körperlich. Manchmal erfaßt die Gesundung auch den emotionalen Zustand – vielleicht im Laufe von mehreren Tagen. Die Heilung wird von mehreren Faktoren beeinflußt. Manche Menschen sind empfänglicher für diese Energie, und jeder Heiler channelt und strahlt eine andere Energie aus. Es gibt auch bestimmte göttliche Gründe, warum eine Heilung manchmal nicht erzielt wird.

Ein Beispiel für einen solchen göttlichen Grund ist mein eigener Fall. Trotz meiner dramatischen spirituellen Entfaltung 1971 hatte ich weiterhin meine Migräneanfälle. Obwohl meine spirituellen Kommunikationslinien offener waren und ich Ernährungslehre studierte und mich mit Menschen umgab, die über Medizin und die richtige Ernährung Bescheid wußten, hatte ich weiterhin Migräne. Ich wußte, daß Gott sie heilen konnte, aber spürte, daß dies aus einem bestimmten Grund nicht geschah. Einmal, bei einem besonders schlimmen Anfall, saß ich mitten in der Nacht auf meinem Balkon, während mir vor Schmerzen die Tränen übers Gesicht liefen. Als ich auf den Boden blickte, sah ich plötzlich einen blauweißen Lichtblitz, und im nächsten Moment war die Migräne verschwunden.

Dann hörte ich, wie eine Stimme zu mir sagte: »Ja, ich kann deine Kopfschmerzen heilen. Aber sie verschwinden nicht von Gebeten allein. Es muß noch mehr getan werden.« So setzte ich mit Seiner Hilfe meine Suche nach einem Heilmittel fort.

Ich glaube fest, daß man viel schneller wieder gesund wird, wenn man einen holistischen Lebenswandel führt. Wenn man weiterhin Junk food ißt, raucht und Alkohol trinkt, gleichzeitig aber um Heilung betet, verläuft der Prozeß ganz sicher viel langsamer. Der Hauptgrund für Krankheiten, ob emotionale oder physische, ist der fortgesetzte, wiederholte Mißbrauch unseres Körpers. Verglichen mit körperlichem Mißbrauch verlangt geistiger Mißbrauch uns noch einen höheren Zoll ab. Diese Krankheit wird durch einen Mangel an psychischer Lebenskraft und Energie verursacht, und die größten Konsumenten von psychischer Energie sind Sorgen, Angst und Hektik. Lassen Sie Ihre Lebensenergie nicht von diesen Gefühlen aufzehren. Übernehmen Sie die Kontrolle über Ihre Emotionen und wandeln Sie sie in positive Gefühle um. Die Kunst der parapsychischen Heilung beruht auf einem positiven, gesunden seelischen Zustand. Wenn man selbst krank ist oder nur wenig Energie hat, kann man weder sich selbst heilen noch andere Menschen. Die parapsychische Energie wird verstärkt, wenn man sich täglich mit dem weißen Licht umgibt. Das schützt einen vor den negativen Energien, die andere auf einen richten. Stellen Sie sich dieses weiße Licht, das aus Ihrem Körper und der kreativen Quelle des Universums stammt, als einen Schutzschild oder eine Rüstung vor. Es ist eine liebevolle Energie, die ungeheure Heilkraft besitzt, wenn man sie auf etwas oder jemanden richtet. Mit Hilfe von geistiger Energie kann man jederzeit dieses Licht anziehen.

Träume und ihre Bedeutung

Die meisten Menschen wünschen sich, mit dem Drittel des Lebens, das wir im Schlaf verbringen, etwas Besseres anfangen zu können. Aber es ist ein Mythos, daß Schlafen einfach nur ein Ruhezustand ist, in dem sich unser Körper wieder auflädt. Im Schlaf geschieht wichtige spirituelle Arbeit, und wir können eine Menge über uns selbst und unseren Sinn im Leben lernen, indem wir die Bedeutung von Schlaf und Träumen in der parapsychischen Entwicklung erkennen.

Im Schlaf betreten wir die sogenannte astrale Ebene oder *Astralwelt*, wo eine völlig andere Realität herrscht als im Wachzustand. Die Materie wird nicht durch Räumlichkeit oder körperliche Begrenzungen definiert, und wir können sie mit dem Geist formen und prägen. Auf diese Weise erzeugen wir Situationen oder unterhalten uns mit Menschen, die wir aus dem wirklichen Leben kennen. Wie klar unsere Träume und Visionen sind, hängt von der Kraft der Konzentration und unserer Willenskraft ab. Wir können Träume auch benutzen, um bestimmte Situationen im Leben zu verändern oder zu beeinflussen, wie wir bereits im Zusammenhang mit der Kraft des Unbewußten besprochen haben.

Um unsere Träume zu deuten und zu beeinflussen, müssen wir zunächst einmal lernen, uns besser zu erinnern. Der Bruch, den die Rückkehr aus einer anderen Dimension in unsere eigentliche dreidimensionale Welt (unseren Körper) darstellt, löscht gewöhnlich die Erinnerungen an alle Eindrücke außer den letzten aus der Traumwelt aus. Daher sollten wir uns beim Aufwachen sofort auf das konzentrieren, was wir in den Träumen der Nacht sahen und taten. Bewahren Sie immer Papier und Bleistift neben dem Bett auf, um diese Dinge in einem Traumtagebuch aufzuzeichnen. Häufig aber entziehen sich Träume Worten, daher müßte die körperliche Beschreibung mit Gefühlen verbunden sein, die man im Traum empfand. Eine Eintragung sieht dann etwa so aus:

12. Juli 1996: Beim Aufwachen um ungefähr 5.30 Uhr dachte ich an den Traum, in dem ich zwei Umschläge in den Briefkasten meines Schwagers steckte ... schien wichtig.

Vor dem Einschlafen notieren Sie sich im Geist, daß Sie sich an Ihre Träume erinnern wollen, um dabei mehr Erfolg zu haben. In einem Kursus über Träume wurde geraten, ein Glas Wasser auf den Nachttisch zu stellen und die eine Hälfte des Wassers vor dem Einschlafen zu trinken, um zu träumen, und die andere am Morgen, um sich an alles zu erinnern, was man geträumt hat.

Traumdeutungen

Der Schlaf setzt Botschaften aus dem Unbewußten frei, die das Bewußtsein gut verborgen hält. Träume sind sehr komplex, und ihre Analyse je nach Komplexität und Symbolik ist oft sehr mühsam. Die Interpretation wird durch Introspektion, Meditation, Forschung und Übung leichter.

Träume sind entweder normal oder paranormal. Die meisten Träume sind normal. Sie spiegeln alltägliche Situationen oder Gedanken wider und sind oft symbolisch, aber nicht parapsychisch. Sie werden vielleicht durch einen körperlichen Umstand ausgelöst, durch angestrengte geistige Aktivität oder Streß. Ein Mann träumte einmal, er sei von einer hohen Klippe gestürzt und auf dem Grund einer Schlucht aufgeschlagen. Er spürte starke Schmerzen im Rücken. Beim Aufwachen stellte er fest, daß er in der falschen Haltung eingeschlafen war und nun echte Rückenschmerzen hatte. Eine Frau träumte, sie sei im Gefängnis. In Wirklichkeit sorgte sie sich um ihre finanzielle Situation. Ein Kind sah vielleicht vor dem Einschlafen einen Horrorfilm im Fernsehen und träumte, daß die Monster hinter ihm her waren.

Parapsychische oder paranormale Träume werden sowohl von der psychischen Aktivität des Träumers beeinflußt wie auch von äußerlichen Quellen. Manchmal weisen parapsychische Träume in die Zukunft.

Normale und paranormale Träume werden als gleichartig empfunden. Sie bestehen aus Gedanken, Gefühlen und sensorischen Bildern. Beide erscheinen real, und beide können entweder sehr bruchstückhaft erscheinen oder eine zusammenhängende Form wie eine Geschichte annehmen. Der Unterschied ist, daß ein paranormaler Traum wahre Informationen enthält, die der Träumer bewußt nicht gekannt haben kann. Die meisten Träume sind eine Kombination aus paranormalen und normalen Elementen, und ein Traum mit paranormalen Informationen kann sich auf ganz normale Weise entfalten.

Ein paranormaler Traum besteht oft aus Symbolen, die mit anderen Lebensereignissen völlig unverbunden scheinen. Die einzige Methode, einen Traum als paranormal zu erkennen, ist, diese Symbole zu deuten und zu warten, ob sich später etwas in diesem Zusammenhang ereignet. Vielleicht kommuniziert man im Verlauf eines Traums mit jemandem. Notieren Sie sich solche Fakten, denn es könnte sich um Telepathie handeln.

Wenn man mehr über dieses Thema lernen will, sollte man sich Bücher speziell über Traumdeutung besorgen. Achten Sie jedoch darauf, daß diese Bücher sich in der Regel auf normale und keine parapsychischen Träume beziehen. Meiner Erfahrung nach ist den meisten Menschen besser gedient, wenn sie in sich selbst nach der Deutung eines Traums suchen. Wenn ich etwas nicht erklären kann und es keine bewußte Verbindung gibt, bitte ich mein Höheres Selbst, mir die Botschaft zu entschlüsseln.

Astrale Projektion

Mehr als ein Drittel aller Menschen hat bereits eine außerkörperliche Erfahrung gemacht – was heißt, daß sie sehr verbreitet sind. Gewöhnlich fliegt, fällt oder schwebt man. Im Anschluß an diese Astralreise kehrt man in seinen eigenen Körper zurück. Oft wird dies von Gefühlen wie Gelassenheit, Frieden und Freude begleitet – und einem Wunsch, die Erfahrung zu wiederholen.

Hier ein paar wichtige Fakten über astrale Projektion oder außerkörperliche Erfahrungen:

- Man hat jederzeit mindestens zwei Schutzengel bei sich, abgesehen von anderen spirituellen Wesen, die einem helfen. Sie begleiten einen auch aus dem Körper heraus an andere Orte auf der irdischen Ebene. Man kann nach der Rückkehr bestätigen, was man gesehen hat.

- Im Schlaf gleitet jeder in einen außerkörperlichen Zustand; man erinnert sich bloß nicht daran. Doch man kann sich auch bewußt in die spirituelle Welt begeben.

- Sie sind währenddessen sehr bewußt und wissen genau, was Sie erleben.

- Es ist am besten, dabei allein zu sein oder mit jemandem, der weiß, was Sie vorhaben, denn wenn Sie den Körper zu diesem »Trip« verlassen, wirken Sie leblos und könnten Nichteingeweihte oder unwissende Menschen erschrecken. Tragen Sie bequeme Kleidung.

- Ihr physischer Körper atmet entweder schwer oder befindet sich in einem Zustand tiefer Entspannung. Er fühlt sich sehr klein an.

- Der physische Körper schläft bei der außerkörperlichen Erfahrung, nur der Geist bleibt völlig wach.

- Seien Sie voller Vertrauen und Glauben an die Oberste Kraft (Gott) und an die Engel und Führer.

- Versuchen Sie nicht, Ihren Körper bewußt zu verlassen, wenn Sie bewußtseinsverändernde Drogen nehmen oder Alkohol getrunken haben.

- Es gibt in der anderen Dimension verschiedene Ebenen, von den Astralebenen bis zur höchsten spirituellen Ebene. Wenn Sie Ihr Bewußtsein in das von Gott einstimmen, gelangen Sie schneller und wirksamer auf die höheren Ebenen.

- Bei der ersten außerkörperlichen Erfahrung schwebt man vielleicht nur über dem eigenen Körper oder wandert an andere Orte auf der irdischen Ebene. Ihre Engel und Begleiter wollen, daß Sie sich wohl fühlen und erst allmählich erfahren, wie man sich beim Verlassen des Körpers fühlt, ehe Sie sich auf längere »Trips« begeben – die von wenigen Sekunden bis zu mehreren Stunden dauern.

- Wenn Sie zurückkehren wollen, denken Sie sich einfach zurück in den Körper. Bewegen Sie sich.

Techniken zur Erlangung einer außerkörperlichen Erfahrung

- Körperliche und geistige Entspannung ist am wichtigsten. Nehmen Sie sich dazu Zeit und klären Sie Ihren Verstand. Dulden Sie keine Störungen.
- Autosuggestion, Selbsthypnose.
- Tiefes Atmen.
- Meditationstechniken.
- Visualisierungstechniken; stellen Sie sich eine schöne, friedliche Reise vor.
- Legen Sie sich hin und entspannen Sie sich in den Alpha-Zustand, aber schlafen Sie nicht ein. Sie können Ihren Geist vor dem Einschlafen auf eine Reise einprogrammieren und sich dessen bewußt bleiben.
- Konzentrieren Sie sich auf eine Stelle in einem Meter Entfernung und vergrößern Sie allmählich den Abstand. Visualisieren Sie sich selbst (Ihr astrales Selbst) dorthin.
- Bestätigungen/Affirmationen: Ich werde mich an alles erinnern. Ich bin ruhig. Meine Engel und geliebten Menschen sind bei mir. Es ist eine gute Erfahrung.
- Überwinden Sie Ihre Angst. Es kann sich um eine Todesangst handeln, weil die Lösung vom Körper wie das ist, was einen im Tod erwartet. Man muß es vielleicht mehrfach versuchen, um die anfängliche Angst zu überwinden. Aber sorgen Sie sich nicht – Sie werden sicher in Ihren Körper zurückkehren.

3. Kapitel

DIE AUSWAHL EINES MEDIUMS

Die parapsychologische Forschung

Dr. Leonid L. Wassiliew zufolge, Professor für Physiologie an der Universität Leningrad und mit dem Leninpreis ausgezeichnet, wird »die Entdeckung der Energie, die der außersinnlichen Wahrnehmung zugrunde liegt, der Entdeckung der Atomkraft gleichkommen«.

Seit mehr als zehn Jahren läuft ein Multimillionendollarprogramm am Stanford Research Institute in Kalifornien, das die menschliche Fähigkeit untersucht, durch *Distanz-Sehen* etwas wahrzunehmen. Menschen mit dieser Begabung können Orte, Ereignisse und Menschen sehen und beschreiben, die sich manchmal viele tausend Kilometer entfernt befinden. Einige wissen auch über Ereignisse Bescheid, ehe sie überhaupt eintreffen. Das Konzept dieser Fähigkeit und die Untersuchungen dazu werden in allen Einzelheiten in dem faszinierenden Buch »The Mind Race« von Keith Harary beschrieben.

Die Wissenschaftler sind zu dem Schluß gelangt, daß diese Fähigkeit durch Übung entwickelt werden kann. Man berichtete bei sechsundzwanzig von sechsundvierzig solchen Experimenten weltweit von Erfolgen, und das läßt uns ahnen, wie ungenau unsere normale Wahrnehmung von Zeit und Raum vielleicht ist.

Es ist schwer zu sagen, ob noch ausführlichere Untersuchungen von der Regierung durchgeführt werden, denn solche Projekte werden oft als geheim klassifiziert oder tragen irreführende Bezeichnungen, wie etwa »Neuartige biologische Informationsübertragungen«. Der Kolumnist Jack Anderson, dessen Mitarbeiter halfen, eine »Sondertruppe für Parapsychologie« zu enthüllen, die im Pentagon arbeitet, schätzt, daß in den USA nur 6 Millionen Dollar für paranormale Forschung ausgegeben werden, im Vergleich zu 30 Millionen bei den Russen.

Die gesamte parapsychologische Forschung in Rußland wird von der Regierung finanziert. Zwei angesehene russische Heiler, Genosse Kenchadze und Oberst Alexei Krivorotov, haben erfolgreich Rückenleiden, Infektionen und Krankheiten des Nervensystems geheilt. Kirlianfotos zeigten eine vollständige Änderung im Energiemuster, nachdem Krivorotov jemanden mit seinen Händen geheilt hatte. Die Klarheit und Stärke der Muster, die von seinen Fingern abstrahlten, wurden in einem engen Kanal noch verstärkt und ähnelten schließlich einem Laserstrahl. Die Kirlianfotos zeigten auch die Veränderungen der Schmerz-intensität bei den Patienten.

Bei einem anderen Experiment bediente sich der Bulgare Georgi Losanow der russischen Technik des »Hautsehens« – Sehen durch Berührung – und führte mehr als vierhundert Tests durch. Er verband sechzig Kindern die Augen, die von Geburt an blind oder als Säuglinge erblindet waren. Drei bewiesen sofort eine angeborene Fähigkeit, Farben und geometrische Muster durch Hautsehen zu unterscheiden. Auch als die Wissenschaftler die Muster hinter Glas verbargen, konnten die Kinder sie identifizieren. Erstaunlicher noch war die Tatsache, daß die restlichen siebenundfünfzig Kinder trainiert werden konnten, ebenfalls Farben und Muster durch Berührung zu unterscheiden.

Dr. Bernard Grad von der McGill-Universität in Montreal führte ein erstaunliches Heilexperiment durch, indem er die Wirkung der geistigen Fähigkeiten eines Menschen auf andere Lebewesen in seiner Umgebung prüfte. Er bewies, daß Pflanzen deutlich schneller wuchsen als andere, wenn ein parapsychischer Heiler eine Flasche Wasser berührte und mit diesem Wasser das Saatgut begoß. Aber wenn depressive Patienten die Flasche hielten, blieben die Samenkörner im Wachstum zurück. (Das überrascht wohl keinen der Gärtner, die behaupten, Blumen und Gemüse würden schneller und üppiger wachsen, wenn sie liebevoll mit ihnen sprechen.)

Der vielleicht bisher erstaunlichste wissenschaftliche

Test über Telepathie war derjenige, der bewies, daß die Gedankenenergie des Gehirns tatsächlich den Körper eines anderen physiologisch beeinflussen kann. Douglas Dean vom Newark College bewies, daß, wenn ein anderer Mensch im Zimmer einem eine telepathische Botschaft schickt, das Blutvolumen des Empfängers tatsächlich meßbar ansteigt, auch wenn dieser nichts spürt.

Erst heute beginnt unsere logische, wissenschaftsorientierte Gesellschaft, langsam die Weisheiten zu akzeptieren, die sich seit Jahrhunderten in anderen Teilen der Welt behauptet haben.

Die Auswahl eines Mediums

Ein gutes Medium kann nützliche Voraussagen treffen, die erstaunlich genau sind. Suchen Sie sich eine Person und eine Interpretationsmethode aus, die am besten für Sie sind, aber fragen Sie vorher nach deren Qualifikation. Achten Sie besonders darauf, wieviel Erfahrung die Person hat und auf welcher Ebene der spirituellen Entwicklung sie sich befindet. Bitten Sie Freunde oder andere, die so etwas vielleicht gut beurteilen können, Ihnen jemanden zu empfehlen.

Vor dem ersten Besuch klären Sie, warum Sie eine parapsychische Beratung wünschen. Wenn Sie den Termin vereinbart haben, stellen Sie eine Liste mit Fragen auf. Führen Sie sie in der Reihenfolge der Wichtigkeit auf, damit Sie, wenn Ihnen keine Zeit mehr bleibt, nichts Bedeutsames fortlassen müssen. Am Tag der Beratung stecken Sie diese Liste und Notizpapier ein, aber auch Dinge, die Sie für die Beratung brauchen könnten, wie etwa ein Foto oder andere persönliche Objekte. Bringen Sie ein Tonbandgerät und eine leere Kassette mit, denn vieles wollen Sie möglicherweise später noch einmal überprüfen. Diese Tonbänder stellen auch einen weiteren Beweis Ihrer Erfahrungen und Ihres Fortschritts dar, wenn sich Ihre Fähigkeiten entwickeln.

Negativität und der Mißbrauch parapsychischer Fähigkeiten

Parapsychische Fähigkeiten, die von vielen Menschen mißverstanden werden, sind weder seltsam noch komisch, sondern völlig normal und natürlich. Wir besitzen sie mehr oder minder alle, und sie haben sich im Laufe der Jahrhunderte bei Gelehrten, Theologen und Wissenschaftlern bewiesen. Spirituelle Beratung ist eine der religiösesten und heiligsten menschlichen Tätigkeiten; außerdem gibt es keine konstruktive Anwendung von parapsychischen Kräften, die geistigen, körperlichen oder seelischen Schaden anrichten könnte.

Ich habe im Verlauf meiner parapsychischen Beratungen Menschen kennengelernt, die dachten, sie würden von »Dämonen«, bösen Geistern oder Vampiren psychisch attackiert. Diese Wesen waren alle von Menschen geschaffen, denn der Glaube an sie gibt einem ihre Bilder ein: Sie werden von der eigenen geistigen Energie erzeugt. Wie ich bereits sagte, glaube ich nicht an Satans kleinen roten Mann mit der Gabel und dem spitzen Schwanz. Es gibt zweifelsohne eine Menge negative Energie in der Welt, und sicher wird ein Teil davon auch auf Sie entfallen. Wenn Sie sich aber mit guten, positiven Menschen umgeben und eine glückliche, positive Einstellung haben, ziehen Sie keine Negativität an. Denken Sie jedoch an das Gesetz der magnetischen Anziehung: Gleiches zieht Gleiches an. Wenn Sie sich in einer negativen Umgebung oder bei negativen Menschen aufhalten, wird Ihr eigenes Sein vielleicht in die negative Richtung gelenkt. Dann werden Sie ebenfalls negative Energie anziehen.

Das erinnert mich an die Geschichte einer Frau, die häufig mit ihrem Mann und befreundeten Paaren Karten spielte. Eines der Paare stritt sich ständig am Kartentisch, während das andere sich mit großer Zuneigung und Höflichkeit begegnete. Die Frau, die mir die Geschichte erzählte, bemerkte, daß ihr Mann unbewußt die Eigenschaften der anderen Männer annahm. Wenn sie mit dem streitsüchtigen Paar spielten, wurde auch er sarkastisch und unangenehm. Aber wenn sie mit den anderen spielten, verhielt er sich freundlich und nett. Daraufhin beschloß sie, nicht mehr mit dem negativen Paar Karten zu spielen. Das bestätigt die alte Weisheit: »Dein Leben ist so wie die Menschen, mit denen du dich umgibst.«

Es gibt allerdings Zeiten im Leben, in denen man nicht die Wahl hat, negative Menschen zu meiden. Dann müssen Sie daran denken, daß Sie sich durch Meditation und ein eigenes positiv-magnetisches Feld vor diesen negativen Einflüssen schützen können. Denken Sie an Gott, Moses, Jesus, Ihre Engel oder wer immer Sie fröhlich macht, und bitten Sie um deren Beistand. Wenn Sie die negative Energie weiterhin spüren, befehlen Sie ihr, Sie im Namen von Gott dem Vater zu verlassen. Eine weitere Schutzmethode sind Radionstrahlen, eine magnetische Projektions- und Sendemethode, die in Rußland weit verbreitet ist. Diese Schallmethode, die man im Postversand kaufen kann, ist aber nur für persönliche experimentelle Zwecke legal.

Am wichtigsten ist jedoch, sich stets in Erinnerung zu rufen, daß negative Energien und Gedankenmuster unseren positiven Fortschritt kurzschließen. Je mehr Energie vom Negativen fortgenommen und dem Positiven gegeben wird, um so stärker wird das Positive, und das Negative wird wegen Energiemangels langsam verschwinden.

Aber immer wieder gibt es Menschen, die ihre Fähigkeiten ausnutzen, um andere zu übervorteilen, und der Bereich der Parapsychologie ist hier keine Ausnahme. Ich erinnere mich an eine Frau in Fort Lauderdale, die ihre Gabe des Hellsehens benutzte, um das Vertrauen ihrer Klienten zu gewinnen und dann eine für den Klienten sehr teure Abhängigkeit von ihren parapsychischen Kräften zu erzeugen. Eine Frau war einmal verzweifelt zu ihr gekommen, weil sie glaubte, für ihren Mann ein Fluch zu sein. In Wirklichkeit gibt es aber keine solchen »Flüche«. Manche Menschen können durch starke, negative Energie beeinflußt werden, wenn sie direkt auf sie gerichtet wird, aber das ist noch kein Fluch an sich. Die Seherin gab der Frau Informationen über ihren Mann, die sie nur aufgrund außersinnlicher Wahrnehmung erlangt haben konnte, und gewann so deren Vertrauen. Dann sagte sie ihr, sie müsse sie noch häufiger besuchen, um »den Fluch zu neutralisieren«. Die Kosten pro Sitzung setzte sie mit 500 Dollar an. Irgendwann ist diese Hellseherin aus der Gegend verschwunden, und man hörte nichts mehr von ihr, aber sie hat sich vielleicht irgendwo anders niedergelassen und hofft auf andere arglose Klienten, die ihre Hilfe brauchen.

Ein weiteres Beispiel für parapsychischen Schwindel betraf eine meiner Klientinnen. Sie war zu einem Medium gegangen, von dem sie in der Lokalzeitung gelesen hatte. Als sie vor dem Termin anrief und nach den Gebühren fragte, antwortete der Mann, die »Geister« hätten ihm geraten, bei ihrem Besuch 600 Dollar »zu halten«, damit er ihre Bitte befolgen könne. Wenn das Problem gelöst sei, versicherte er ihr, würde sie das Geld zurückerhalten. Beim nächsten Besuch sagte er allerdings, die Geister hätten ihm geraten, das Geld doch zu behalten. Als sie drohte, ihn in der Presse bloßzustellen, stimmte er sofort zu, ihr das Geld zurückzugeben. Ich schlug ihr aber vor, trotzdem die Zeitung zu kontaktieren, damit ihm keine anderen ahnungslosen Klienten zum Opfer fielen. Schwindel sollte immer angeprangert werden, weil so etwas dem gesamten Berufsstand Schaden zufügt. Viele angebliche Medien oder Mentalisten benutzen einfach Zaubertricks, und es ist erstaunlich, was ein geübter Zauberer bewirken kann. Ich habe mich einmal auf einem Kongreß mit einem Zauberer angefreundet, der sich für meine Arbeit interessierte und fragte, ob ich »echt« sei. Als ich ihm das bestätigte, glaubte er mir aber nicht wirklich. Er hatte zu viele Schwindler kennengelernt, um zu glauben, daß man auch ehrlich arbeiten konnte. Wir sprachen später über ein paar angebliche Medien, die aber seines Wissens nach Tricks benutzten. Das hat mir wirklich die Augen geöffnet.

Es ist möglich, ein falsches Medium von einem echten zu unterscheiden, und da mehr und mehr Menschen in diesen Beruf drängen, ist es wichtig, das zu lernen.

Wie man einen Schwindler entlarvt

1. Prüfen Sie Zeugnisse, Urkunden, Medienauftritte usw.
2. Überprüfen Sie den Hintergrund der Person, ehe Sie einen Termin ausmachen. Bitten Sie Freunde um Empfehlungen oder suchen Sie jemanden auf, der in den Medien auftritt.
3. Fragen Sie das Medium, ob Sie die Sitzung mit Tonband aufnehmen können. Wenn er das ablehnt, gehen Sie nicht hin.
4. Fragen Sie, ob Sie jemanden mitbringen können, der

für Sie Notizen macht. Wenn er niemand anderen dabei duldet, ist das kein gutes Zeichen.

5. Verlassen Sie sich auf Ihren gesunden Menschenverstand. Jemand mit einem Namen wie »Schwester Mutter Maria Theresa«, die erst letzte Woche von einer unbekannten Kirche kanonisiert wurde und sagt, sie könne alle Probleme lösen, ist vermutlich eine Schwindlerin.

6. Ein Medium, das nur vergangene Leben deutet, ist nicht unbedingt ein Schwindler, aber es ist schwer, eine solche Deutung zu bestätigen.

7. Stellen Sie fest, ob der verlangte Preis dem anderer Medien in der Gegend entspricht. Legen Sie den Preis vorher fest. Seien Sie mißtrauisch, wenn darüber hinaus Gebühren verlangt werden, wenn sich der Preis ändert oder wenn auf mehrfachen Besuchen bestanden wird. Halten Sie sich von allen fern, die sagen, auf Ihnen läge ein Fluch oder Bann, den man aber durch bestimmte Rituale von Ihnen nehmen könnte – zusammen mit einer Menge Geld!

Wie ich meine Klienten parapsychisch berate

Ich erhalte meine Informationen auf verschiedenen Wegen, durch Hellsehen (visuelle Eingebungen), Hellhören (Stimmen und Geräusche), automatisches Schreiben, Telepathie und Träume.

Bei einer Beratung bediene ich mich vielleicht einer dieser Methoden oder aller gleichzeitig. Ich befasse mich mit mehreren Bereichen im Leben eines Menschen: Finanzen, Reisen, Gesundheit, Beruf, Familie, Beziehungen und Einflüsse im übrigen Leben. Ich kann Informationen über die Vergangenheit, Gegenwart und die Zukunft geben. Wir sind ja alle komplexe Wesen mit einem riesigen Arsenal an Informationen, die sich aus allen Erfahrungen in Vergangenheit und Gegenwart angesammelt haben. Da der Hauptteil Ihrer Zukunft durch Ihre eigenen Gedanken vorbestimmt ist, kann man auch diese deuten. Man sollte jedoch im Auge behalten, daß Informationen über die Zukunft nicht unabänderlich sind. Wenn sich Ihre Gedanken ändern, ändert sich auch Ihre Zukunft. Niemand außer Gott kennt das genaue Bild. Ich berate Klienten auch telefonisch und brieflich – und zwar genauso akkurat wie persönlich.

Ich informiere meine Klienten stets, daß dies meine Sicht der Ereignisse und Umstände zum Zeitpunkt der Beratung sei. Wenn ich sie einen Monat später erneut berate, hat sich ihre Zukunft vielleicht geändert, weil sie freiwillig Änderungen vorgenommen haben. Meine Klienten können jederzeit Fragen stellen; das beeinflußt meinen Informationsstrom nicht.

Ich brauche gewöhnlich nur fünfzehn bis zwanzig Minuten für eine vollständige Deutung und Beratung, da ich sehr rasch an Informationen gelange. Dazu brauche ich keine bestimmte Umgebung: Eine Disco ist ebensogut wie ein stiller Raum; allerdings bevorzuge ich Ruhe.

Es gibt im Leben eines Menschen immer Gelegenheiten und Kreisläufe, und diese Zyklen und Trends kann ich bei meiner Deutung erkennen. Ich kann wie andere Medien Daten und Zeiten sehen, wenn sich bestimmte Chancen auftun. Wenn man sich dieser Gelegenheiten bewußt ist, kann man sie besser nutzen.

Denken Sie an das Gesetz der Kreisläufe, da man diese Zyklen mit den eigenen Gedanken schafft, was heißt, daß man sie durch Gebete, positive Programmierungen und Meditation beschleunigen oder verlangsamen kann. Wenn ich also jemandem sage, ich sähe etwas im Juli geschehen, und er beschließt, es aktiv zu verfolgen, dann kann es schon im Juni stattfinden.

Ich werde oft gefragt: »Wie können Sie so etwas über das Telefon oder Radio nur aufgrund der Stimme erkennen?« Die Antwort darauf ist eigentlich sehr einfach: Ich kann mich an die innere Gotteskraft anschließen und gewinne meistens bestimmte Informationen von hoher Genauigkeit. Ich arbeite außerdem ständig mit den hier beschriebenen Meditationstechniken an meiner Einstimmung, um immer klarer, eindeutiger und genauer zu werden.

Als ich einmal an der Universität von Miami einen Vortrag hielt, wurde ich von einem Professor gefragt, wie ich auf sehr wichtige Fragen so einfache, rasche Antworten geben könnte, ohne mich intensiv mit den Menschen zu befassen, besonders in dem Wissen, daß die meisten Menschen sich das, was ich ihnen sage, tatsächlich sehr zu

Herzen nehmen und häufig ihre Entscheidungen danach ausrichten. Eine Frau mit einem Eheproblem fragte mich zum Beispiel, ob sie sich scheiden lassen sollte. Ich antwortete, ich sähe keine Chance für die Ehe, und sie würde sich eine Menge emotionales Leid ersparen, wenn sie sich sobald wie möglich trennte. Ich gab ihr genau die Antwort, die ich körperlich empfing und fühlte. Wenn ich das Gefühl gehabt hätte, man könne etwas tun, um diese Ehe zu retten, hätte ich es ihr gesagt. Manchmal sehe ich Schwierigkeiten voraus, habe aber das Gefühl, sie könnten bewältigt werden. Das traf in diesem Fall nicht zu.

Wenn ich gelegentlich eine längere therapeutische Beratung durchführe, geschieht das aus dem Gefühl heraus, daß es nötig ist. Doch die meisten Menschen, die zu mir kommen, möchten eine parapsychische Antwort. Wenn ich das Gefühl habe, jemand brauche Therapie oder psychologische Beratung, schlage ich aufgrund meiner Erfahrung und Ausbildung vor, sich an einen Experten auf diesem Gebiet zu wenden.

Ein bestimmter, abgelöster Teil meiner Beratung beruht auf gesundem Menschenverstand, verbunden mit meiner Intuition und meiner pädagogischen Ausbildung. Manchmal sind die Sitzungen bei mir auch Therapiestunden, wenn ein Klient seine Emotionen und Gedanken mit mir besprechen möchte. Ich tue alles, was nötig ist, um zu helfen.

Andere Medien

Ich bin weder perfekt, noch stelle ich die falsche und sensationslüsterne Behauptung auf, alles zu wissen. Ich kann weder Liebe zurückbringen noch sämtliche Fragen ausführlich beantworten. Ich kenne niemanden, der dazu fähig ist. Die parapsychische Zuverlässigkeit eines Menschen ist nur so gut wie seine Einstimmung auf die kosmische Intelligenz und seine Fähigkeit, deutlich zu channeln. Da der Mensch durch seinen Körper begrenzt ist, der wiederum durch seine Umgebung beeinflußt wird – seine Gesundheit, andere Menschen, Ablenkungen, Geisteszustand etc. –, kann er kein stets perfekter, reiner, klarer Kanal für Informationen Gottes sein. Angesichts der Grenzen des menschlichen Verstandes wäre reine Information für uns viel zu komplex und abstrakt.

Wenn die spirituellen Kanäle durch Ablenkungen, negative Menschen, Krankheiten etc. blockiert werden, kann man nur schwer klare intuitive Informationen erlangen. Es ist ein fortlaufender Prozeß, sie durch Meditation, Gebete und das Befolgen der goldenen Regel klar und offen zu halten. Niemand kann ständig sämtliche Informationen empfangen. Kein Medium kann behaupten, er oder sie sei der beste der Welt. Ich stelle bei meinen Reisen immer wieder erstaunt fest, wie andere Medien behaupten, die Nummer eins zu sein. Bekanntheit bedeutet noch nicht, daß man auch der Beste ist.

Neulich traf sich einmal eine Gruppe bekannter Medien, um der Polizei bei der Suche nach einem verschwundenen Kind zu helfen. Das Kind wurde schließlich tot gefunden, aber weit von der Stelle entfernt, wo die Medien es vermutet hatten. Selbst diese bekannten Leute mit ihren guten Absichten konnten das Kind nicht aufspüren. Rae Graham, eine weiße Medizinfrau und im Westen ausgebildete Krankenschwester, meint, Medizinmänner hätten in etwa 70 Prozent der Fälle recht – ungefähr ebenso häufig wie die Ärzte, die wir im Westen ausbilden.

Wenn man die parapsychischen Vorhersagen in Boulevardzeitungen betrachtet, klingt alles auf den ersten Blick sehr beeindruckend. Doch Untersuchungen haben ergeben, daß die große Mehrheit dieser Vorhersagen nicht eintreffen. Diese Populärprophezeiungen sind vielleicht irgendwann einmal eingetroffen – aber vor fünfzehn, zwanzig Jahren!

Medien haben ihre bestimmten Bereiche, in denen sie meistens genau arbeiten, aber wenn man zehn der angeblich besten von ihnen zusammenruft und ihnen allen die gleiche Frage stellt, erhält man vielleicht eine einzige richtige Antwort. Einige kommen der richtigen Antwort vielleicht nahe, wenn zum Beispiel nach einem Namen gefragt wird und er Janice lautet und nur der Buchstabe J genannt wird, davon aber auf Janet oder Jane geschlossen wird. Für einen Skeptiker erscheint das wie Raterei, während ein Anhänger der paranormalen Phänomene dies für eine gute Antwort hält. Denken Sie stets daran, daß niemand ein absolut klarer Kanal ist und alle Informationen genau aufnimmt.

Man kann keine Rangordnung unter den weltbesten Medien aufstellen. Wenn man unter Laborbedingungen mit Spielkarten gut abschneidet, heißt das noch nicht, daß man sich auch genau in das Leben eines Menschen einstimmen kann – und umgekehrt.

Um den Grad an Genauigkeit zu bestimmen, muß man etwa hundert Personen beraten und die Deutungen in drei Grundbereiche aufspalten: Vergangenheit, Gegenwart und Zukunft. Dann stellt man jedem Medium bestimmte Fragen zu jedem Bereich. Man kann die Genauigkeit für Vergangenheit und Gegenwart sofort erkennen, aber was die Zukunft angeht, muß man die Objekte zwanzig Jahre später noch einmal zusammenbringen. Die Zukunftsgenauigkeit wird immer geringer sein als die für Vergangenheit und Gegenwart, weil die Objekte einen freien Willen haben und jetzt und in der Zukunft Entscheidungen treffen.

Ich kenne kein Medium (mich selbst eingeschlossen), das einen Skeptikertest bestehen würde, bei dem Fragen über eine Menschengruppe gestellt werden, wie etwa: »Wie heißt die Mutter dieses Menschen?« »Wo lebt dieser Mann?« »In welcher Straße lebt diese Frau?« Dies kann einfach nicht konsequent ohne Tricks geschehen. Wie ich bereits sagte, haben wir alle diese Fähigkeiten in gewissem Maße, warum sollten wir uns daher auf jemand anderen verlassen, wenn wir Dinge selbst herausfinden können, indem wir die eigenen intuitiven Fähigkeiten zum Einsatz bringen? Ein gutes, spirituelles Medium sollte als fähiger und mitfühlender Therapeut betrachtet werden. Psychologische Abhängigkeit von einem Medium kann sich genauso entwickeln wie Abhängigkeit von einem Psychotherapeuten. Denken Sie daran, daß die Menschen viele Fähigkeiten haben, aber nicht alle parapsychischen Begabungen gleich sind. Die letztendliche Analyse, wie gut ein Medium ist, wird sich immer mit der Genauigkeit befassen.

Wie man selbst etwas parapsychisch deutet

Sie haben gelernt, wer Gott ist – eine Macht und eine Intelligenz (kein Mensch) –, daß er immer bei uns ist und man Engel und andere spirituelle Helfer hat, die einem beistehen. Sie haben auch gelernt, wie machtvoll Gebete sind, wie bedeutend das Bewußtsein vom weißen Licht des spirituellen Schutzes ist und wie man eine Aura liest. Sie haben verstanden, was eine Eingebung ist und warum und wie man meditiert, sowie die richtigen Techniken, die einen entspannen und den spirituellen Fluß fördern. Dazu haben Sie das Channeling von Energie beim Heilen erlebt. Nach all diesen Grundschritten sind Sie nun bereit, eine Deutung für jemand anderen vorzunehmen.

Das geschieht am besten mit jemandem, den man nicht kennt, damit man keine vorgefaßten Ideen hat. Bitten Sie einen Freund, Ihnen jemanden zu nennen, den Sie nicht kennen und von dem Sie nur den Namen und das Alter wissen. Der Freund kann die parapsychischen Informationen, zu denen man gelangt, anschließend verifizieren. Versuchen Sie zu den folgenden Fragen die Antworten zu finden:

1. Wie sieht der Mensch aus?
2. Ist er ledig, verheiratet oder geschieden?
3. Wohnt er in einem Haus oder einer Wohnung?
4. Hat er ein Auto? Welchen Typ? Welche Farbe?
5. Hat er Haustiere? Welche Art? Welche Farbe?
6. Was ißt er am liebsten?
7. Was ist seine Lieblingsfarbe?
8. Geben Sie drei Namen an, die Sie um ihn sehen.
9. Was arbeitet er?
10. Ist er grundsätzlich glücklich oder neigt er zu Negativität und Unglücklichsein?

Bleiben Sie bei der Deutung ruhig und gelassen. Werden Sie nicht verspannt. Wenn das geschieht, brechen Sie ab und holen tief Luft.

Die gewünschten Informationen sind alle vorhanden und durch die universale Kraft verfügbar. Sie selbst sind das einzige Hindernis, um sie zu bekommen. Sie werden eine Antwort erhalten. Fürchten Sie nicht, daß sie falsch sein könnte. Auch wenn keine Antwort erfolgt oder wenn anfangs nur eine einzige richtig ist – je mehr Sie üben, um so genauer werden Sie sein.

Sie fragen sich vielleicht, wie viele der Antworten einfach auf Raten beruhen und wieviele medial erkannt werden. Denken Sie daran, was ich bereits erwähnte: daß wir bei der Wahrnehmung durch Zeit und Übung dahin gelangen, etwas zu wissen.

Der wichtigste Aspekt der Übung ist die Genauigkeit der Informationen, die man über sich selbst gewinnt. Stellen Sie Fragen nach sich selbst. Wenn Sie ein Problem haben, betrachten Sie zunächst sich selbst und suchen dort die Antwort. Sagen wir, Sie haben drei Stellenangebote. Stimmen Sie sich darauf ein, welches für Sie das beste ist. Wenn Sie mit jemandem ausgehen, der Ihnen gut gefällt, es aber nicht gut läuft, versuchen Sie, aus Ihrem emotionalen Selbst herauszutreten, um die Antworten zu finden. Haben Sie keine Angst vor dem, was Sie entdecken könnten. Bitten Sie darum, daß Ihnen die Wahrheit enthüllt wird. Es ist immer besser, etwas zu wissen und darauf vorbereitet zu sein, damit man sich vor künftigen Problemen schützen kann.

Es nützt bei der Entwicklung der parapsychischen Fähigkeiten auch, sich mit Menschen zu umgeben, die bessere Fähigkeiten haben als man selbst. Bob kam zuerst zu mir zur Beratung. Er glaubte nicht, daß er parapsychische Fähigkeiten hatte, und hatte noch nie auch nur daran gedacht. Heute, ein paar Jahre später, ist Bob ein ausgezeichneter Hellseher. Er ist nicht daran interessiert, das zu seinem Beruf zu machen, sondern sucht einfach Informationen für seine Freunde und Verwandten und sich selbst. Er war immer schon sehr spirituell ausgerichtet und konnte schließlich sehr gut kreative Situationen visualisieren. Er begann, indem er über meine parapsychische und spirituelle Entwicklung erfuhr und meine Programmierungstechniken mit seiner eigenen Intuition verband, und hatte damit großen Erfolg.

Freier Wille und Prädestination

Die meisten Menschen definieren den freien Willen als die Freiheit, alles zu sagen oder zu tun, was man will. Die meisten (Amerikaner) halten dies auch für ein gottgegebenes Recht. Der freie Wille bestimmt unser Leben.

Wichtig ist aber nicht so sehr, was man glaubt, sondern die Absichten und Motive hinter den Gedanken und Handlungen. Man hat vielleicht von religiösen Fanatikern gehört, ihr Glaube sei der einzig wahre und wenn man etwas anderes glaubte, käme man in die Hölle. Das stimmt aber nicht. Wenn man wirklich an die eigenen Überzeugungen glaubt (egal, wie sie lauten, solange sie niemandem schaden), wird Gott die Echtheit der Absichten erkennen und einen nicht für seinen Glauben bestrafen. Wir funktionieren alle auf unterschiedlichen Ebenen in unserem Übergang von Erdenwesen zu göttlichen Wesen. Das ist Teil von Gottes Plan. Die meisten Menschen sind auch stolz auf ihre Individualität und schätzen sie bei anderen. Wenn man sich also fragt, warum es so viele verschiedene Religionen gibt, die ihre Vertreter haben, heißt die Antwort: aufgrund des freien Willens.

Manche Menschen halten die Astrologie für ihre Religion. Aber ich glaube, sie betrachten die astrologischen Berechnungen nicht richtig. Die Stellung der Planeten zum Zeitpunkt der Geburt beeinflußt gewiß das Leben. Aber wenn man jeden Tag ein Zeitungshoroskop liest und diesem Rat folgt, ist das irrwitzig. Die besten und fähigsten Astrologen sprechen vom *Einfluß* der Planeten, nicht von *Tyrannei*. Die Macht des freien Willens ist so stark, daß er jedes Hindernis überwindet.

Prädestination

Es ist eine Menge über Prädestination geschrieben worden, aber wir prägen unser Schicksal mit den eigenen Gedanken. Unsere Entscheidungen bestimmen, wie wir uns entwickeln.

Wenn ein Medium oder Hellseher die Zukunft eines Menschen deutet, wird die parapsychische Information zum Instrument, um den Geist des Menschen zu erreichen. Wenn ich beispielsweise den Eindruck bekomme, daß bei Ihrem Auto bald die Bremsen versagen, sage ich in Wirklichkeit, daß dies passieren wird, *wenn Sie die Bremsen nicht nachsehen lassen*. Wenn ich eine Gelegenheit für Sie erkenne, haben Sie die Wahl, meinem Rat zu folgen oder nicht, ganz nach Ihrem freien Willen. Jeder von uns bekommt ständig Botschaften, von denen wir bereits wissen, ob sie richtig oder falsch für uns sind. Wir dulden die Folgen oder stehen zu Entscheidungen, die wir aufgrund dieser Botschaften selbst getroffen haben. Wenn man den freien Willen zu seinem Vorteil nutzt, bedeutet es, daß die eigene Intuition das Leben bestimmt.

Ich glaube nicht an die Theorie, daß unsere Tage gezählt sind und wir, egal was passiert, zum vorbestimmten Termin sterben. Ich gebe stets mein Bestes, alle meine Ziele zu erreichen, versuche, den holistischen Prinzipien, wie ich sie in diesem Buch beschrieben habe, so gut wie möglich zu folgen, und arbeite stets daran, alle Risiken zu verringern. Ich lege zum Beispiel beim Autofahren stets den Sicherheitsgurt an und stimme ganz und gar nicht mit jenen Fatalisten überein, die meinen: »Warum sollte ich mich anschnallen? Wenn mein Zeitpunkt gekommen ist, kann ich ohnehin nichts tun und sterbe sowieso.«

Erst wenn ich alles in meiner Macht Stehende getan habe, um mein Leben sicher, erfolgreich und glücklich zu machen – *erst dann* kann ich zu Gott sagen, daß ich mein Bestes getan habe und nun mein Leben in Seine Hände befehle. Dann kann ich mit gutem Gewissen sagen: »Es kommt, wie es kommt. Wenn es Sein Wille ist, daß ich morgen sterbe, geschieht das in dem Wissen, daß es in meinem allerbesten Interesse ist. Aber ich habe nicht die geringste Absicht, mein Leben durch einen dummen Fehler meinerseits zu beenden.«

Teil IV
Beziehungen und Sexualität

Es gibt Menschen, die einem das Herz herausreißen, und Menschen, die es einem zurückgeben.   Elizabeth David

Halte dich von Menschen fern, die versuchen, deinen Ehrgeiz zu zähmen. Kleine Leute versuchen so was ständig, aber die wirklich Großen geben dir das Gefühl, daß auch du groß werden kannst.   Mark Twain

Erkenne die, die Streit und Ärger verursachen – und meide sie.   Römer 16,17

Auch noch so viel Wasser kann keine Liebe verlöschen, noch können Fluten sie ertränken.

Hohelied Salomos, 8,7

Ob man sich mit guten oder schlechten Menschen abgibt, mit einem Dieb oder einem Weisen, man steht unter ihrem Einfluß, so wie Tuch von Farbe beeinflußt wird.

Mahabharata 5.36, 13,10

1. Kapitel

LIEBESBEZIEHUNGEN

Da man die direkte Spiegelung seiner Umwelt ist und die Umwelt einen widerspiegelt, so beeinflussen Ihre Haltungen, Mitmenschen und Beziehungen Ihren holistischen Gesundheitszustand.

In den letzten fünfundzwanzig Jahren haben Millionen von Menschen Workshops und Vorlesungen besucht, bei denen es um das »Erkennen des Selbst« oder die »Steigerung des Selbstwertgefühls« ging. Für viele Menschen bedeuten diese Veranstaltungen einen positiven Wendepunkt im Leben, bei anderen bewirken sie nichts weiter, als ihre Selbstsucht und Gier auf Kosten anderer zu bestärken. Wenn sich jeder Mensch völlig offen äußert, sind Zusammenstöße unvermeidlich. In manchen Fernsehserien werden solche Kontraste zwischen konservativen Eltern und liberaleren Kindern gespiegelt, wo das Zuhause zum Schlachtfeld wird. Das ist im Fernsehen vielleicht lustig, aber in Wirklichkeit ist ein solches Leben ganz und gar nicht komisch.

Wenn sich das Bewußtsein entwickelt, entdeckt man, daß es wichtiger ist, der richtige Mensch zu *sein*, statt den richtigen anderen zu *finden*. Das entspricht dem Universal-Gesetz der magnetischen Anziehung (»Gleiches zieht Gleiches an«). Gegensätze ziehen sich vielleicht anfänglich an, aber bleiben nur selten zusammen. Man kann zwar glauben, daß Menschen jemanden suchen, der sie ergänzt, weil er die Stärken zur Verfügung stellt, die man selbst nicht hat, aber ein Unterschied in Werten, Maßstäben und Visionen bewirkt selten etwas anderes als Streit.

Alle Beziehungen beeinflussen die Gesundheit und das Wohlbefinden. Die Schwingungen eines anderen Menschen können die eigenen entweder beruhigen oder stören. Meiden Sie enge Bindungen mit Menschen, die eine niedrigere Schwingungsrate haben als Sie. Manchmal ist es schwer, nur mit Intuition die Schwingungsfrequenzen zu bestimmen, doch seit der Entdeckung der Kirlianfotografie können wir tatsächlich erkennen, wie sich solche Muster unter bestimmten Einflüssen ändern. Rauchen, Trinken und negative Gedanken tauchen beispielsweise als Trübung, Schrumpfung oder Bruch in der Aura auf. Auch positive Menschen, die auf ihre Gesundheit achten, stellen fest, daß der Umgang mit negativen und schwingungsniedrigen Menschen seinen Preis hat. Menschen, die unglücklich, depressiv, negativ, krank, gelangweilt oder ständig erschöpft sind, beeinflussen den körperlichen und geistigen Zustand ihrer Mitmenschen. Andererseits haben wir vielleicht auch schon über einen anziehenden Menschen gehört: »Sein Lachen ist ansteckend«, »Ihr Lächeln heitert jeden auf«, die das alte Sprichwort bestätigen: »Das Leben ist genau wie der Umgang, den man pflegt.«

Eine ausgewogene Beziehung

Wenn man der richtige Partner ist, bedeutet das, ganzheitlich zu sein, noch ehe man sich auf eine Beziehung einläßt. Ganzheitlich bedeutet hier, nicht von jemandem oder etwas abhängig zu sein, um glücklich und erfüllt zu leben. Man sagt vielleicht: »Um glücklich zu sein, brauche ich nur Präsident meiner Firma zu werden. Sonst ist mir alles egal« oder: »Wenn ich den perfekten Partner finde, sind alle meine Probleme gelöst.« Aber das wahre, einzige Glück findet sich nur, wenn man sich selbst und sein Leben akzeptiert und damit zufrieden ist. Niemand kann jemals genug Geld, Macht oder Ruhm haben, um die Stimme der Unzufriedenheit zum Schweigen zu bringen. Dieses Gefühl wird niemals erfüllt, weil die Erfüllung nie durch äußere Umstände geschieht, sondern von innen heraus. Man muß der Grund sein, nicht die Wirkung. Sie haben die freie Wahl und sind kein Opfer von Umständen. Denken Sie daran, daß Sie stets die Wahl haben, Veränderungen im Leben vorzunehmen, um glücklicher und zufriedener zu werden. Wenn Sie glücklich und gesund denken, werden Sie glücklich und gesund sein.

Die Entscheidung, ganzheitlich zu leben, bedeutet

auch, in Kontakt zu den eigenen Bedürfnissen zu gelangen und zu lernen, sich selbst bedingungslos zu lieben, weil man weiß, daß Gott einen bedingungslos liebt. Man weiß, daß man in seinen Augen perfekt ist, aber wenn man reicher, liebevoller oder lustiger sein will, dann steht es in der eigenen Macht, das zu erreichen.

Wenn man sich in vollständiger Harmonie mit sich selbst befindet, wird man staunen, wie viele gute Dinge einem zustoßen. Als glücklicher, ganzheitlicher und liebevoller Mensch zieht man nur noch glückliche, ganzheitliche und liebevolle Menschen als Partner an. Wenn man als Partner jemanden wählt, der einem ähnelt, wird er oder sie ebenso eine Ausweitung des eigenen Glücks darstellen, wie Sie es für ihn oder sie sein werden.

Keine Beziehung kann zufriedenstellend sein, wenn die Partner voneinander abhängig sind, um sich geliebt, respektiert und wertvoll zu fühlen. Diese Eigenschaften ergeben sich, wenn man in Kontakt mit sich selbst und der inneren Gotteskraft steht. Holistische Liebe sollte akzeptiert werden, solange sie andauert, ob es zwei Monate sind oder zehn Jahre. Gehen Sie nie eine Beziehung ein mit der Erwartung, sie würde garantiert bis in alle Ewigkeit halten.

Seien Sie sich bewußt, daß Sie sich ständig ändern und reifen. Und das gilt für jeden Menschen. Zeichnen Sie Ihre Reifeschübe auf, wie auch Kreisläufe der Liebe, der Finanzen und der Gesundheit. Erkennen Sie die Richtung, die die Reifung in Ihrem Leben und im Leben des Partners nimmt, dann können Sie besser mit allen Beziehungen umgehen. Menschen, die zusammen wachsen, bleiben zusammen. Viele Ehescheidungen passieren, weil solche Muster ignoriert werden. Wenn Sie zu einem liebevolleren, spirituelleren Menschen heranreifen, während Ihr Partner dem Alkohol verfällt, kann die Beziehung natürlich nicht klappen. Wenn Sie etwa ehrgeizig sind und Ihr Partner möchte, daß Sie ihm ständig vor dem Fernseher Gesellschaft leisten, kann es leicht Komplikationen geben.

Kommunikation – Reden, Zuhören und Lauschen – bleibt die beste Methode, eine solche Situation zu regeln. Wenn Sie selbst glücklich sind, wird Ihr Partner vermutlich auch glücklich sein. Reden Sie gemeinsam über Wünsche, Interessen und Pläne. Diskutieren Sie Ihre Erwartungen, Moral und Grenzen. Douglas Steere schreibt in »The Random Harvest«: »Einer anderen Seele im Zustand der Enthüllung und Entdeckung zuzuhören ist vielleicht der größte Dienst, den ein Mensch einem anderen erweisen kann.«

Seien Sie ehrlich und hören Sie an, welche Bedürfnisse Ihr Partner hat. Nehmen Sie nicht an, daß Ihr Partner automatisch weiß, was Sie brauchen oder wollen – er kann nicht Ihre Gedanken lesen. Spielen Sie keine Spielchen. Das ist für keinen Beteiligten fair.

Alle ausgewogenen Beziehungen haben bestimmte Kennzeichen: Dazu gehören Freundschaft, Respekt und Ermutigung.

Es ist wichtig, miteinander befreundet zu sein. Die Freude an der Gesellschaft des anderen, gemeinsames Lachen und Reden, den anderen intellektuell, spirituell und körperlich mit Zuneigung und Zärtlichkeit anzuregen, macht eine Liebesbeziehung sehr lebenswert.

Haben Sie stets Respekt vor der Meinung des anderen – vor seinem Verstand, seinen Reaktionen, seinem Beruf und seinen religiösen Überzeugungen. Das bedeutet nicht, daß Sie über alles einer Meinung sein müssen, aber zeigen Sie eine Bereitschaft, in den »Schuhen des anderen« zu stecken. Seien Sie rücksichtsvoll und schätzen Sie es, wie Ihr Partner ist und was er besitzt.

Haben Sie Vertrauen in geliebte Menschen und Zuversicht in ihre Integrität ohne Mißtrauen. Rechnen Sie damit, daß dieses Vertrauen erwidert wird. Es ist wichtig, sich auf das zu verlassen, was der Partner sagt und tut.

Geben Sie den Menschen, die Sie lieben, Ihre Unterstützung und Inspiration, damit sie sich glücklich und motiviert fühlen; eine solche Förderung hilft uns, zu wachsen und unser volles Potential zu entwickeln. Seien Sie stolz auf den Partner und was er oder sie tut. Und denken Sie immer daran, daß »ein Mensch nicht die Kerze des anderen auszulöschen braucht, um heller zu scheinen«.

Marguerite und Marshall Shearer beschreiben eine »Leiter der Liebe« mit sieben Sprossen. Sie erläutern, daß die Menschen in der Regel die beste Beziehung, die sie kennen, als Maßstab für ihre Liebe nehmen, und daß die obersten Sprossen der Leiter Selbstrespekt und Respekt für den Partner seien. Diese müssen etwa gleich stark sein, damit eine Beziehung andauert. Hier die sieben Sprossen der »Liebesleiter«:

Anerkennung: Die niedrigste Sprosse der Leiter gibt einem das Gefühl, etwas Besonderes zu sein. Ignoriert oder als eine Unperson behandelt zu werden ist das schlimmste von allem.

Negative Zuwendung: Das ist immerhin besser, als ignoriert zu werden. Ein Kind, das die Aufmerksamkeit seiner Eltern erlangen muß, indem es Probleme schafft, wird auch als Erwachsener in einer Beziehung Probleme erzeugen.

Positive Zuwendung: Dasein, Zuhören.

Akzeptieren: Den anderen bedingungslos so akzeptieren wie sie oder er ist.

Gelegenheit zum Geben: Etwas zu geben haben. Betrachten Sie sich als zu wertvoll, immer der Empfänger zu sein.

Bewunderung: Bewundern Sie den anderen, ohne sich selbst herabzusetzen.

Psychologische Intimität: Die oberste Sprosse der Leiter. Gemeinsame Hoffnungen, Träume und Ziele. Schwächen werden gezeigt, und es herrscht Offenheit.

Die beiden Autoren – sie ist eine ehemalige Allgemeinärztin, er Psychiater – fügen hinzu: »Wir glauben, daß Liebe ebensosehr das Interesse am Glück des anderen bedeutet als am eigenen täglichen Leben. Manchmal sogar noch mehr.«

Haben Sie schon einmal bemerkt, wie verliebte Menschen irgendwie zu »strahlen« scheinen? Daher stimmt es auch, daß alle Bräute schön sind – auch diejenigen, die nach den normalen Kriterien nicht sonderlich gut aussehen. Man hat wissenschaftlich bewiesen, daß Lächeln, Lachen und Liebesgefühle tatsächlich positive Hormone freisetzen, während Stirnrunzeln und Wut negative, destruktive Hormone steuern. Die angenehmen Hormone bringen uns zum Strahlen, und das bewirkt wiederum die Ausschüttung von weiteren lebensbejahenden Hormonen. Wir wissen seit einiger Zeit, daß Menschen, die allein leben, länger und glücklicher unter uns bleiben, wenn sie ein geliebtes Haustier haben, was beweist, wie viele körperliche und emotionale Vorteile die tiefe Zuneigung zu jemandem oder etwas uns gibt. (Falls Haustiere nicht erwünscht oder unpraktisch sind, hat der Einsatz für einen guten Zweck die gleiche Wirkung.) Es ist einfach wichtig, Interesse an etwas anderem zu haben als an sich selbst.

Die ideale Partnerschaft verbindet alle wichtigen Lebenselemente. Sie ist multidimensional. Ein bewegendes Beispiel für eine solche Beziehung wurde aus den Worten von Maurice Tempelsman deutlich, dem langjährigen Gefährten von Jacqueline Kennedy Onassis, die er bei deren Beerdigung sprach. Er beschrieb ihr gemeinsames Leben so: »Es war voller Abenteuer und Weisheit, Lachen und Liebe, Galanterie und Anmut.« Man erkennt aus den wenigen Worten leicht, wie besonders ihr gemeinsames Leben war.

Die fünf Arten der Liebe

Es gibt fünf Arten von Liebe: die *körperliche* (sexuelle), *spirituelle* (göttliche, nichtsexuelle, kosmische, bedingungslose, umfassende), *geistige* (intellektuelle), *emotionale* (intensive Gefühle) und *holistische* (alles bisher Erwähnte).

Eine holistische Liebesbeziehung regt einen körperlich, geistig, emotional und spirituell an und bildet mit Abstand die dauerhafteste Beziehung. Wenn zwei Menschen von gleicher Spiritualität sich ineinander verlieben, ist das Ergebnis viel erfüllender als bei bloßer physischer oder emotionaler Liebe.

Gottes Liebe ist ewig. Idealerweise sollte man, um Liebe zu empfangen, sie geben, ohne an einen Gegenwert zu denken. Selbstlose Liebe ist sich selbst genug. Das ist die Vorstellung von Jesus. Auch wenn die Liebe nicht erwidert wird, ist sie nicht vergeudet, denn sie wird ins eigene Herz zurückfließen. Daher sollte man sich niemals fürchten zu lieben.

Die Freude an einer solchen Liebe verschwindet allerdings leicht, wenn sie besessen, süchtig und abhängig wird. Liebe wird oft zur Sucht, wie Alkohol oder Drogen. Bei unsicheren Menschen manifestiert sie sich als ein Hunger nach Anerkennung, Zuwendung und ständiger Aufmerksamkeit. Sie kann die Arbeitsfähigkeit einschränken und das gesellschaftliche Leben behindern. Wenn eine abhängige Beziehung endet, treten akute Entzugserscheinungen auf, wie veränderte Eß- und Schlafmuster. Dies sind

Anzeichen für eine Depression, die bei Verlusten häufig eintritt.

Rudolf Steiner stellt die verschiedenen Beziehungen mit Kreisen dar. Die beiden Kreise in Abbildung A zeigen die Menschen unverbunden, zu Beginn einer Beziehung. Abbildung B zeigt, wie einer der beiden Partner versucht, den anderen zu beherrschen, zu kontrollieren, lächerlich zu machen oder dessen Position zu erkämpfen. (Dies kann subtil oder offen geschehen.) An diesem Punkt beginnt der Schwächere, seine Freiheit zu verlieren, und wird vom Stärkeren unterdrückt oder absorbiert. Das ist eine ungesunde Beziehung. Eine ideale Beziehung wird in Abbildung C gezeigt. Die beiden Individuen ergänzen, bereichern und erfüllen einander. Beide stehen auf gleichem Grund. Hier herrscht Durchlässigkeit zwischen den beiden

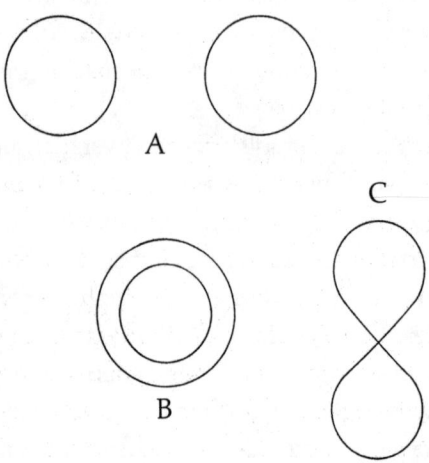

A

C

B

Leben, während beide ihre Individualität und Freiheit behalten. Dieser Typ Beziehung wird oft beschrieben als »zwei Menschen, die sich nicht ständig ansehen, sondern vielmehr an den Händen halten und gemeinsam in die gleiche Richtung gehen«.

Es ist gut möglich, verschiedene Menschen auf gänzlich verschiedene Weise zu lieben. Manche Beziehungen sind bloß körperlich, andere geistig oder spirituell. Denken Sie daran, daß nicht alle Beziehungen auf immer halten müssen. Gott allein weiß, warum manche Menschen nicht richtig für einen sind. Achten Sie stets auf Ihn: Er will, daß man aus allen Erfahrungen etwas lernt. Seien Sie stark und sicher, daß etwas Besseres auf Sie wartet.

Beziehungen können auch ergänzend wirken. Eine ganze Reihe von Menschen kann Dimensionen Ihres Lebens abdecken, die von der Hauptbeziehung nicht erfüllt werden. Man kann auch gleichzeitig mehr als nur einen Menschen lieben, aber nur selten ist man in zwei Menschen gleichzeitig verliebt.

Der Psychologe Robert Sternberg schloß aus einer neueren Untersuchung, daß die drei Hauptbestandteile für eine erfolgreiche, langfristige Liebesbeziehung Leidenschaft, Intimität und Bindung seien. Jede Beziehung macht auch einmal eine schlechtere Phase durch. Ihre Fähigkeit, mit Problemen umzugehen, steht in direktem Zusammenhang mit Ihrer inneren Kraft. Setzen Sie sich keinen unsinnigen Schwierigkeiten aus, aber schätzen Sie auch bei größeren Problemen die positiven und negativen Aspekte ein. Körperlicher Mißbrauch, ständiges Streiten und fortgesetzte Untreue sind zwar für eine Beziehung destruktiv und legitime Gründe, sie zu beenden, doch selbst solche Probleme können unter bestimmten Bedingungen gelöst werden.

Wie man den idealen Partner findet

Wenn Sie den idealen Partner suchen, konzentrieren Sie sich auf diesen Teil Ihres Lebens und schreiben Sie Ihren Zukunftsplan und das Skizzenbuch der Zukunft um, indem Sie bestimmte Dinge hinzufügen:

- Schreiben Sie in Ihren Zukunftsplan alle Dinge, die Sie sich beim zukünftigen Partner wünschen.
- Bringen Sie Ihr Skizzenbuch auf den neuesten Stand. Gestalten Sie für jede gewünschte Eigenschaft eine Seite und fügen Sie ein Bild hinzu, das diese ausdrückt. Fügen Sie Bilder hinzu, wohin Sie gerne gehen und was Sie gerne tun würden.
- Visualisieren Sie angenehme Szenen mit dem idealen Partner. Stellen Sie ihn sich vor, wie er auf Ihrem Sofa sitzt oder Sie anlächelt. Visualisieren Sie, was Sie glücklich und zufrieden machen würde.
- Affirmieren Sie, daß Gott, indem er durch Ihr Unbewußtes wirkt, Ihnen den idealen Partner bringen wird. Gehen Sie davon aus, daß es keinen Grund gibt, nicht den idealen Partner zu haben, auch wenn er Ihnen mo-

mentan fehlt. Man sollte diese Phase konstruktiv nutzen. Verzehren Sie sich nicht bloß nach jemandem, der plötzlich in Ihr Leben tritt, sondern treten Sie einem Club bei, treffen Sie sich mit Freunden, gehen Sie zu Veranstaltungen. Ausgehen und Gutes tun kann sehr erfüllend sein. Man kann auch seine Liebe mit anderen teilen, indem man sich freiwillig für etwas einsetzt, etwa für Behinderte oder Tiere.

Denken Sie stets an das Gesetz der magnetischen Anziehung. Erinnern Sie sich, daß der oder das, was Sie suchen, Sie mit gleicher Intensität sucht: »Gleiches zieht Gleiches an.« Wenn Sie einen ehrlichen Menschen suchen, seien Sie ehrlich. Man braucht aber nicht reich zu sein, um einen reichen Partner zu finden. Arbeiten Sie nur daran, großzügig zu sein und nicht geizig.

Haben Sie Vertrauen in das, was Sie tun, und seien Sie weiterhin positiv und hilfsbereit. Sie werden staunen, wie rasch etwas geschieht. Ehe Sie sich versehen, tritt Ihr idealer Partner in Ihr Leben. Das ist mir selbst passiert, daher weiß ich, wie gut es klappt. Ich visualisierte mein Ziel und meinen Entschluß, einen Mann kennenzulernen, wie ich ihn auf der Umschlagseite eines Katalogs gesehen hatte. Und wirklich lernte ich eines Tages einen Mann kennen, der freundlich und gescheit wirkte, so daß ich seine Einladung zum Essen annahm. Mir fiel auf, wie sehr er dem Mann auf dem Katalog ähnelte, aber ich dachte nicht weiter darüber nach. Er war nur auf Besuch in der Stadt, aber später – an einem Tisch in seinem Hotel – sah ich den gleichen Katalog, wie ich ihn zu Hause hatte. Ich erwähnte, daß ich den gleichen Katalog hätte, und er erwiderte wie nebenbei: »Das bin doch ich auf dem Umschlag.«

Denken Sie immer wieder daran, wie wichtig in einer Beziehung ähnliche Ideen, Pläne und Energien sind. Sie wollen sich doch wie ein Mitglied eines Teams fühlen, nicht wie Rivalen.

Liebeszyklen

Beziehungen dauern dem Gesetz der Kreisläufe zufolge eine bestimmte Zeit lang. Eine Beziehung, ob Freundschaft oder Liebesbeziehung, kann sechs oder sechzig Jahre lang ideal sein. Dann kann sich der Kreislauf schließen. Freuen Sie sich an einem Menschen, solange die Beziehung dauert – gewöhnlich den gesamten Liebeszyklus lang. Wenn Sie ein ganzheitlicher Mensch sind, tauchen Sie auch als ganzer Mensch nach dieser Beziehung wieder auf, aber reifer und bereiter für die nächste Wachstumsphase. Wenn ein Partner schneller reift als der andere, kann eine Trennung nicht nur unvermeidlich sein, sondern auch wünschenswert.

Erwartungen

Oftmals erwarten wir zuviel von einem Menschen und sollten realistischere Erwartungen haben. Jeder Mensch hat zu jedem Zeitpunkt etwas Wertvolles anzubieten, und alles im Leben beruht auf Geben und Nehmen. Dieser Austausch findet auf allen Ebenen statt, und wir sollten die Stärken oder Gaben eines Menschen nicht als besser oder schlechter als die eines anderen beurteilen. Ein intuitiver und sensibler Mensch kann sich am analytischen Verstand des Partners freuen, und wenn Sie den anderen genau und ehrlich einschätzen, können Sie sie oder ihn auch besser akzeptieren. So vermeidet man Leid, Depressionen und Frustrationen, die durch Enttäuschungen hervorgerufen werden.

Die Psychologin Fay Mitchell beschreibt gut, was sehr häufig passiert: »Man trifft jemanden und legt die unausgesprochenen Regeln fest. Wenn man immer nur gibt, gibt, gibt, dann lauten die Regeln, daß Sie der Gebende sind und der andere der Nehmende. Beim ersten Treffen schon müssen Sie also beispielsweise dafür sorgen, daß Sie nicht ständig nur geben, denn an irgendeinem Punkt ändern Sie sich und sagen, Sie wollen diese Regel nicht mehr. Der andere hat sich nicht geändert, Sie aber. Sie haben beschlossen, mitten im Spiel die Regeln zu ändern. An diesem Punkt gehen viele Beziehungen den Bach hinunter.«

Wenn man mit dem anderen redet und Zeit miteinander verbringt, empfängt man viele Signale, wie ein künftiges Leben aussehen mag. Dr. Mitchell zufolge kann »der andere vielleicht sagen, er sei ehrgeizig oder etwas Ähnliches, doch die meisten Menschen achten nicht auf solche Zeichen. Manchmal sind sie so in die Situation vertieft, daß sie, obwohl sie zuhören, nichts verstehen. Später folgt unweigerlich die Desillusionierung.«

Gehen Sie niemals eine Beziehung oder eine Ehe mit dem Vorsatz ein, den anderen ändern zu wollen. Man entscheidet sich, mit dem anderen zu leben, weil er so oder so ist. Die Chancen sind groß, daß er oder sie sich nicht ändert. Eine solche Erwartung ist allerdings gerechtfertigt, wenn der andere sich zu einer Änderung verpflichtet. Aber diese Verpflichtung kann nicht erzwungen werden, sondern nur von innen her aus einem tiefen Wunsch heraus erfolgen.

Die Ehe

Die Ehe ist eine Institution, die sich ständig ändert. Früher wurden Ehen von der Familie aus finanziellen Gründen arrangiert. Heute beschließen die meisten Menschen, aus Liebe zu heiraten. Die alte Ehestruktur, nach der der Mann außer Haus arbeitet und die Frau zu Hause bleibt, um die Kinder großzuziehen, machte einer Doppelverdienerehe Platz, in der es oft gar keine Kinder mehr gibt. Frauen haben heute eher die Freiheit, eine unglückliche Situation aufzugeben, weil wir nicht mehr einzig und allein vom Mann abhängig sind. Außerdem sind Scheidungen viel akzeptierter. Es ist interessant, daß die meisten geschiedenen Menschen keine negativen Gefühle über die Ehe an sich haben. Etwa zwei Drittel heiraten erneut.

Ich glaube, die Menschen trennen sich oft, weil sie nur Romantik suchen. Sie erwarten, daß ihre Beziehung genauso ist wie im Film, in Büchern oder im Werbefernsehen. Eine Ehe aufgrund einer so unrealistischen Überzeugung kann und wird nicht lange halten.

Ehen werden nicht im Himmel geschlossen. Gott ist nicht für alle Gefühle und Schicksalsschläge verantwortlich. Er hat uns nicht auf die Erde gesetzt, damit wir einem vorbestimmten Plan folgen, den er sich für uns ausgedacht hat, sondern um unseren freien Willen zu nutzen und Verantwortung für unsere Handlungen zu übernehmen. Die Worte der Ehezeremonie: »Was Gott zusammengefügt hat, soll der Mensch nicht scheiden« bedeuten ganz und gar nicht, daß Gott diese beiden Menschen zu lebenslangen Partnern bestimmt hat. Eine religiöse Zeremonie kann den Eindruck vermitteln, daß Gott diese Ehe bewilligt habe, aber das stimmt nicht. Der Mann wählt die Frau, die Frau wählt den Mann. Es ist ihre freie Entscheidung, was sie mit ihrem Leben anfangen. Wenn eine Ehe mit Scheidung endet, hat das Paar immer noch ungeheuer viel aus der Erfahrung gelernt.

Einer der wichtigsten Faktoren bei der Wahl eines Partners ist die Spiritualität. Beide Partner sollten auf der gleichen oder einer ähnlichen spirituellen Enwicklungsstufe stehen. Um einen Menschen wirklich zu kennen, sollte man mit ihm meditieren oder beten. Bitten Sie um göttlichen Rat. Wenn Sie dazu bestimmt sind, zusammenzubleiben, werden Sie es herausfinden. Wenn Sie nicht dazu vorbestimmt sind, haben Sie keine Angst! Eine Trennung kann schwer sein, aber wir müssen lernen, jemanden loszulassen – emotional, geistig, körperlich und spirituell. Bitten Sie darum, daß Gott Ihnen einen Besseren schickt, wenn dieser Partner für Sie nicht richtig ist. Vertrauen Sie Ihre Situation Gott an, denn er wird stets Ihre Bedürfnisse erfüllen. Ein spiritueller Berater, ein Priester oder Rabbiner können auch sehr hilfreich sein.

Die meisten Beziehungen beginnen auf der körperlichen Ebene; wenn alles gutgeht, entwickeln sie sich auf der geistigen und emotionalen Ebene. Leider erreichen nur wenige Menschen die spirituelle Entwicklungsstufe oder wissen überhaupt darüber Bescheid. Aber je bewußter ein Mensch ist, um so schärfer nimmt er wahr, welchen Bereichen der Beziehung Aufmerksamkeit geschenkt werden muß.

Ich habe nie geheiratet, nicht, weil ich etwas gegen die Ehe habe, sondern weil ich zwar eine ganze Reihe von Männern kennengelernt habe, aber noch nie den Richtigen, der so ganzheitlich denkt wie ich. Ich meditiere weiter und bete mit der Affirmation, daß der, den ich suche, mich mit gleicher Intensität sucht.

Ehezyklen

Auch feste Beziehungen durchlaufen Zyklen, und wenn man darüber Bescheid weiß, hilft das, sie zu bewältigen. Psychologen erkennen Sprünge und Brüche nach zwei, sieben und siebenundzwanzig Jahren – das sind alles typische Ehekreisläufe.

Die ersten zwei Jahre gelten als Phase der Anpassung. Wenn die Partner sich nach dieser Phase nicht gut aneinander gewöhnt haben, könnten sie sich leicht trennen. Nach sieben Jahren hat sich vielleicht Langeweile eingeschlichen, und die Partner suchen womöglich Anregung in einer außerehelichen Affäre. Der Bruch nach siebenundzwanzig Jahren erfolgt oft, wenn die Kinder aus dem Haus sind und die Eltern einander ansehen und sich fragen, was sie eigentlich noch gemeinsam haben. Häufig stellen sie fest, daß sie nur um der Kinder willen zusammengeblieben sind und einander kaum kennen.

Es ist wichtig, daß Eltern sich Tag für Tag Zeit für sich nehmen, ohne daß die Kinder oder die Arbeit sie ablenken. Beide Partner sollten fragen und zuhören, was der andere an diesem Tag getan hat, damit sie weiterhin zusammen wachsen, statt auseinanderzudriften. Eine Frau sagte einmal in einer Gruppe, sie würden jeden Abend, wenn ihr Mann nach Hause kam, zusammen auf ihr Zimmer gehen, die Tür abschließen und die erste Stunde zu Hause allein verbringen. Die Kinder dürften nicht stören, das Telefon würde nicht abgenommen. Die anderen Frauen waren sprachlos, daß sie so egoistisch sein konnte und die Kinder »ausschloß«. Viele Jahre später, als eine Reihe von Frauen aus dieser Gruppe schon lange geschieden waren, hatten diese Frau und ihr Mann immer noch Spaß aneinander, und ihre Kinder waren inzwischen glückliche, funktionierende Erwachsene mit ähnlich unabhängigen Kindern.

Manchmal spielen die Berufs- und Gesundheitszyklen einer Ehe schwer mit. Die Menschen entwickeln sich in unterschiedlichem Tempo und sind zu unterschiedlichen Zeiten auf Hochs und Tiefs in ihren Kreisläufen. Wenn ein Partner Probleme hat, sich anzupassen, können daraus größere Schwierigkeiten entstehen. Ein Mann mit einem anspruchsvollen Beruf ist etwa mit einer Frau verheiratet, die zu Hause bleibt, um die Kinder großzuziehen. Ein paar Jahre später beschließt er, kürzerzutreten und sich mehr auf seine Familie zu konzentrieren. Aber die Frau, die die ganzen Jahre zu Hause mit den Kindern verbracht hat, will nun hinaus in die Welt und ihren Horizont erweitern. Wenn der Mann nun darauf besteht, daß sie mit ihm zu Hause bleibt, kann ein Zykluskonflikt entstehen.

In einer anderen Situation war die Frau zu Hause bei den Kindern geblieben und hatte nur wenige außerhäusliche Aktivitäten. Der Mann hatte ein gutgehendes Geschäft und viel Gesellschaft in seinem Leben. Immer wieder lernte er neue Dinge und Leute kennen. Dann sah er plötzlich seine Frau an und fand sie langweilig. Es ist gut möglich, daß sie intellektuell kaum anders war als damals,

als er sie kennenlernte und heiratete, aber der Mann hatte sich verändert. Er war gereift, während sie durch den Haushalt eingeengt worden war. In beiden Situationen stehen die Paare vielleicht vor dem gleichen Problem: Einer der beiden beschließt, eine Affäre zu beginnen.

Außereheliche Beziehungen

Es scheint uns zwar, daß Männer und Frauen polygam sind, weil die Anzahl der Menschen mit außerehelichen oder mehrfachen Beziehungen hoch ist, doch wir wurden nicht polygam geboren – wir werden es vielmehr auf der Suche nach dem perfekten Partner. Jeder sucht den oder die Richtige/n. Wenn zwei Menschen glücklich und zufrieden mit ihrer Partnerwahl sind, sehen sie sich vermutlich nicht nach anderen um. Das bedeutet aber nicht, daß sie keinen anderen Menschen bewundern oder keine Zuneigung zu anderen empfinden. Das wäre ein unnatürlicher Zustand.

Menschen, die holistisch nicht zueinanderpassen, suchen weiter nach dem richtigen Partner, auch wenn es bedeutet, denjenigen zu verletzen, mit dem man gerade zusammen ist. Wenn man weiß, daß man jemanden mit einer Affäre verletzt, schafft man schlechtes Karma.

Eine Affäre kann ein Symptom für eine endende Beziehung sein oder eine Warnung, daß die Ehe vielleicht neu eingeschätzt werden muß. Es ist nicht immer ein Zeichen dafür, daß die Ehe vorbei ist. Viele Eheleute bleiben noch Jahre nach einer Affäre zusammen, und einige Ehen werden tatsächlich dadurch besser und stärker. Manchmal dienen solche vermeintlich schlechten Ereignisse dazu, einen Dialog zu eröffnen, der andernfalls nie stattfände. Man braucht sehr viel Bereitschaft und Bindung, nach einem solchen Bruch die Ehe fortzusetzen. Aber zwei entschlossene, ehrliche Partner können alles zuwege bringen.

Wenn man nicht mehr verliebt ist

Sich verlieben ist wohl das Aufregendste, was einem im Leben passieren kann. Das Gegenteil davon kann oft sehr schwer sein. Da Liebe kein rationales Gefühl ist, ist es praktisch unmöglich, Liebesgefühle »wegzudenken«. Der französische Philosoph Pascal meinte dazu: »Das Herz hat eine Vernunft, von der der Verstand keine Ahnung hat.« Zu lernen, den Liebesverlust zu bewältigen, ist der Schlüssel, um anschließend wieder zu einem glücklichen Menschen zu werden.

Abgesehen von Meditation, Gebeten und positivem Denken gibt es weitere Techniken, die einen in einen normalen, gesunden Zustand zurückversetzen. Ein ausgezeichnetes Buch zu diesem Thema ist »How to Fall Out of Love« von Debora Phillips. Die Verhaltenstherapeutin erklärt, welche Verhaltensweisen ihrer Klienten am erfolgreichsten wirken.

Eine Technik, die Phillips beschreibt, heißt *Gedankenstoppen*. Sie wurde von Joseph Wolpe entwickelt, einem Psychiatrieprofessor an der Temple-Universität. Dabei unterdrückt man den Gedanken an den anderen im gleichen Moment, in dem er einsetzt, und ersetzt ihn durch einen angenehmen Gedanken. Wenn man daran denkt, wie man auf einem Strand auf Hawaii liegt, wandern die Gedanken von dem Menschen, den man vergessen will, nach Hawaii. Dadurch denkt man viel seltener an ihn.

Eine andere Technik ist positive Image-Verstärkung. Dazu gehört, sich selbst zu loben, Gedanken abzubrechen, wenn sie selbstkritisch oder depressiv werden, selbstbewußt aufzutreten, sich zu verwöhnen und positiv zu motivieren. Positive Image-Verstärkung bedeutet, sich zu einem gut erledigten Job zu gratulieren. Das bestätigt die Yale-Untersuchung über die Psychologie der Liebe, in der man herausfand, daß einer der Hauptfaktoren bei einer schlechten Partnerwahl niedrige Selbstachtung war. Menschen, die den Eindruck haben, sich ständig ihren Wert beweisen zu müssen, neigen zu Partnern, die sie ausnutzen. Menschen mit mehr Selbstachtung kennen ihren Wert und wählen Partner aus, die sie anerkennen und schätzen.

Scheidung

Ich glaube, Gott will, daß alle Menschen zufrieden sind. Wenn eine Ehe unglücklich ist, sollte sie aufgelöst werden.

Doch Scheidungen werden auf vielerlei Weise bewertet, und man sollte vor einer endgültigen Trennung stets eine Eheberatung aufsuchen. Die Scheidung stellt nur die letzte Möglichkeit dar, wenn alle anderen Versuche gescheitert sind, das Problem zu lösen, oder wenn es in der Beziehung körperlichen, seelischen oder sexuellen Mißbrauch gibt. Bleiben Sie niemals aus Angst in einer Beziehung.

Wenn Sie sich zu einer Scheidung entschlossen haben, versuchen Sie alles in Ihrer Macht Stehende, sie so rasch und friedlich wie möglich abzuwickeln. Denn die Bitterkeit einer Scheidung kann einem die Gedanken auf Jahre hinaus vergiften – wenn man es zuläßt. Aber wenn Sie stets daran denken, diejenigen zu segnen und zu lieben, die Sie verletzt haben und die Ihnen schaden wollen, werden Sie selbst trotzdem weiterreifen, rasch und vollständig heilen und ein neues Leben beginnen, das Ihnen vielleicht die schönsten Träume und Wünsche erfüllt. Denken Sie auch daran, Gott zu loben und zu danken und Ihn um Hilfe zu bitten, Ihnen einen besseren Weg zu zeigen.

Ihre Umwelt und die Liebe

Sie sind sich vermutlich inzwischen darüber im klaren, daß Sie mit der körperlichen Beziehung, für die Sie sich entscheiden, unbewußt auch eine Umgebung schaffen, die derjenigen ähnelt, in der Sie selbst groß geworden sind. Wir erschaffen immer das, was uns am vertrautesten ist, ob gut oder schlecht. Forschungsarbeiten haben ergeben, daß Menschen, die in einer lieblosen Familie groß wurden, oft unbewußt einen lieblosen Partner suchen. Kinder, die mißbraucht wurden, suchen unbewußt mißbrauchende Partner oder werden zu mißbrauchenden Eltern. Kinder von Alkoholikern heiraten oft einen Alkoholiker oder werden selbst zu Trinkern. (Auf dieser These beruht auch das Buch von Robin Norwood *Wenn Frauen zu sehr lieben*.)

Daraus folgt, daß Menschen, die in liebevollen Familien groß wurden, allgemein Liebe erzeugen. Sie erwarten, daß ihre Beziehung liebevoll ist, respektvoll und kommunikativ. Liebevolle Menschen, die lieblose Menschen heiraten, finden oft Ärger und Unzufriedenheit in der Beziehung. Eine Therapie kann helfen, liebevoller zu werden und Zuneigung besser zu zeigen. Genau wie wir wissenschaftlich bewiesen haben, daß Pflanzen üppiger gedeihen, wenn man ihnen Liebe und Zuneigung zukommen läßt, gedeihen Liebesbeziehungen und wachsen besser, wenn die Partner offen, häufig und ehrlich ihre Liebe und Zuneigung zueinander ausdrücken.

2. Kapitel

SEXUELLE BEZIEHUNGEN

Wenn Sie ein sexuell aktiver Mensch sind, suchen Sie bestimmt einen Partner mit der gleichen Neigung. Wenn Sex Sie nicht allzusehr interessiert, werden Sie vielleicht unglücklich mit jemandem, dessen Bedürfnisse in dieser Hinsicht merklich stärker sind. Partner mit unterschiedlichen sexuellen Bedürfnissen stellen oft fest, daß die Unterschiede in diesem Bereich auch andere Aspekte der Beziehung beeinträchtigen.

Zur sexuellen Partnerschaft gehört nicht nur die körperliche Seite, sondern auch die emotionale, geistige und spirituelle Einstellung zueinander: erst dann handelt es sich um holistische Sexualität. Der Sexualverkehr in seiner Grundform ist nichts weiter als eine Praktik, die zu Ejakulation oder Orgasmus führt und ein Gefühl von Entspannung bietet. Eine sexuelle Erfahrung hingegen, die auch emotional und geistig ausgerichtet ist, wirkt erfüllend. Beim Orgasmus von zwei holistisch ausgerichteten Men-

schen transzendiert die Liebe die rein körperliche Entspannung, geht sogar über die emotionale/geistige Stufe
hinaus und schenkt einem eine spirituell energetisierende,
emotional befriedigende Begegnung zwischen zwei Menschen, die wirklich aufeinander eingestimmt sind. Nach
einem holistischen Orgasmus fühlt man sich froh und befriedigt und keineswegs erschöpft; man empfindet auch
nicht die leichte Verstimmung wie nach einer rein körperlichen Begegnung. Der Sexualakt an sich mag zwar er-
freulich sein, aber viele Menschen, besonders wenn sie
Sex als Freizeitsport ausüben, berichten, sich emotional
bedrückt zu fühlen, sobald der Akt vorbei ist.

Ich glaube nicht, daß Menschen, die sich für eine
homosexuelle Beziehung entscheiden, eine spirituelle Sünde
begehen. Das hört man bei religiösen Diskussionen häufig, aber ich weiß nicht, warum eine sexuelle Vorliebe
etwas mit der spirituellen Ausrichtung eines Menschen zu
tun haben soll. Ich glaube, daß Gott Menschen versteht,
die sich für eine solche Beziehung entscheiden. Untersuchungen haben ergeben, daß Homosexualität aus einer
komplexen Reihe von biologischen, kulturellen und Um-
weltbedingungen entsteht.

Ich glaube auch nicht, daß vorehelicher Sex eine Sünde darstellt. Für mich schadet das der Beziehung zu Gott
überhaupt nicht. Promiskuität hingegen kann körperlich
wie spirituell sehr schädlich sein. Die Besessenheit auf der
körperlichen Ebene kann einen von der Hingabe an andere Aspekte des Lebens ablenken und spirituelle Reife be-

hindern. Die Gefahren von sexuell übertragbaren Krankheiten machen ein solches Verhalten zudem zu einer Gefahr für den einzelnen und dessen Familie. Die Geistlichen zahlreicher Religionen und Glaubensrichtungen befassen sich heute immer stärker mit Sexualität unter reifen, bindungswilligen Erwachsenen, die, aus welchem Grund auch immer, nicht verheiratet sind.

Sexuelle Mißverständnisse

Viele Menschen haben irrige Ansichten und Ängste hinsichtlich der Sexualität. Sie fürchten, sexuell benutzt oder mißbraucht zu werden, wissen nicht genau, was es mit dem Sex überhaupt auf sich hat und welche Rolle er in ihrem Leben spielt. Manchmal blockieren solche Ängste und Mißverständnisse die sexuelle Energie, und Bedürfnisse bleiben unerfüllt. Wenn der Wunsch nach Zuwendung, Zärtlichkeit und völliger körperlicher Erfüllung unerfüllt bleibt, wird man leicht enttäuscht und frustriert und leidet unter einem negativen Selbstbild. Das kann der holistischen Gesundheit sehr schaden, obwohl für die körperliche Gesundheit nicht unbedingt ein aktives Sexualleben nötig ist. Mit anderen Worten, es geht nicht so sehr um das Fehlen von Sexualität in einer Beziehung, als um die begleitenden Gefühle und Verhaltensformen.

Die heutige Gesellschaft hat in uns unrealistische Erwartungen geweckt, wie großartig der Sex sein sollte und wie er sämtliche Probleme lösen kann. Wenn man die Sexualität als Ekstase beschreibt, als ultimative Vollendung, fühlt man sich leicht unzulänglich, wenn die eigene Erfahrung dem nicht entspricht. Es entstehen auch viele Probleme aus dem Gefühl heraus, daß Sex etwas Schmutziges sei, ein Akt, den man fürchten sollte, den man sich verdienen oder auf Verlangen liefern muß. Solche Schuldgefühle und mangelndes Verständnis fördern eine Angst vor dem Körperlichen im allgemeinen. Mythen und Religionen stellen seit ewigen Zeiten die Masturbation als anormal und körperlich schädigend dar. Doch die sich selbst geschenkte Lust ist in Wirklichkeit ganz natürlich und eine der besten Möglichkeiten, das sexuelle Bewußtsein zu stärken. Mit dieser Freude sollten keine Schuldgefühle verbunden sein. Schuld und Verwirrung in diesem Bereich können eine Blockierung der sexuellen Energien zur Folge haben, was zu Problemen wie Frigidität führt.

Orgasmus und Sexualität

Männer wie Frauen haben manchmal Schwierigkeiten, zum Orgasmus zu gelangen, oft aufgrund von psychischen Faktoren. Frauen verhalten sich bei ihrem Partner in der Regel ähnlich wie bei ihrem Vater oder anderen männlichen Bezugspersonen. Wenn sie gelernt haben, leicht mit diesen umzugehen, können sie psychologisch und sexuell besser auf andere Männer in ihrem Leben eingehen.

Die Unfähigkeit, sexuelle Gefühle und Vorlieben zu besprechen, die fälschliche Annahme, Sex sei etwas Schmutziges oder Sündhaftes, kann die sexuelle Lust schmälern oder es erschweren, sich gehenzulassen und einen Orgasmus zu erreichen. Die Unfähigkeit, sich zu entspannen, wenn man übermüdet, schlecht ernährt oder krank ist, kann ebenfalls hinderlich wirken, wie auch die Angst vor einer Schwangerschaft oder Krankheit. Psychologisch und emotional gesehen, steigert ein Gefühl vollständigen Vertrauens beiderseits das Vergnügen ungeheuer – während Vertrauensmangel alle Lust zerstören kann.

Es gibt zwar eine Reihe von körperlichen Faktoren, die Impotenz verursachen und die in der letzten Zeit eingehender untersucht worden sind, aber häufiger hat es eine psychische Ursache, wenn ein Mann keine Erektion bekommen kann. Seine Beziehung zur Mutter oder anderen weiblichen Bezugspersonen seines Lebens bestimmt oftmals seine spätere Haltung Frauen gegenüber. Die Angst zu versagen oder die Partnerin nicht befriedigen zu können, ist für manche Männer ebenfalls ein großes Problem. Bei anderen sind es Verspannungen im Rücken, in den Hüften und Beinen, die eine vorzeitige Ejakulation bewirken. Oft beruht das Versagen auf nichts anderem als einem Mangel an Erfahrung. Wie bei den meisten Problemen kann praktische Übung und eine positive Perspektive sehr helfen, genau wie eine liebevolle, verständnisvolle Partnerin.

Bei reifen Erwachsenen (im Gegensatz zu hormonell

aktiven Jugendlichen) ist die Sexualität eine komplexe Aktivität, zu der viel mehr gehört als nur der körperliche Akt. Der Verkehr ist noch kein Liebesakt und ein Liebesakt kein bloßer Verkehr. Erfüllende Sexualität bedeutet stets positive Gefühle und Emotionen, sie bedeutet, daß alle Sinne durch innere Gedanken beeinflußt sind und man mit sich selbst und dem Partner leicht kommunizieren kann. Sex wird dann zur Vereinigung mit einem anderen Menschen – einer Vereinigung von Körper, Geist und Seele. Man kann zwar körperlich befriedigt sein, sich aber weiterhin nach emotionaler Unterstützung und Liebe sehnen.

Die Sexualität kann und sollte zu einer wahrhaft erfüllenden und befriedigenden Quelle der Freude im Leben werden. Sie gehört zum göttlichen Wesen, genau wie das körperliche Selbst. Wenn man diese Freude mit einem anderen teilt, an dem einem sehr liegt, feiert man den Menschen an sich als großartiges Wesen. Kinder spielen auf ganz natürliche Weise mit ihrem Körper. Sie genießen die Freiheit des Nacktseins und sich an jemandes Körper zu schmiegen, gestreichelt und sanft gekitzelt zu werden. Diese Freuden rufen weder Scham noch Angst hervor, bis einem gesagt wird, man sei zu alt für solche Dinge. So gelangen Kinder zu der Meinung, daß das, was sie schön finden, für andere nicht akzeptabel sei. Um Sexualität voll zu genießen, muß man sich zurück in den spielerischen, kindlichen Zustand versetzen, als man noch genau wußte, bei was man sich gut fühlt – und es auch tun.

Ein wichtiger Bewußtseinsschritt ist die Erkenntnis, daß der Geist vermutlich das einflußreichste sexuelle Stimulationsmittel ist. Jemand hat einmal gesagt, das Gehirn sei das größte Sexualorgan des Menschen. Achten Sie auf Ihre Gedanken, und stellen Sie sich Dinge vor, die Sie sich für Ihr Leben wünschen. Denken Sie positiv, weil Sie sich dann viel besser fühlen und Ihre sexuelle Lust sich ebenfalls dadurch verstärkt. Egal, welche Gedanken Sie haben, Ihr Körper wird Ihnen folgen. Wenn andere Gedanken Sie beim Sex ablenken, reagiert Ihr Körper ebenfalls. Ein berufliches Problem etwa lenkt Sie von Ihrem Partner ab, und Ihnen entgeht die Intensität, die Sie für eine erfüllende sexuelle Begegnung brauchen. Auch Angst kann die Befriedigung beeinträchtigen, ebenso wie Schuldgefühle und Unsicherheit Ihre Lust geradezu ersticken können. Achten Sie auf Ihre Gedanken und Ihren inneren Dialog, und wenn die Gedanken abzuschweifen beginnen, lenken Sie Ihr Bewußtsein sanft wieder zu dem Körperteil, das gerade berührt wird. Bringen Sie sich ins Hier und Jetzt. Atmen Sie tief, lassen Sie Ihre Erregung den ganzen Körper durchfluten, und öffnen Sie alle sinnlichen Rezeptoren. Das verstärkt Ihre Lust ums Vielfache und durch Synergie auch die Ihres Partners.

Sie sind der beste Experte für sich selbst. Übernehmen Sie die Verantwortung und bekunden Sie, was Sie gern haben und was nicht. Lernen Sie, daß Sie die Macht haben, nein zu sagen. Aber geben Sie sich die Erlaubnis, ja zu sagen zu dem, was Sie wollen. Leiten Sie Ihren Partner an. Nehmen Sie nicht automatisch an, der andere könne Ihre Gedanken oder Körpersprache lesen oder Sie als anspruchsvoll bezeichnen, weil Sie klar sagen, was Ihnen Spaß macht. Es ist erstaunlich, wie oft Eheberater und Sextherapeuten den einen oder anderen Partner sagen hören: »Wenn sie (oder er) mir nur gesagt hätte, was sie (er) gern hätte!«

Die Häufigkeit des Liebesaktes ist individuell verschieden. Man legt zu oft die Betonung auf die Quantität und nicht darauf, wie befriedigend Qualität sein kann. Das kann einer Beziehung seelisch und spirituell schaden. Der Liebesakt sollte ein zärtlicher, kostbarer Akt sein, der stattfindet, wenn es für beide Partner angemessen ist – und keine langweilige, oft wiederholte Übung. Wenn zwei Menschen holistisch aufeinander eingestimmt sind, schlafen sie manchmal sogar seltener miteinander, weil der überwältigende Energiefluß und die gewonnene Freude länger andauern. Der ideale Liebesakt dauert so lange, bis beide Partner erfüllt, glücklich und befriedigt sind.

Ein starker Sexualtrieb ist natürlich notwendig für die Fortpflanzung der Art, aber eine Besessenheit von dem körperlichen Selbst schadet dem spirituellen Selbst. Es ist sehr wichtig, daß man beim Streben nach einer holistischen Lebensweise dafür sorgt, diese beiden Bereiche auszugleichen. Auch Bewegung und eine gesunde Ernährung sind für ein gesundes Sexualleben wichtig. Wenn man diese beiden Gebiete vernachlässigt, beeinflußt das sowohl die interpersonellen Beziehungen wie auch die Sexualfunktionen: Jemand, der ständig müde ist, weil er unmäßig ißt, trinkt und Drogen nimmt, kann keine sinnvolle Beziehung mit jemandem aufrechterhalten, ganz zu schweigen davon, leidenschaftlich zu lieben. Wenn man durch Meditation und Beten mit dem Selbst in Kontakt gerät, trägt das ebenfalls dazu bei, sich selbst zu finden.

Zölibat

Ich habe längere Zeit in meinem Leben zölibatär gelebt. Das Zölibat wird von asketischen Yogis praktiziert; manchmal betrachten sie die Sexualität nur als zur Zeugung nötig. Ich war zwei Jahre lang sexuell inaktiv. Das war eine Phase, in der ich mit einer Gruppe von Leuten zusammen war, die glaubten, daß die sexuelle Energie von der spirituellen Entwicklung ablenkt und den Prozeß verlangsamt. Sexuelle Energie (in der fernöstlichen Philosophie *kundalini* genannt) wohnt angeblich im Wurzelchakra (dem spirituellen Zentrum im Genitalbereich) und kann durch andere Chakren oder spirituelle Zentren bis zum obersten Chakra auf dem Schädel geleitet werden. Jedes Chakra hat eine bestimmte Energie und entspricht einem bestimmten geistigen, emotionalen oder spirituellen Zustand. Ich lernte, daß man durch die Öffnung dieser Zentren das *Nirwana* erreicht, einen Zustand von spiritueller Glückseligkeit.

Damals war ich bereit, alles zu tun, um mein mediales

und spirituelles Bewußtsein zu verstärken, und glaubte, geistig und spirituell meine sexuellen Begierden bewußt steuern zu können. Da ich mich immer für einen sexuell stark ausgeprägten Menschen gehalten hatte, war das für mich ein herausfordernder Entschluß. Nur in Gesellschaft von Menschen mit der gleichen Lebensweise – zölibatären Vegetariern – konnte ich meine sexuellen Energien auf andere Tätigkeiten umlenken. Ich meditierte und betete viel, besonders, wenn sich die »Triebe« regten. Ich konzentrierte mich auf die spirituelle *Kundalini*-Energie, um all meine feinstofflichen Zentren zu öffnen.

Nach einer Weile gewöhnte ich mich daran, nicht mehr an Sex zu denken, und fand andere lächerlich, die sich so sehr dafür interessierten, besonders, wenn Sex für sie viele Probleme schaffte. Aber 1981 beendete ich mein Zölibat und stellte meine Ernährung von strikt vegetarisch auf eine eher gemischte Diät um. Diese Entscheidung traf ich, weil ich keine überwältigende Veränderung in meinem spirituellen Bewußtsein erlebt hatte und weil ich jemandem begegnet war, mit dem ich eine Beziehung haben wollte.

Aus dieser Erfahrung des Zölibats lernte ich, daß Sex aus den richtigen Gründen mit dem richtigen Menschen die parapsychischen/spirituellen Fähigkeiten nicht negativ beeinflußt. Meine spirituellen Fähigkeiten haben sich seitdem immer nur verbessert. Das Zölibat sollte nicht von allen Menschen praktiziert werden. Viele Menschen können ihre sexuellen Energien nicht umlenken und werden emotional oder geistig instabil. Viele Religionen fordern immer noch das Zölibat – andere nur zu bestimmten Jahreszeiten –, und viele Menschen akzeptieren es und fühlen sich damit wohl.

Vor ein paar Jahren erregte es großes Aufsehen, als Ann Landers, eine Lebensberaterin, den Wunsch einer Schreiberin öffentlich unterstützte, den Sexualakt völlig zu vergessen und sich statt dessen nur zu umarmen und zärtlich zu sein. Die Zeitung, für die sie arbeitete, bekam zu diesem Thema mehr Briefe als zu allen anderen jemals zuvor. Es meldeten sich Psychologen zu Wort, die ihre Bestürzung darüber ausdrückten, daß so viele Frauen sich Nähe und Zärtlichkeit wünschten, die sie in der sexuellen Beziehung nicht fanden.

Das Zölibat ist kein natürlicher Zustand des Menschen und für die Mehrheit der Bevölkerung auch keine angemessene Möglichkeit. Angesichts dieser Tatsache wird es sogar noch wichtiger, daß wir alles in unserer Macht Stehende tun, um die potentiell höchste Form der menschlichen Kommunikation zu einem angenehmen und erhebenden Akt zu gestalten.

3. Kapitel

ANDERE BEZIEHUNGEN

Die Eltern-Kind-Beziehung

Die Gefühle und Einstellungen der Eltern können die künftige Sexualität des Kindes stark beeinflussen. Wenn man seiner Fünfjährigen sagt, sie solle sich nicht berühren, weil die Geschlechtsorgane »schlecht« seien, oder wenn ein kleiner Junge nicht im gleichen Zimmer wie die Zwillingsschwester schlafen darf, weil Mädchen und Jungen verschieden seien und nicht zusammensein sollten, bewirkt das vermutlich später im Leben größere Verwirrung und Unsicherheit.

Der elterliche Einfluß beschränkt sich aber nicht auf ausdrückliche, wortwörtliche Regeln. Kinder werden durch die gesamte Umgebung positiv und negativ beeinflußt. Ein Mädchen, das in einem männlich dominierten Haushalt aufwächst, fühlt sich vielleicht allen Männern gegenüber unterlegen, während ein Mädchen, das mit Respekt und Verantwortung erzogen wurde, viel besser mit Männern auf der gleichen Ebene umgehen kann.

Kinder lernen die meisten Verhaltensmuster in den ersten zwei bis fünf Jahren ihres Lebens. Daher ist die Erziehung in den ersten fünf Jahren eines Kindes wie das Programmieren eines Computers. Wenn der Input eine liebevolle Umgebung ist, wird der Output dies widerspiegeln. Wenn der Input aus Haß besteht, ist das Kind im späteren Leben voller Wut und weist viele Störungen auf.

Untersuchungen haben ergeben, daß das Ungeborene nicht nur darauf reagiert, was die Mutter ißt und trinkt (und welche Drogen sie nimmt), sondern auch auf deren Emotionen. Traumatische Erlebnisse während der Schwangerschaft können den Fötus negativ beeinflussen und sich im späteren Leben niederschlagen. Viele Frauen sind auch davon überzeugt, ein ruhigeres, glücklicheres Baby zu bekommen, wenn sie liebevoll mit ihrem Ungeborenen sprechen.

Aufgrund meiner Beobachtungen als Lehrerin und Therapeutin bin ich fest davon überzeugt, daß ein Kind, das in einer spirituellen Umgebung aufwächst, seltener emotionale und Verhaltensprobleme aufweist. In unserer Küche hing, als ich klein war, ein Schild. Darauf stand: »Eine Familie, die gemeinsam betet, bleibt auch zusammen.« Ich bin fest davon überzeugt, daß das stimmt, aber ich möchte hinzufügen, daß die Familie nicht nur beten, sondern auch an die Macht von Gebeten glauben sollte. Die Religion, für die man sich entscheidet, spielt keine

Rolle. Meditation und Beten sind universal. Menschen, die durch spirituelle Ziele vereint sind, schaffen für alle eine liebevollere und harmonischere Umgebung.

Die meisten Familien verbringen nicht genügend Zeit sinnvoll miteinander. Sie meditieren und beten nicht miteinander, um zu lernen, einander zu lieben. Es fehlt ihnen die spirituelle Bindung aneinander und an Gott. Behalten Sie im Auge, daß es um die Qualität der Zeit geht, nicht um die Quantität. Wenn ein Kind in einem unglücklichen Zuhause aufwächst und sich ungeliebt fühlt, wird das auch nicht besser, wenn beide Eltern rund um die Uhr zur Verfügung stehen. Andererseits weiß man genau, wieviel leichter das eigene Leben gewesen wäre, wenn man schon als Kind die Dinge gelernt hätte, die Sie nun in diesem Buch gelernt haben.

Man sollte alle Kinder darin unterstützen, die Grundlagen und einen Glauben an einen Höhere Intelligenz, eine Gotteskraft zu entwickeln, die das gesamte Universum durchdringt. Kinder brauchen ein Gefühl von Sicherheit und Führung. Disziplin und Bestätigung sind ebenfalls wichtig, damit ein Kind schließlich beim Heranwachsen die Unabhängigkeit entwickelt, die man für es wünscht.

Bei meinen medialen Beratungen werden mir häufig Fragen zu Eltern-Kind-Problemen gestellt. Ich rate Eltern stets, realistische Erwartungen zu haben. Auch mit der besten Ausbildung und allen Annehmlichkeiten des Lebens, einer positiv eingestellten und religiösen Umgebung, Sicherheit und Konsequenz können Kinder einen immer noch enttäuschen. Druck von Altersgenossen, die Außenwelt und Unfälle kann man nicht kontrollieren. Und dies alles hat eine Wirkung auf die Kinder. Außerdem können ihre Ziele von den Ihren abweichen. Seien Sie nur stets ehrlich zu ihnen und versuchen Sie, auf einer Ebene mit ihnen umzugehen, die sie verstehen. Erinnern Sie sich, wie Sie sich in dem jeweiligen Alter fühlten und daß Sie nun Mutter oder Vater sind, kein Freund. Informieren Sie sie von klein an über die holistischen Prinzipien, überwachen Sie ihre Ernährung und körperliche Bewegung genau wie die eigene – und vor allem, seien Sie ihnen ein gutes Beispiel.

Gehen Sie von der Theorie aus, daß es genau wie in der Schule keine dummen Fragen gibt. Jede Frage verdient eine Antwort, und zwar eine ehrliche. Lachen Sie niemals über eine kindliche Frage oder tun sie ab. Das könnte die letzte Frage sein, die Ihr Kind Ihnen jemals gestellt hat. Geben Sie Ihrem Kind eine Erklärung, die es versteht, aber nie das Gefühl, es sei zu dumm dafür oder Sie hätten keine Zeit für vernünftige Antworten.

Sprunghaftes oder gewaltsames Verhalten bei Kindern, auch Lernschwierigkeiten, können durch Stoffwechselkrankheiten oder Allergien ausgelöst werden. Wenn Ihnen ein ungewöhnliches oder negatives Verhaltensmuster auffällt, lassen Sie Ihr Kind ärztlich untersuchen. Ich erinnere mich an eine Geschichte, bei der mir die Tränen in die Augen stiegen. Ein kleiner Junge, der eine Konzentrationsstörung hatte, sagte zu seiner Mutter: »Mein Körper läßt mich einfach nicht stillsitzen und aufmerksam sein. Was kann ich nur tun, damit er sich benimmt?« Eine Umstellung in seiner Ernährung brachte den gewünschten Erfolg.

Kinder sind nicht wie Puppen, die man allein lassen kann, bis man das nächste Mal mit ihnen spielt. Kinder zu haben bedeutet eine große Verantwortung – körperlich, emotional und finanziell. Überlegen Sie gründlich, ob Sie bereit sind, diese Verantwortung zu übernehmen, ehe Sie ein Kind in diese Welt setzen.

Disziplin

Disziplin ist einer der wichtigsten Aspekte im Leben. Ohne sie gibt es keine längeren Lernprozesse, keine Produktivität, keinen Fortschritt, keinen Erfolg. Kinder brauchen sicherlich Disziplin – zu Hause, in der Schule und beim Sport –, aber Disziplin bedeutet mehr, als nur zu strafen.

Disziplin setzt man am besten durch offene Kommunikation durch. Wenn die Eltern fest, aber liebevoll mit dem Kind umgehen, reagiert es in der Regel positiv, weil es die Gründe hinter den elterlichen Entscheidungen oder Bitten erkennt. Brüllen ist die wohl unwirksamste Methode der Kommunikation, weil Ton und Lautstärke die Botschaft verzerren. Drücken Sie ganz klar aus, was Sie erwarten, wenn Sie die Grundregeln für die Kinder festlegen. Man sollte nicht von ihnen erwarten, daß sie alles wissen, alles tun oder immer nur alles richtig machen. Aber sie sollten mit dem Unterschied zwischen Gut und Böse vertraut werden und welche Folgen falsches Verhalten hat.

Wenn die Kommunikation scheitert, suchen Sie nach physiologischen oder medizinischen Ursachen. Ich kenne ein hörbehindertes Kind, dessen Eltern nichts von diesem Problem ahnten und dachten, ihr Kind würde sie einfach ignorieren. Das Kind verstand natürlich nicht, warum es bestraft wurde, und es hatte auch keine Ahnung, was es überhaupt falsch machte.

Wenn man körperliche Ursachen ausschließen kann, sind Einschränkungen und Begrenzungen der Freiheit sehr wirksame Formen der Disziplin. Schlagen Sie Kinder nie, weil das eine ganz andere Lektion erteilt. Sanfte Gewalt sollte nur als letzte Zuflucht angewendet werden. Erklären Sie den Kindern stets den Grund für die disziplinäre Maßnahme und weisen Sie darauf hin, daß Sie das Verhalten des Kindes inakzeptabel finden, nicht das Kind. Unter keinen Umständen sollte man jemals zu einem Kind sagen, es sei schlecht oder unmöglich. Solche Bemerkungen prägen sich auf immer in das Unbewußte ein. Ich erinnere mich an einen kleinen Jungen, der zusammenzuckte, als seine Eltern von seiner Krankheit sprachen und fälschlicherweise sagten: »Keiner ist so schlimm wie er.«

Eine der wichtigsten Aufgaben als Eltern ist, den Kindern ein Gefühl von Selbstwert zu geben. Jemand mit hoher Selbstachtung fürchtet sich nicht, Fragen zu stellen, weil er sich nicht fürchtet, dumm zu erscheinen. Solche Menschen werden nicht so leicht fehlgeleitet, denn sie haben ein Gefühl von Unabhängigkeit und geben Druck nicht leicht nach. Manche Verkaufstaktiken beispielsweise geben einem das Gefühl, besser zu sein, als man tatsächlich glaubt. Gefestigte Menschen haben auch keine Angst zu sagen, daß sie sich geirrt haben, weil sie wissen, daß das keine Schande bedeutet. Die Schwingungen zwischen den einzelnen Familienangehörigen beeinflussen alle anderen. Das schlechte Benehmen eines Kindes kann die Schwingungsharmonie der Ehe beeinflussen, die wiederum beeinflußt, wie die Kinder von den Eltern behandelt werden. Wenn sich Disharmonie in der Familie breitmacht – besonders, wenn die Eltern nicht einer Meinung sind –, entziehen sich Kinder häufig dem Familienkern, rebellieren gegen Autorität, verlieren den Respekt vor den Eltern und spielen sie gegeneinander aus.

Es ist überaus wichtig, Kindern Grenzen zu setzen. Probleme können sich schon in sehr jungem Alter entwickeln – früher, als die meisten Eltern es für möglich halten. Untersuchungen belegen, daß sich eine kriminelle Persönlichkeit schon im Alter von fünf Jahren zu zeigen beginnt. Unterschätzen Sie nicht die Intelligenz und die intuitive Wahrnehmung sehr kleiner Kinder. Auch sie haben ein intuitives Gefühl für Gut und Böse, Richtig und Falsch und erwarten von Ihnen, daß Sie diese Regeln bestätigen.

Mißbrauch in Familien

Wenn ein Kind zum Problem wird und die Eltern nicht mehr vernünftig mit ihm umgehen können, wenden sich manche Eltern gewalttätigen Mitteln zu, oft völlig unprovoziert. Niemand kennt die genauen Zahlen für Kindesmißbrauch, weil solche Verbrechen oft nicht angezeigt werden, aber die Schätzungen reichen von drei bis acht Millionen Fällen jährlich (in den USA). Viele Opfer von Mißbrauch zeigen den Täter nicht an, weil sie sich schämen, es ihnen peinlich ist und sie sich schuldig fühlen. Das gilt besonders auch für den Mißbrauch unter Ehepartnern.

In den letzten Jahren haben ein geschärftes Bewußtsein und Veröffentlichungen bewirkt, daß mehr Fälle angezeigt werden, was darauf hinweist, daß viele Opfer nicht mehr bereit sind, sich so behandeln zu lassen. Sie finden Unterstützung und Trost in Selbsthilfegruppen, besonders für mißbrauchte Kinder, geprügelte Frauen und Opfer von Inzest und Vergewaltigung.

Es gibt zwar keine Entschuldigung für Mißbrauch, aber man kann ein paar Gemeinsamkeiten in der Geschichte der Täter festmachen. Die meisten wuchsen selbst in einer solchen Umgebung auf. Der Soziologe Richard Giles von der Universität Rhode Island sagt dazu: »Der Mann schlägt seine Frau. Die Frau lernt, die Kinder zu prügeln. Die größeren Geschwister lernen, daß es in Ordnung ist, die kleineren zu verhauen. Und der Hund ist der letzte in dieser Kette der Gewalt.«

Die meisten Vergewaltiger wurden als Kinder selbst mißbraucht. Untersuchungen über Gefängnisinsassen ergaben, daß 90 Prozent aller Häftlinge als Kinder mißbraucht worden waren. Unter Kindern, die zusahen, wie die Mutter mißhandelt wurde, neigten die Jungen dazu, ihre Frauen ebenfalls zu schlagen, und die Mädchen, selbst zu mißhandelten Frauen zu werden. Aber Mädchen werden auch zu Tätern. Unter den sexuell Mißbrauchten neigen Mädchen dazu, sich einen mißhandelnden Ehemann zu suchen, während Jungen häufig pädophil werden (Erwachsene, die sich von Kindern sexuell erregt fühlen). Pädophile ändern nur sehr selten ihr schädigendes Verhalten.

Es überrascht vielleicht, zu erfahren, daß Frauen Kinder viel eher mißhandeln als Männer, da sie viel mehr Zeit mit ihnen zubringen. Die Probleme des Kinderaufziehens und finanzielle Belastungen für die Eltern verschärfen oft die Lage. Wenn das Kind unerwünscht, zurückgeblieben, behindert oder auch extrem intelligent ist, besteht ein höheres Risiko des Mißbrauchs als bei einem normalen Kind. Bei mißhandelnden männlichen Tätern (Vater, Stiefvater, Geliebter oder Freund der Mutter) mißhandelt dieser das Kind nicht nur, sondern mißbraucht es oft auch sexuell. Die körperlichen und emotionalen Narben solchen Mißbrauchs bleiben das ganze Leben lang, und es ist ungeheuer wichtig, daß solche Kinder, auch wenn sie schon erwachsen sind, einen Therapeuten aufsuchen.

Freundschaften

Dem Gesetz der magnetischen Anziehung zufolge, daß Gleiches Gleiches anzieht, ziehen wir Freunde an, die unsere eigenen Schwingungen spiegeln. Unsere Verbindung zu Menschen, die spiritueller und holistischer eingestimmt sind und deren Schwingungsebene höher ist als unsere eigene, verstärken unsere holistische Gesundheit. Ich selbst habe mich bis zu der Stufe entwickelt, daß ich glaube, alle Menschen spirituell zu lieben, mich aber nur mit denjenigen umgebe, die Gott kennen und lieben und die positive Gedanken haben.

Sorgen Sie sich nicht um negative Emotionen, und konzentrieren Sie sich nicht auf frühere unangenehme Freundschaften oder Beziehungen. Das ist nicht nur unnütz, sondern kann auch das Gegenteil bewirken, denn es kann gegenwärtige Beziehungen ruinieren. Man muß von der Vergangenheit frei sein, um sinnvoll in der Gegenwart zu leben. Die schwerste Prüfung für kontrollierte Gedanken und Emotionen ist, denjenigen Liebe und positive Gedanken zu schicken, die uns verletzt haben. Bitten Sie Gott, Ihnen zu zeigen, wie Sie Ihre Probleme mit einem Freund, Liebhaber, den Eltern, einem Kind oder Kollegen lösen können, und vergessen Sie die Situation. Stauen Sie niemals negative Gefühle gegenüber jemanden in sich auf. Es ist immer am besten, eine solche Situation zu vergessen. Es gibt ein nützliches kleines Buch, das sich mit solchen Problemen befaßt und eine Reihe sehr nützlicher Ratschläge enthält: »How To Forgive When You Don't Know How« von Jacqui Bishop und Mary Grunte.

Genau wie bei Geliebten, Partnern und Kindern sollte man auch bei Freunden nicht zu besitzergreifend sein und nicht erwarten, immer mit ihnen einer Meinung zu sein. Werden Sie nicht wütend, wenn Ihre Pläne sich nicht mit ihren decken oder wenn sie mit anderen zusammensein wollen, obwohl Sie selbst ihre Gesellschaft wünschen. Bei zu hohen Ansprüchen gedeiht keine Freundschaft. Wenn die Freunde allerdings lieber ihre Zeit mit anderen verbringen als mit Ihnen, könnte das ein Zeichen sein, diese Beziehung zu überprüfen. Allgemein ist es am besten, nach der Devise zu handeln: »Leben und leben lassen.« Leben Sie Ihr Leben und lassen Sie den Freunden das ihre. Denken Sie auch daran, daß jeder einmal Fehler macht und Menschen einen manchmal verletzen, aber Groll nützt niemandem etwas. Wenn jemand gute Absichten hat und es ehrlich meint, ist es immer besser, die Dinge eine Weile ruhen zu lassen. Es ist dann leichter, sich ohne Vorwürfe wieder zu vertragen. Das gilt für alle möglichen persönlichen Beziehungen.

Wenn jemand Sie absichtlich verletzt hat, findet man eine andere Einstellung vielleicht nützlicher. Bishop und Grunte weisen darauf hin, wie traurig es ist, daß die Wut einem selbst weh tut (körperlich wie emotional), aber mehr als demjenigen, der einem geschadet hat. Wenn man, statt die Wut auf die fragliche Person zu richten, Liebe und Segen aussendet und Gott bittet, ihnen zu helfen, zu reifen, erreicht man doppelt soviel. Man sorgt für sein eigenes geistiges und körperliches Wohlbefinden und fördert im anderen eine dringend nötige Verhaltensänderung. Da zudem alles, was man gibt, zu einem zurückkommt, gewinnt man dadurch verstärkt Liebe und Segen. So kann man das, was ansonsten eine vernichtende Erfahrung wäre, in eine positive Situation für beide umwandeln. Das ist eine Macht, die Gott uns gegeben hat, und wenn man darum bittet, hilft er uns, sie nützlich einzusetzen.

Die Beziehung zur Arbeit

Unser Beruf unterhält uns nicht allein finanziell, sondern gibt uns auch eine Richtung und Disziplin. Selbst bei einem langweiligen Beruf und mit dem Wunsch nach etwas Besserem sollte man die gegenwärtige Stelle nicht negativ beurteilen. Lernen Sie alles, was Sie können, und setzen sich für etwas Besseres ein. Denken Sie niemals, daß Sie nur für Geld arbeiten: Man kann aus jeder Arbeit etwas lernen.

Ob Sie es glauben oder nicht, aber Probleme im Beruf können ein versteckter Segen sein. Sie können eine positive Änderung im Leben auslösen. Seien Sie dankbar und lernen Sie daraus, weil Sie genau wissen, daß wir aus Fehlern mehr lernen als durch Erfolg. Eine Fernsehreporterin erzählte mir einmal von ihrer ersten Talkshow, die sehr schwer für sie war: Ihre Fragen waren interessant, die

Gäste eigentlich auch, aber sie antworteten nur einsilbig mit Ja und Nein. Es war, als müßte sie ihnen sämtliche Informationen aus der Nase ziehen. Glücklicherweise hatte eine Kollegin und Freundin der Frau die Sendung gesehen und rief sie sofort anschließend an. »Hast du mit dem Mann vor der Sendung besprochen, was du im Programm fragen wolltest?« fragte sie. »Natürlich«, antwortete die junge Frau. »Das war ein Fehler«, sagte die andere. »Rede über das Wetter, die Kinder oder Sport, um einen Gast zu entspannen. Aber diskutiere nie die eigentlichen Themen. Wenn du das machst, denken sie, sie müßten dir später etwas Neues darüber sagen, und wenn ihnen nichts mehr einfällt, machen sie einfach dicht.« Die junge Frau folgte diesem Rat und hatte nie wieder Probleme. Als sie mir diese Geschichte erzählte, fügte sie hinzu: »Wenn ich beim ersten Mal alles richtig gemacht hätte, hätte ich diese wichtige Lektion niemals gelernt. Dieser Fehler hat mich zu einer viel besseren Interviewerin gemacht, und ich habe diesen Rat an viele andere neue Kollegen weitergegeben.«

Unternehmen Sie alle Anstrengungen, um Ihre Probleme zu lösen, und suchen Sie nach dem Guten oder Positiven, das Sie einer anscheinend negativen Situation abgewinnen können. Denken Sie an die Faktoren, die das Problem verursachten, und dann an die positiven Schritte, mit denen Sie sie überwinden können, um es noch einmal erfolgreicher zu versuchen. Befreien Sie sich von allen Ängsten oder negativen Emotionen, die Ihnen dabei im Weg sein könnten. Manchmal führt das, was man anfangs am meisten fürchtete, zu den größten Erfolgen – sicher aber zu einem Gefühl großer Befriedigung.

Ehrgeiz

Jeder hat wohl Träume, etwas ganz Besonderes mit seinem Leben anzufangen. Manche Träume sind vielleicht höher gesteckt als andere, aber Ziele zu haben ist stets wichtig und anregend für die spirituelle Entwicklung. Man braucht nicht an einem religiösen Ort zu arbeiten, um für Gott da zu sein. Alle ehrlichen Berufe sind in Seinen Augen akzeptabel.

Ihr Ehrgeiz und Ihre Fähigkeiten bestimmen, wie weit Sie in dem gewählten Beruf kommen. Erfolgreiche Menschen sind in der Regel rasche Denker und können sich schnell entscheiden. Ihr Selbstvertrauen wirkt ansteckend. Das entstammt der Haltung, daß man weiß, was man will und bereit ist, sich so stark wie möglich dafür einzusetzen. Viele erfolgreiche Menschen glauben, daß sie, um etwas Außergewöhnliches zu erreichen, bereit sein müssen, Opfer in anderen Lebensbereichen zu erbringen. Wenn man über das Leben der Auslandskorrespondenten von großen Zeitungen liest, besonders in den Konfliktgebieten, erkennt man deren Wahrheit. Jeder muß für sich selbst entscheiden, was ihm oder ihr am wichtigsten ist.

Daraus folgt nicht unbedingt, daß geringer Ehrgeiz Scheitern bewirkt. Zuviel Ehrgeiz kann sogar Unglücklichsein und Unzufriedenheit mit sich selbst und allen anderen in der Umgebung erzeugen. Ehrgeiz steht in direktem Zusammenhang mit dem Stellenwert, den man seinem Beruf zumißt und wie man ihn als Spiegelung des Selbst betrachtet. Manche Menschen werden von ihrer Arbeit völlig in Anspruch genommen und definieren ihr Leben dadurch. Andere haben einen normalen Job, der die Miete abdeckt, ihnen aber kaum mehr bedeutet. Letztere neigen zu Ehrgeiz in anderen Lebensgebieten.

Die Zusammenarbeit mit Angestellten

Mit anderen Menschen bei der Arbeit gut auszukommen macht das Leben angenehmer und lohnender. Negative Menschen finden sich in allen Bereichen des Lebens, und man kann sie nicht völlig meiden, aber versuchen, ihnen so weit wie möglich aus dem Weg zu gehen. Versuchen Sie, sie neutral oder kühl zu behandeln und positiv zu bleiben, auch wenn Sie gezwungen sind, sich mit jemandem auseinanderzusetzen.

Es gibt konstruktive Methoden, sich in einer Auseinandersetzung zu behaupten. Suchen Sie immer solche konstruktiven Wege und leidenschaftslose Diskussionen, die viel besser geeignet sind, ein Problem zu beseitigen, als ein hitziger Streit. Wenn es mit den Gefühlen hoch hergeht, wirkt das sehr belastend. Und Streß erzeugt alle möglichen gesundheitlichen Probleme. Wieder einmal trifft das auf persönliche Beziehungen ebensosehr zu wie auf berufliche.

Wenn man der Boß ist

Berufliche Beziehungen sind äußerst kompliziert, besonders, wenn die Arbeitsstelle durch andere Faktoren bestimmt wird, als nur Einkommensquelle zu sein.

Für jeden Vorgesetzten ist es wichtig, die Untergebenen angemessen zu motivieren. Wenn jeder glücklich und produktiv ist, wirft das ein besseres Licht auf den Chef. Solche guten Ergebnisse erzielen Sie durch folgendes Verhalten:

1. Lassen Sie die anderen wissen, daß Sie ihnen vertrauen und auf sie setzen. Wenn ein Angestellter nicht zufriedenstellend arbeitet, sprechen Sie mit ihm oder ihr. Kommunikation ist stets die beste Methode, Probleme zu bewältigen. Fordern Sie Ihre Angestellten auf, Ihnen ihre persönlichen Probleme mitzuteilen, weil sie ihre Arbeit beeinträchtigen könnten, aber lassen Sie sich nicht zu sehr darauf ein.

2. Behandeln Sie die Angestellten als Mitmenschen, nicht wie Maschinen, Unterlegene oder als Sexualobjekte.

3. Seien Sie jederzeit diplomatisch. Betrachten Sie alle Seiten einer Frage oder eines Problems. Bevorzugen Sie niemanden.

4. Bleiben Sie ruhig und gelassen, wenn Sie jemanden

rügen, und lassen Sie Ihre Entscheidungen nicht von den Emotionen bestimmen. Emotionen sind nicht rational und daher keine angemessenen Leitlinien für Entscheidungen. Brüllen und Schimpfen schmälert die Selbstachtung und bewirkt Groll.

Max Karl, der Gründer einer großen Finanzgesellschaft, berichtete von seinem Ärger. Er hatte gehört, wie der Chef einer anderen großen Firma seinen Stolz darauf ausdrückte, seine Belegschaft um 10 Prozent verkleinert zu haben. Offenbar hatte er nichts anderes im Kopf gehabt, als wie viele Kosten eine solche »Verschlankung« spare. Ein Firmenchef, meinte Karl, sollte aber ebensosehr an die menschlichen Erfordernisse denken, besonders, wenn die Ersparnisse nicht allzuviel ausmachten. »Man spart vielleicht zwei Millionen«, sagte er, »aber davon bleibt nach Abzug der Steuern nur noch eine Million, und wenn die Firma jährlich 135 Millionen Dollar Profit macht, welchen Unterschied macht das schon aus? Warum ist es in Anbetracht der Familien, die von diesen Stellen leben, wichtig, eine weitere Million an die Aktienbesitzer zu verteilen? Bei zehn Millionen Aktionären macht das pro Kopf nur zehn Cents aus. Es ist viel besser, eine Gesellschaft mit hoher Arbeitsmoral zu haben und den Verlust anderswie auszugleichen. Das sorgt für ein besseres Arbeitsklima und einen besseren Einsatz der Angestellten, weil sie wissen, daß der Boß sich auch für sie einsetzt.« Das gilt auch für Manager, von denen viele in den Vierzigern und Fünfzigern sind und ansonsten keine Arbeit mehr fänden, weil sie als zu alt gelten. Er erklärte: »Wenn sie wissen, daß die Firma sich loyal zu ihnen verhält, solange sie anständig arbeiten, wird sich das sicher in ihrer Leistung niederschlagen.« Es überrascht kaum, daß Karls Akten voll waren von Briefen der Dankbarkeit und Bewunderung und daß die Gesellschaft unter seiner Leitung stets erfolgreich operierte. Ein Hauptkennzeichen von erfolgreichen Geschäftsleuten ist eine ausgeprägte Intuition. Wenn man weiß, wer einem hilft – und wer einen behindert –, ist das ein ungeheurer Vorteil, besonders für Vorgesetze. Außerdem ist Intuition bei der Einstellung von Personal sehr nützlich. Manchmal fängt man die Schwingungen schon beim Händeschütteln auf. Ein fester Händedruck sagt immer etwas aus. Aber hüten Sie sich vor Menschen, die Ihre Hand so schwenken, daß Sie fast aus dem Gleichgewicht geraten. Chef und potentieller Angestellter sollten bei der ersten Begegnung auf die Körpersprache und den Augenkontakt achten. Achten Sie auch auf den Energiefluß. Es gibt eine Reihe ausgezeichneter Bücher über dieses Thema. Suchen Sie in anderen nach positiven Aspekten, aber hüten Sie sich vor dem Syndrom, bei dem die Hoffnung über die Erfahrung triumphiert. Meditieren und programmieren Sie sich vorher mit Blick auf Ihre Ziele. Das gibt Ihnen nicht nur Selbstvertrauen, sondern auch den erwünschten Erfolg.

ANHANG

Abschließende Bemerkungen über Körper und Seele

Der Arzt der Zukunft wird dem Kranken keine Medizin mehr geben, sondern ihn dazu bewegen, sich für seinen Gesamtzustand, seine Ernährung, die Ursachen von Krankheiten und deren Vorbeugung zu interessieren.   THOMAS EDISON

Unsere Nahrung soll Medizin sein und Medizin unsere Nahrung.   HIPPOKRATES

Deine erste Pflicht besteht darin, deinen Körper gesund zu halten. Ohne Gesundheit kann man nichts erreichen. Nicht nur die höheren Ziele, sondern auch weltlicher Erfolg beruhen auf der Gesundheit und einem guten Allgemeinzustand.   SWAMI SATCHIDANANDA

Arzt, heile dich selbst.   LUKAS 4,23

Ein gesunder Geist in einem gesunden Körper.   SENECA

Meine Einstellung zur Gesundheit

Der Körper ist das Instrument, mit dem der Geist sich ausdrücken kann. Wenn der Körper innerlich rein ist, wird der Geist klarer, und die Seele kann sich darin freier ausdrücken, was einen ausgewogenen Energiefluß zur Folge hat. Leider investieren die meisten Menschen mehr Zeit, Sorgen und Mühe in ihre Autos, statt den eigenen Körper in gutem Zustand zu halten.

Ein ausgewogener Körper macht einen nicht nur gesünder, sondern auch zu einem spirituelleren Menschen. Aber man sollte Ausgewogenheit nicht mit Mäßigkeit verwechseln. Die Aussagen: »In rechtem Maß ist alles gut für einen« und »Sei bescheiden in allen Dingen« können wörtlich genommen der holistischen Gesundheit sehr schaden. Mäßigkeit ist für jeden Menschen etwas anderes. Was für den einen angemessen ist, ist für den anderen schon Exzeß. Jeder Mensch hat andere Bedürfnisse, Toleranzen und Allergien. Für den einen kann eine einzige Aspirintablette gut sein, ein anderer braucht zwei oder drei. Wiederum ein anderer hat aber vielleicht Magengeschwüre und kann überhaupt kein Aspirin vertragen. In gleicher Weise unterscheiden sich Schlafverhalten und -bedürfnisse stark voneinander, ebenso wie die Fähigkeit, Alkohol, Koffein und Zucker zu vertragen.

Ich bin davon überzeugt, daß ein gesunder Körper einem die Spiritualität erleichtert. Wenn man krank ist oder Schmerzen hat, ist es sicher viel schwerer, sich selbst zu helfen –

ganz zu schweigen davon, anderen zu helfen. In kränk-
lichem Zustand ist es sehr schwer, sich überhaupt zu irgend
etwas zu motivieren – selbst zum Beten oder Meditieren.

Wenn neue Ernährungsgewohnheiten und gesundes
Verhalten immer mehr zur Gewohnheit werden, erlangt
man mehr Kontrolle über die Gesundheit und den Körper.
Eine holistische Gesundheitserziehung, in Verbindung mit
Selbstdisziplin und Geduld, wird auch in den kommenden
Jahren für jeden von Nutzen sein. Zahlreiche Beweise deuten darauf hin, daß viele Krankheiten verhütet oder signi-
fikant durch das verbessert werden können, was man als
»Präventivmaßnahmen« bezeichnet. Gesundheitsexperten
und die Krankenkassen erkennen endlich, daß vorbeugende Medizin viel billiger ist, als Krankheiten zu heilen.

Die holistische Medizin (vorbeugende Gesundheitsver-
sorgung) beruht auf der metaphysischen Überzeugung,
daß der Körper, der Geist und die Seele eng miteinander
verbunden sind. Zu diesem Konzept der Holistik gesellt
sich der Glaube an eine Höhere Intelligenz und an die
Wirksamkeit von Gebeten und Spiritualität. Zusammen
mit dem Patienten werden sämtliche gesundheitsfördern-
den Möglichkeiten erkundet: geistige, physische und
emotionale. Dementsprechend wird die Therapie festge-
legt – um die Gesundheit wiederherzustellen und auf-
rechtzuerhalten. Spirituelle Liebe spielt eine wichtige Rolle beim holistischen Ansatz, zu dem vorbeugende, alternative und traditionelle Heilmethoden gehören. *Holistisch*
bezieht sich schließlich auf den ganzen Menschen, im

Kontext seines gesamten Lebens und seiner Umwelt. Wenn man den Körper durch Bewegung und Training kräftigt und die Körperchemie durch eine gesunde Ernährung ausgleicht, kann man sein Immunsystem so stärken, daß es Krankheiten leichter abwehrt.

Erschöpfung lautet eine der Hauptklagen in unserer Gesellschaft. Sie ist ein Hauptsymptom für Tausende von Krankheiten und bei einer Reihe von seelischen Störungen. Erschöpfung aufgrund von Langeweile oder Depression kann man oft mit einem Fitneßprogramm beseitigen. Es ist heute weitgehend bekannt, daß ein Spaziergang nach den Hauptmahlzeiten (wie es unsere Großeltern stets empfahlen!) sowohl auf die körperlichen wie seelischen Funktionen positiv wirkt, und die Rentner, die dies regelmäßig befolgen, leben länger, bleiben gesünder und leben produktiver als diejenigen, die vorwiegend sitzen.

Es gibt heutzutage mehr Bücher und Magazine über Diäten als über alle anderen Themen. Jeder sucht nach einer Wunderkur oder dem Geheimnis, wie man am besten abnimmt, gut aussieht und sich fit fühlt – aber mit minimalem Aufwand. Doch wir wissen alle, daß es eine solche Lösung nicht gibt. Langsam haben wir begriffen, daß es nicht die Diäten sind, sondern die Gewohnheiten, die zählen, und die Gewohnheiten, die ein langes, gesundes Leben garantieren, bestehen aus leichten Mahlzeiten mit frischem Obst und Gemüse, komplexen Kohlehydraten, wenig Fett und Eiweiß, regelmäßiger Bewegung, frischer Luft und einer positiven Perspektive.

Es gibt zwar viele Menschen, die bis zum Rand der Erschöpfung trainieren oder Marathons laufen, aber die meisten Menschen können ihren Körper durch regelmäßige, nicht sonderlich anstrengende Übungen oder Gehen in Schuß halten. Übungen im Wasser, die man in jedem öffentlichen Schwimmbad machen kann, sind ebenfalls sehr beliebt und scheinen gutzutun. Man meidet dabei schlechtes Wetter oder Hitze und das Risiko, wenn man allein spazierengeht. Wenn Sie gern mit einem Gerät trainieren, hilft Ihnen vielleicht die folgende Bemerkung von einem Experten: »Das beste Gerät«, sagte er, »ist dasjenige, das Sie auch benutzen. Überall stehen unbenutzte Fitneß-Fahrräder in den Garagen. Langlaufski-Maschinen sind zwar ebenfalls phantastisch, aber auch nur, wenn sie wirklich benutzt werden. Untersuchungen haben ergeben, daß das einzige Gerät, das manche Menschen auch nach zwanzig Jahren noch benutzen, das Laufband ist, die ›Tretmühle‹.« Dieses Gerät ist so beliebt, weil man es jederzeit und bei jedem Wetter benutzen kann. Man kann das Tempo und die Steigung einstellen, wenn man effizienter trainieren will. Die Beliebtheit dieses Modells hat den Preis inzwischen erheblich gesenkt, so daß er nun weit unter dem eines Jahresabonnements für einen Fitneßclub oder teuren Arztrechnungen liegt.

Die Bedeutung einer angemessenen Ernährung und Bewegung steht in direktem Zusammenhang mit der Bewältigung von Streß. Streß ist in unserer Gesellschaft eines der größten Gesundheitsprobleme; obwohl ein gewisser

Streß für alle Lebewesen notwendig ist, um einigermaßen zu funktionieren, hat das zwanzigste Jahrhundert viel zuviel davon produziert. Der holistische Ansatz zur Streßbewältigung empfiehlt Meditation, Bewegung, Beten, eine gesunde Ernährung und positives Denken. In einer streßvollen Situation sollte man versuchen, nicht in Panik zu geraten. Halten Sie inne und denken Sie nach. Meditieren Sie und entspannen Sie sich. Zahlreiche Untersuchungen haben ergeben, daß man durch Meditation Gelassenheit erzeugt und der Puls und der Sauerstoffverbrauch sich positiv verändern. Menschen, die regelmäßig meditieren, geben an, sie könnten besser mit Streß umgehen. Sie sind emotional stabiler und haben mehr Energie und Begeisterung. Bestimmte tägliche Gebete helfen einem ebenfalls, belastende Phasen durchzustehen, genau wie die Visualisierungstechniken, die ich anfangs beschrieben habe.

Denken Sie auch daran, sich bestimmten Körperteilen besonders zu widmen: Augen, Ohren, Zähne, Nägel und Haare brauchen die gleiche Aufmerksamkeit wie die inneren Organe. »Strahlende« Gesundheit ist nicht nur ein Ausdruck. Mit angemessener Versorgung und Übung strahlt man geradezu aus, wie gut man sich körperlich fühlt.

Eine neuere Regierungsstudie ergab, daß ein Drittel aller Arztbesuche in den Vereinigten Staaten inzwischen alternativen Therapien gilt. Im Gegensatz zu vor einem Jahrzehnt erkennt ein Großteil der Schulmedizin heute an, wie günstig und wertvoll all das wirkt, was vor Jahren noch als »Hausmittelchen« abgetan wurde. Selbst die Gesundheitseinrichtungen der Regierung haben heute Abteilungen für alternative Medizin, und viele Studenten belegen Kurse über die verschiedenen Richtungen.

Bisher waren die meisten Angaben zu alternativen Therapien eher anekdotisch und beruhten auf den Erfahrungen weniger Einzelpersonen. Heute werden strenge wissenschaftliche Untersuchungen durchgeführt, die bestätigen, was alte und sogenannte »primitive« Kulturen schon seit Hunderten oder Tausenden von Jahren wissen. Der Einsatz von Knoblauch zur Vorbeugung und von schimmeligem Brot (unser späteres Penizillin) als Heilmittel aus dem antiken Griechenland sind dafür nur zwei Beispiele.

Die Literatur über solche Alternativen wächst täglich an, wie auch die Anzahl von Heilpraktikern. Die medizinischen Fakultäten veröffentlichen Forschungsberichte, und in Zeitungen räumt man Fachartikeln über alternative Medizin mehr und mehr Platz ein. Im Fernsehen sieht man mehr Berichte darüber, so daß wir allmählich immer bewußter werden, wie günstig diese Therapien für die Mehrheit der Menschen sind.

Wir nähern uns dem einundzwanzigsten Jahrhundert und lernen immer mehr, diejenigen nicht zu ignorieren, die vor uns gelebt und gelernt haben.

Das Wesen der Seele

Bei der Abzahlung karmischer Schulden geht es um die Transformation der Seele, nicht des Körpers. Körperliche Krankheiten können zwar eine Methode der Abzahlung sein, aber sie wirken nicht direkt, sondern nur als Anzeichen für ein höheres Wissen, das wir erst erlangen, wenn wir in ein anderes Leben übergehen. Eine Krankheit wirkt als eine Art Lehre, ein Zeichen, daß man auf Aspekte im Leben besser achten sollte, denen man vielleicht nicht genug Aufmerksamkeit geschenkt hat.

Der Körper ist der Tempel der Seele und sollte daher stets im Bestzustand gehalten werden. Die Seele ist formlos, raum- und zeitlos. Sie existiert in einer anderen Dimension als die feste, körperliche Gestalt des Menschen, wächst und reift aber mit uns. Doch sie kann nicht vergehen, sondern verwandelt sich nur auf einer höheren Stufe. Mit anderen Worten, sie ist derjenige Teil unserer Existenz, der unsterblich ist.

Meine Definition von »Holistik«

H Himmlisch gesund
O Optimale Leistungen und berufliche Zufriedenheit
L Liebe in der idealen Beziehung
I Inspiration und göttliche Motivation
S Spiritualität – das Einssein mit der Gottesmacht

T Transzendenz durch Selbstverwirklichung
I Illumination durch Selbsterkenntnis
K Karma – das Große Gleichgewicht

Gestalten Sie Ihre Zukunft!

Nun haben Sie alles über die phantastischen Möglichkeiten für Ihr Leben gelesen. Es liegt nun an Ihnen, dies in die Praxis umzusetzen. Alle Lektionen dieser Welt sind vergebens, wenn man sie nicht anwendet.

Sie wissen nun, daß Sie tatsächlich Ihre Zukunft selbst gestalten können. Der zweite Teil der Gleichung heißt aber, daß man die Verantwortung für das eigene Leben übernimmt. Genau wie ein Hellseher weiß, wohin man geht, aber nicht, wie man dorthin gelangt, stellt Ihnen dieses Buch die Landkarte zur Verfügung, einen Kompaß und Fahrstunden – aber nicht das Fahrzeug. Es liegt an Ihnen, zu beschließen, wohin Sie gehen, wann und auf welche Weise.

Denken Sie stets an die Universalgesetze und daß keine Entschuldigung gilt, wenn man sie nicht kennt. Sie haben Geltung, egal ob man sie kennt oder nicht und ob man sie ignoriert oder nicht. Wenn Sie feststellen, daß Sie nicht das bekommen, was Sie wollen, gehen Sie zu dem Kapitel über die Gesetze zurück und denken Sie darüber nach, ob Sie vielleicht das eine oder andere besser beachten müssen.

Man kann und sollte nichts flüchtig tun – sondern entweder ganz oder gar nicht –, genau wie man auch nicht »ein bißchen schwanger« sein kann. Stellen Sie für sich eine Liste von Moralregeln auf und halten Sie sich daran, solange Sie dadurch auf dem gewünschten Weg bleiben. Scheuen Sie sich nicht, die Liste zu ändern. Niemand ist perfekt, und jeder macht mal Fehler. Einige Fehler beruhen einfach auf Unerfahrenheit, was einem klarmacht, warum man das Sprichwort so oft hört: »Übung macht den Meister.« Seien Sie flexibel und verständnisvoll sich selbst gegenüber, wie Sie es auch von anderen erwarten.

Seien Sie sich stets der Verbindung zwischen Körper und Seele bewußt. Das Leben ist integriert, und Ihr körperliches und emotionales Leben sind eins. Sie entwickeln sich als ganzer Mensch: bewußt, zentriert und mit jedem Tag und jeder neuen Erfahrung spirituell wachsend und reifend. Gott (oder eine andere Seelenkraft), Ihre Schutzengel und spirituellen Helfer sind stets da, Ihnen zu helfen. Behandeln Sie sie nicht leichtfertig, denn sie dienen einem genau so, wie man mit ihnen umgeht. (Achten Sie darauf, um was Sie bitten, denn Sie könnten es bekommen.) Vertrauen Sie darauf, daß sie für Sie da sind, und sie werden es sein. Seien Sie auch für die vielen Wege offen, auf denen sie Ihnen Botschaften und Unterstützung zukommen lassen.

Denken Sie stets daran, daß Sie anderen gegenüber Verantwortung haben, wie auch für sich selbst. Im Universum zentriert sein heißt nicht, selbstzentriert zu sein.

Ihr Ziel heißt, zu einer spirituellen, holistischen Person zu werden, im Frieden mit sich selbst und dem Universum. Alles Gute, das Sie bewirken, kommt zu Ihnen zurück – wenn nicht in diesem Leben, dann im nächsten. Aber Sie können sicher sein, daß es kommt.

Eines der wichtigsten Hilfsmittel sind kreative Visualisierungen. Wenden Sie sie klug und richtig an. Eine positive Perspektive – und positiv eingestellte Mitmenschen – ist für den Erfolg essentiell, und das wird Ihnen bei Ihrer neuen, holistischen Lebensweise schließlich zur automatischen Gewohnheit.

Während Sie bewußter und aufmerksamer werden, entwickeln Sie sich zum eigenen Hellseher und stellen eigene Analysen und Prophezeiungen an. Das kann allerdings eine Weile dauern, daher ist es wichtig, Geduld zu bewahren. Inzwischen gibt es andere Menschen und andere Wege, die Ihnen zu göttlichen Antworten verhelfen. Suchen Sie sie auf und finden Sie heraus, was am besten für Sie ist.

Und vergessen Sie nie, Gott zu preisen und zu danken.

Bibliographie

Biermann, June, und Barbara Toohey. The Woman's Wholistic Headache Relief Book. New York: J. P. Tarcher, Inc., 1979

Burroughs, Stanley. Healing for the Age of Enlightenment. Kailua, Hawaii: Stanley Burroughs Publishing, 1976. (*Heilung für ein neues Zeitalter. Dachau: Edition Aum, 4. Aufl. 1994*)

Cayce, Hugh Lynn. The Edgar Cayce Reader No. 2. New York: Paperback Library, 1969. (*Das Edgar Cayce Lesebuch. München: Goldmann, 1996*)

Chatsworth, Colin, und Loren Chatsworth. The Great Calcium Myth. Charlottesville, Va.: Chatsworth Publishing, 1984.

Cherlin, Andrew, und Frank F. Furstenberg jr. »The American Family in the Year of 2000.« The Futurist (Juni 1983).

Cirincion, Barbara, und Dr. Arthur Evans. Total Dental Health. Manhattan Beach, Kalif.: New Age Publishing, 1979.

Cox, Cynthia. »Lost or Found.« Fort Lauderdale News, 25. 7. 1982, pp. 1E und 3E.

Davis, James. »A Controversial Bible Story.« Fort Lauderdale Sun-Sentinel, 18. 6. 1984, pp. 1D und 4D.

Ferguson, Marilyn. The Brain Revolution. New York: Taplinger Publishing, 1978.

Gettings, Fred. The Book of Tarot. London, Eng.: Triune Books, 1973.

Graham, Billy. Angels. Garden City, N. Y.: Doubleday, 1975.

Graham, Henry G. Where We Got the Bible. Hawthorne, Kalif.: Book Club of America, 1977.

Gray, Eden. A Complete Guide of the Tarot. New York: Bantam, 1983.

Heany, John J. The Sacred and the Psychic. Ramsey, N. J.: Paulist Press, 1984.

Hoffman, Wendell H. Using Energy to Heal. Wendell Hoffman Publishing, 1979.

Johnson, Julian P. The Path of the Masters. Delhi, Indien: National Printing Works, 1939.

Kotulak, Ronald. »Sex Isn't Just Normal: It's Good For You, Too.« Miami Herald. 29. 9. 1981, pp. 1C und 3C.

– »Still a Nation of Sexual Illiterates.« Miami Herald, 28. 9. 1981, pp. 1C und 2C.

Kraft, Dean. Portrait of a Psychic Healer. New York: G. P. Putnam's Sons, 1981.

Kulivinskas, Victoras H. Survival into the 21st Century. Werchersfield, Conn.: Omangod Press, 1975.

Kunz, Kevin, und Barbara Kunz. A Complete Guide to Foot Reflexology. Albuquerque, N. Mex.: Reflex Research Project, 1981. (Das große Buch der Reflexzonenmassage, München: Heyne, 3. Aufl. 1996.)

Leo, John. »Sex and the Married Woman.« Time, 31. 1. 1983.

Longest, Ernest S. Meditation Techniques. Rockford, Va.: Common Wealth Press, 1971.

Magnuson, Ed. »Child Abuse: The Ultimate Betrayal.« Time, 5. 9. 1983.

Maltz, Maxwell. Psycho-Cybernetics. New York, N. Y.: Prentice-Hall, 1960.

McRae, Ronald. Mind Wars. New York: St. Martin's Press, 1984.

Meek, George W. From Enigma to Science, Bd. 1. Wheaton, Ill.: Theosophical Publishing House, 1977.

– Healers and the Healing Process. Wheaton, Ill.: Theosophical Publishing House, 1977.

Moody, Raymond A. jr. Life after Life. Covington, Ga.: Mockingbird Books, 1975. (*Leben nach dem Tod. Reinbek: Rowohlt, 1997*)

Moss, Thelma, und John Hubacher. »The Nature of Kirlian Photography.« Palisades, Kalif.: Prism Center.

Murphy, Joseph. How to Use Your Healing Powers. Santa Monica, Kalif.: Deross and Co., 1974.

– The Power of Your Subconscious Mind. Englewood Cliffs, N. J.: Prentice-Hall, 1963. (*Die Macht Ihres Unterbewußtseins. Ariston, 1998*)

Murphy, Wendy. Dealing with Headaches. Alexandria, Va.: Time-Life Books, 1982.

Nara, Robert O., D.D.S., und Steven, Mariner. How to Become Dentally Self-Sufficient. Houghton, Mich.: Oramedics International Press, 1995.

– Money – By the Mouthful. Houghton, Mich.: Oramedics International Press, 1979.

Norvel, Anthony. Meta-Physics. West Nyack, N. Y.: Parker Publishing, 1973.

Norwood, Robin. Wenn Frauen zu sehr lieben. Reinbek:

Rowohlt, 1986

O'Neil, Geri. Super Self: Life Without Limits. Slingerlands, N. Y.: Richelieu Court, 1984.

Oski, Frank A., M.D. Don't Drink Your Milk! Syracuse, N. Y.: Mollica Press, 1983.

Pearson, Durk, und Sandy Shaw. Life Extension. New York: Warner Books, 1982.

Phillips, Debora, und Robert Judd. How to Fall Out of Love. New York: Fawcett Popular Library, 1978.

Quinn, Arthur Vincent. Cancer Interferon Foundation Diet. Santa Barbara, Kalif.: Arthur Vincent Quinn Publishing, 1984.

Rehert, Isaac. »Sex Roles in the Three Year Old: Clearing Confusion at an Early Age.« Psychology Today, Oktober 1982.

Rubinstein, Carl. »The Modern Art of Courtly Love.« Psychology Today. Juli 1983.

Sampsidis, Nicholas. Homogenized Milk and Atherosclerosis Cause and Effect. Glen Head, N. Y.: Sunflower Publishing, 1981.

Schult, Bill. The Psychic Frontiers of Medicine. New York: Fawcett World Library, 1977.

Schultz, William. Shiatsu. New York: Bell Publishing, 1976.

Shook, Edward E. Advanced Treatises in Herbology. Lakemount, Ga.: C.S.A. Printing and Bindery, 1978.

Targ, Russell, und Keith Harary, The Mind Race. New York: Villard Books, 1984.

Tavris, Carol. »The Myth of the 50–50 Marriage.« Woman's Day, März 1984, pp. 47–48.

The World Almanac. The World Almanac of Strange. New York: New American Library, 1977.

Urantia Foundation, The Urantia Book. Chicago: Urantia Foundation, 1955.

Weed, Joseph J. Wisdom of the Mystic Masters. New York: Parker Publishing, 1970.

Danksagung

An die folgenden Menschen ergeht mein aufrichtiger Dank und meine Wertschätzung:

Darline Beck für ihre Hingabe an meine Mission, ihre positive Persönlichkeit, ihre Hilfe in allen Lebenslagen und dafür, daß sie eines der strahlendsten Lichter in meinem Leben darstellt;

Evelyn Bue für ihren Glauben an mein Projekt, ihre ausgezeichnete Hintergrundforschung und Hilfe bei der Formulierung unserer Methode und deren Ausführung;

Donald J. Carrow für seine Zeit, seine Freundschaft, sein medizinisches Fachwissen, sein Verständnis und seine Erklärungen zur vorbeugenden Medizin und alternativen Therapien;

Marge und Irving Cowan für ihre uneingeschränkte Unterstützung und Hilfe bei meiner ersten Fernsehshow, die vom Diplomat-Hotel in Hollywood, Florida, ausgestrahlt wurde, und weil sie als ideale Rollenvorbilder dienten, wie man seine Zukunft selbst gestaltet. Sie sind zwei wahrhaft strahlende Lichter in meinem Leben;

Nina Diamond, weil sie eine ausgezeichnete Journalistin und enge spirituelle und parapsychische Freundin ist;

Ronald Drucker für seinen Beistand auf dem Gebiet der holistischen Gesundheit und viele Jahre der aufrichtigen Freundschaft;

Tom Ehrhardt für langjährige Freundschaft und Unterstützung;

Greg Harrison für seine technischen Kenntnisse auf dem Gebiet der Kirlianfotografie;

Randal Jurka für seinen Glauben an die holistischen Prinzipien und seine Hingabe an die Vorbereitung dieses Buchs, wie auch für seine exzellenten Marketingfähigkeiten;

Henry Kinney, den verstorbenen Kolumnisten der Fort Lauderdale News, der mich anregte, dieses Buch zu schreiben, und für seine wunderbaren Artikel, die er über mich schrieb;

Ted Levchenko für seine ausdauernde Freundschaft und seine Kenntnisse über alternative Therapien und vorbeugende Medizin;

John Nero für die vielen Jahre als menschlicher Engel, leitendes Licht und bedingungslos liebender Freund;

Sandra und Patti Post, meiner Schwester und meiner Nichte, für ihren Glauben an die Kraft der Seele, weil sie ihr eigenes Schicksal gestalteten und für ihre stetige Unterstützung;

Deborah Rowley als meiner spirituellen Lehrerin und guten Freundin für ihren unschätzbaren Beistand bei diesem Buch;

Marie Simmons, meiner Mutter, für ihre spirituellen, heilenden und parapsychischen Fähigkeiten, weil sie mir stets half, meine Zukunft selbst zu gestalten, für ihre Arbeit mit Gott, Jesus, den Engeln, den Heiligen und allen, die gestorben sind, und weil sie weiterhin meine leitende Hand ist, besonders jetzt, von der anderen Seite aus;

Howard Simmons, meinem Stiefvater und größten Bewunderer;

Julie Summerford für ihre Erfahrung als Medienexpertin und ihren Beistand als Journalistin;

Bob Yarbrough, der die ursprüngliche Fassung abschrieb und mir half, zu erkennen, daß er zwar verstorben ist, aber immer noch bei mir, der mir jetzt genauso zuverlässig beisteht wie zu der Zeit, als er noch auf Erden weilte;

meinem Fernsehproduktionsteam für seine Erfahrung, seine Hingabe, Sorgfalt und Hilfe, meine Zukunft selbst zu gestalten;

und darüber hinaus

Lynn Franklin, meiner Agentin, die auch eine enge spirituelle Freundin ist, die noch viele Leben mit mir teilen wird;

Sydny Miner, meinem Lektor, der nicht nur einer meiner Anhänger ist, sondern auch auf mich eingestimmt, dessen holistische Schwingungen und Bewußtsein stets mit mir kooperierten;

Taffy Gould, meiner Mitarbeiterin, für ihr Verständnis und die Verpflichtung an die gleichen Prinzipien wie ich, weil sie die schreibende Hand hinter meinen Gedanken war, der »Schreibeengel«, um den ich Gott gebeten hatte, für ihre Zusammenarbeit, Forschung und Gesprächserfahrung;

und schließlich allen, die bei Vorlesungen und Seminaren an meinem Leben teilgenommen haben, deren Schicksal ich vielleicht berührte und die zweifelsohne meines berührt haben. Ihretwegen hat sich dieses Buch so entwickelt. Ich habe hier nicht den Platz, alle zu nennen, aber ich hoffe, daß sie alle ihre Zukunft weiterhin selbst gestalten.

Register